A^{t}V

GIACOMO CASANOVA – der große Dandy des Ancien Régime, Frauenheld, Soldat der Republik Venedig, Kardinalsekretär in Rom, Lotterieeinnehmer des französischen Königs, Geheimagent der venezianischen Inquisition. Er frönte den Sinnenfreuden wie kaum ein anderer: er liebte die Frauen, das Essen und die Reisen. Phantasievoll schlug sich dieser Bonvivant in den verschiedenen Berufen durch, seine Abenteuer führten ihn von Italien bis England, von Spanien über Frankreich und Deutschland bis nach Rußland – ein weltmännischer Libertin, der sich bei Hofe ebenso zu Hause fühlte wie im philosophischen Gespräch mit Voltaire, Rousseau und Winckelmann.

Im Alter (Casanova wurde 1725 in Venedig geboren und starb 1798) sah er sich einsam und ohne Kredit und verfaßte im böhmischen Dux jene Lebenserinnerungen, die in ihrer schonungslosen Offenheit in der europäischen Literatur bis heute ihresgleichen suchen.

Hier berichtet Casanova über seine venezianischen Abenteuer in den Jahren zwischen 1754 und 1756, über die Verbindung zur schönen Signorina C.C., der einzigen Frau, um deren Hand er jemals formell anhält, über die Liebesorgien mit der Nonne M.M. und über seine Verhaftung durch die Staatsinquisition, über den Aufenthalt in den Bleikammern von Venedig und über seine abenteuerliche Flucht aus diesem berüchtigten Kerker.

Giacomo Casanova

Abenteuer in Venedig

*Aus dem Französischen
von Heinrich Conrad*

Revidiert von B. und G. Albrecht

Aufbau Taschenbuch Verlag

Auf der Grundlage der von B. und G. Albrecht herausgegebenen
Ausgabe ausgewählt von Johanna von Koppenfels

ISBN-10: 3-7466-2206-9
ISBN-13: 978-3-7466-2206-4

1. Auflage 2006
Aufbau Taschenbuch Verlag GmbH, Berlin
© Gustav Kiepenheuer Verlag GmbH, Berlin 1984–1991
Umschlaggestaltung Mediabureau Di Stefano, Berlin
unter Verwendung eines Fotos von getty images
Druck und Binden GGP Media GmbH, Pößneck
Printed in Germany

www.aufbau-taschenbuch.de

INHALT

ERSTES KAPITEL

1753 hält Casanova um die Hand von Signorina C. C.[1] an. Deren Vater will jedoch von einer Hochzeit der 14jährigen nichts wissen und läßt sie in ein Kloster auf der Insel Murano bei Venedig bringen. Mit Hilfe von Laura, einer Frau aus Murano, kann Casanova Briefe mit seiner Geliebten austauschen. Außerdem besucht er regelmäßig die Messe in der Klosterkirche, um in ihrer Nähe zu sein.

Gegen Ende Juli weckte eines Morgens bei Tagesanbruch mein Diener mich, indem er sagte, Laura wolle mich sprechen. Ich ahne ein Unglück und ließ sie sofort eintreten. Sie übergab mir einen Brief, der folgendermaßen lautete:

›Sonntag abend. Ein Unglück, das mir heute morgen zugestoßen ist, macht mich untröstlich, um so mehr, da ich gezwungen bin, es vor dem ganzen Kloster geheimzuhalten. Ich habe eine schreckliche Blutung und weiß nicht, was ich anfangen soll, um das Blut zu stillen, denn ich habe nicht viel Wäsche, und Laura hat mir gesagt, ich würde eine große Menge nötig haben, wenn die Blutung anhalten sollte; ich kann mich keinem Menschen anvertrauen außer Dir, und ich bitte Dich, mir soviel Weißzeug zu schicken, wie Du nur kannst. Du siehst, ich habe mich Laura anvertrauen müssen, denn sie allein kann zu jeder Stunde bei mir aus und ein gehen. Wenn ich sterbe, mein teurer Gatte, so wird das ganze Kloster erfahren, woran ich gestorben bin; aber ich denke an Dich, und ich zittere. Was wirst Du in Deinem Schmerz anfangen? Ach, mein Herz, wie schade!‹

In aller Hast mich ankleidend, fragte ich Laura aus. Sie sagte mir ganz offen, es sei eine Frühgeburt und wir müßten mit der größten Vorsicht handeln, um den Ruf meiner Freundin zu schonen. Übrigens brauchte sie weiter nichts als eine große Menge Wäsche; es hätte sonst nichts auf sich. Es waren die üblichen Redensarten, und sie besänftigten durchaus nicht die

7

Angst, die ich empfand. Ich ging mit Laura zu einem Juden ins Ghetto², dem ich eine Anzahl Bettlaken und zweihundert Handtücher abkaufte; nachdem ich alles in einen großen Sack gesteckt hatte, fuhr ich mit ihr nach Murano. Unterwegs schrieb ich meiner Freundin mit Bleistift, sie solle in Laura volles Vertrauen setzen; ich versicherte ihr, ich würde Murano nicht eher verlassen, als bis sie außer Gefahr wäre. Ehe wir ausstiegen, sagte Laura zu mir: damit ich nicht bemerkt würde, täte ich gut daran, mich bei ihr verborgen zu halten. Zu jeder anderen Zeit wäre das so gut gewesen, wie wenn sie den Wolf in die Hürde eingelassen hätte. Sie ließ mich noch in einem armseligen Kämmerchen im Erdgeschoß allein, brachte selber an ihrem Leibe soviel Weißzeug unter, wie sie nur verstecken konnte, und eilte dann zu der Kranken, die sie seit dem vorigen Abend nicht gesehen hatte. Ich hoffte, sie würde sie außer Gefahr finden, und sah sehnsüchtig dem Augenblick entgegen, wo sie mir diese Nachricht bringen würde.

Sie war eine volle Stunde fort; endlich kam sie mit sehr traurigem Gesicht zurück und sagte mir, meine arme Freundin hätte während der Nacht viel Blut verloren; sie läge sehr schwach im Bett, und wir müßten sie Gottes Gnade empfehlen; denn wenn die Blutung nicht bald aufhörte, könnte sie unmöglich noch vierundzwanzig Stunden leben.

Als ich die Wäsche sah, die sie unter ihrem Rock hervorzog, wich ich entsetzt zurück und glaubte mich dem Tode nahe. Eine wahre Schlächterei. Laura glaubte mich zu trösten, indem sie mir sagte, ich könnte sicher sein, daß das Geheimnis nicht verraten würde.

»Ei, was macht mir das aus!« rief ich; »wenn sie nur am Leben bleibt, dann mag die ganze Welt wissen, daß sie mein Weib ist!« In einem andern Augenblick hätte ich über die dumme Bemerkung der guten Laura lachen müssen; aber in dieser traurigen Minute besaß ich nicht die Kraft dazu und auch nicht die Lust.

»Die liebe Kranke«, sagte sie, »hat gelächelt, als sie Ihr Briefchen las; sie hat mir versichert, da Sie so dicht in ihrer Nähe seien, so werde sie nicht sterben.«

Ich schauderte, als sie mir die kleine formlose Masse zeigte, die im Blut schwamm.

»Wenn die Nonnen beim Essen sind«, fuhr Laura fort, »werde

ich wieder hingehen und soviel Wäsche mitnehmen, wie ich tragen kann; unterdessen werde ich diese hier waschen.«

»Hat sie Besuche gehabt?«

»Oh, natürlich das ganze Kloster. Aber kein Mensch hat eine Ahnung.«

»Aber bei dieser Hitze kann sie nur eine leichte Decke haben, und man muß doch unbedingt die vielen Handtücher bemerken, die so großen Raum einnehmen.«

»Das ist nicht zu befürchten, denn sie sitzt im Bett aufrecht.«

»Was ißt sie?«

»Nichts; denn sie darf nicht essen.«

Bald darauf ging Laura fort und ich ebenfalls. Ich suchte den Arzt Payton auf, bei dem ich Zeit und Geld verlor, um mir ein langes Rezept schreiben zu lassen, das ich nicht verwenden konnte, denn dadurch würde die Sache sofort im ganzen Kloster bekannt geworden sein oder vielmehr in der ganzen Welt, denn Nonnengeheimnis dringt gar bald durch die Klostermauern. Übrigens wäre der Klosterarzt vielleicht der erste gewesen, aus Rachsucht das Geheimnis auszuplaudern. In Lauras Hause ging ich traurig wieder in meine armselige Kammer, und eine halbe Stunde später kam die Botin mit Tränen in den Augen zurück und übergab mir einen fast unleserlichen Brief:

›Mein lieber Freund! Ich habe nicht mehr die Kraft, Dir zu schreiben, denn ich werde immer schwächer; ich verliere all mein Blut und fange an zu glauben, daß meine Krankheit unheilbar ist. Ich überlasse mich Gottes Willen und danke ihm, daß meine Ehre nicht in Gefahr ist. Sei nicht zu traurig! Mein einziger Trost ist, daß ich Dich so dicht bei mir weiß. Ach, wenn ich Dich nur einen Augenblick sehen könnte, würde ich zufrieden sterben.‹

Der Anblick von einem Dutzend Tüchern, die Laura mir zeigte, machte mich erschaudern. Die gute Frau glaubte mich zu trösten, indem sie mir sagte, mit einer einzigen Flasche Blut könnte man ebenso viele Tücher völlig durchtränken. Meine Seele war nicht in der Stimmung, aus derartigen Versicherungen Trost zu schöpfen. Ich war in Verzweiflung und machte mir die furchtbarsten Vorwürfe, den Tod des unschuldigen Mädchens herbeigeführt zu haben. Ich warf mich auf ein Bett und blieb dort länger als sechs Stunden wie betäubt liegen, bis Laura mit etwa zwanzig blutgetränkten Tüchern aus dem Kloster zurückkehrte. Da es inzwischen Nacht geworden war, konnte sie bis zum nächsten Morgen nicht wieder hingehen. Ich verbrachte eine entsetzliche Nacht, ohne etwas zu essen, ohne schlafen zu können; ich war mir selber zum Ekel und wies schroff die Pflege zurück, die Lauras Töchter mir anboten.

Kaum war der Tag angebrochen, da kam Laura und sagte mir mit kläglicher Miene, meine Freundin blute nicht mehr. Ich glaubte, sie sei tot, und schrie: »Sie lebt nicht mehr!«

»Sie lebt, Signore! Aber ich fürchte, sie wird den Tag nicht überleben, denn sie ist völlig erschöpft; sie hat fast nicht mehr die Kraft, die Augen zu öffnen, und ihr Puls ist kaum noch zu spüren.«

Ich atmete auf. Ich fühlte, mein Engel war gerettet.

»Laura«, sagte ich, »diese Nachricht ist durchaus nicht schlecht; wenn nur die Blutung gänzlich aufgehört hat, so ist weiter nichts nötig, als ihr etwas leichte Nahrung zu geben.«

»Man hat einen Arzt rufen lassen; er wird anordnen, was ihr gegeben werden soll; aber wenn ich Ihnen die Wahrheit sagen soll – ich habe keine große Hoffnung.«

»Gib mir nur die Versicherung, daß sie lebt!«

»Ja, das versichere ich Ihnen; aber Sie werden begreifen, daß sie dem Doktor nicht die Wahrheit sagen wird, und Gott mag wissen, was er ihr verschreibt. Ich habe ihr ins Ohr geflüstert, sie solle keine Medizin einnehmen, und sie hat mich verstanden.«

»Du bist ein göttliches Weib! Ja, wenn sie nicht von heute auf morgen an Schwäche stirbt, ist sie gerettet; Natur und Liebe werden sie geheilt haben!«

»Das gebe Gott! Heute mittag sehen Sie mich wieder.«

»Warum nicht vorher?«

»Weil ihr Zimmer voll von Leuten sein wird.«

Ich war ganz schwach vor Erschöpfung; da ich aber stark sein mußte, um meine Hoffnung aufrechtzuerhalten, ließ ich mir etwas Essen zurechtmachen und setzte mich hin, meiner Freundin zu schreiben, damit sie den Brief in dem Augenblick erhielte, da sie ihn lesen könnte. Die Augenblicke der Reue sind sehr traurig, und ich war wirklich zu beklagen. Ich hatte das größte Bedürfnis, Laura zu sehen, um zu erfahren, was der Arzt gesagt hätte. Ich hatte starke Gründe, über Orakel zu lachen; ich weiß nicht, woher diese Schwachheit kam, aber ich brauchte das Orakel des Arztes, und zwar vor allen Dingen ein günstiges Orakel.

Lauras junge Töchter brachten mir das Essen, aber es war mir unmöglich, einen Bissen hinunterzubringen; doch machte es mir Spaß, die drei Schwestern mein Essen verschlingen zu sehen, sobald ich sie nur dazu eingeladen. Die älteste, ein sehr appetitlicher Bissen, schlug nicht ein einziges Mal ihre großen Augen zu mir auf; die beiden jüngeren kamen mir so vor, als ob sie wohl liebenswürdig sein könnten; aber ich beschäftigte mich mit ihnen nur, um mich noch tiefer in meine bittere Reue zu verbeißen.

Endlich kam Laura, die ich schon mit der größten Ungeduld erwartet hatte; sie sagte mir, meine geliebte Kranke läge immer noch in demselben Zustand völliger Ermattung da; ihre Schwäche hätte den Arzt überrascht, und er könnte sie sich nicht erklären. »Er hat ihr Stärkungsmittel und leichte Suppen verordnet, und wenn sie schlafen kann, wird sie nach seiner Behauptung sicher davonkommen. Der Doktor hat ferner angeordnet, daß nachts eine Wärterin bei ihr sein soll, und die Kranke hat ihre Hand nach mir ausgestreckt, wie wenn sie mich bezeichnen wollte. Jetzt verspreche ich Ihnen, sie Tag und Nacht nicht mehr zu verlassen, außer um Ihnen Bescheid zu bringen.«

Ich dankte ihr und versprach ihr, sie reichlich zu belohnen. Mit großer Freude vernahm ich, daß die Mutter zum Besuch dagewesen, nichts bemerkt habe und sehr liebevoll und zärtlich gewesen sei.

Ich fühlte mich viel ruhiger, gab Laura sechs Zechinen und jeder ihrer Töchter eine und aß etwas zu Abend; dann legte ich mich in eines der elenden Betten, die in demselben Zimmer standen. Als die beiden Jüngeren mich im Bett sahen, zogen sie sich ohne Umstände aus und legten sich beide in das zweite Bett, das ganz dicht neben dem meinigen stand. Dies unschuldige Vertrauen gefiel mir. Die Älteste, die wohl schon Erfahrungen hatte, legte sich im Nebenzimmer zu Bett; sie hatte einen Liebhaber, der sie binnen kurzem heiraten sollte.

Am anderen Morgen in aller Frühe kam Laura und brachte Nachrichten, die ein Balsam für mich waren. Mit fröhlichem Gesicht sagte sie mir, die Kranke habe gut geschlafen, und sie würde gleich wieder hingehen, um ihr ein Süppchen zu geben. Ich war wie berauscht, als ich dies hörte, und Äskulaps Orakel schien mir tausendmal sicherer zu sein als das Orakel Apolls[3]. Doch waren wir noch nicht soweit, Viktoria rufen zu können, denn meine Freundin mußte erst wieder zu Kräften kommen und all das verlorene Blut wieder ersetzen; dies konnten nur die Zeit und fortwährende sorgsame Pflege bewirken. Ich blieb noch acht Tage bei Laura und verließ Murano erst, als meine Freundin in einem vier Seiten langen Brief es mir sozusagen befohlen hatte.

In Venedig nahm ich meine alten Gewohnheiten wieder auf; aber wie hätte ich bei meinem Naturell ohne ein wirkliches Liebesverhältnis glücklich sein können? Ich hatte kein anderes Vergnügen als das, jeden Mittwoch einen Brief von meiner lieben Gefangenen zu erhalten; sie ermutigte mich, auf sie zu warten, anstatt mich aufzufordern, sie zu entführen. Nachdem ich zwei oder drei Messen gehört hatte, nahm ich ein Traghettoboot[4], dessen Bootsmann nicht neugierig sein konnte, mich zu kennen. Indessen war ich vorsichtig, denn ich wußte, daß C. C.'s Vater wollte, seine Tochter sollte mich ver-gessen, und daß er sie Gott weiß wohin gebracht haben würde, wenn er nur den geringsten Argwohn gehabt hätte, daß ich ihren Aufenthalt wüßte.

Ich hatte erst etwa einen Monat oder fünf Wochen lang meine Feiertagsbesuche gemacht, als meine liebe C. C. mir scherzend schrieb, ich sei das Rätsel des ganzen Klosters geworden, und zwar für die Pensionärinnen wie für die Nonnen, selbst die ältesten nicht ausgenommen. Der ganze Chor warte auf die Minute, wo ich erscheinen würde; man stoße sich an, wenn man mich eintreten und das Weihwasser nehmen sehe. Man habe bemerkt, daß ich niemals nach dem Gitter blicke, hinter welchem die Klosterinsassen sitzen müßten, und daß ich niemals eine Frau ansehe, die die Kirche betrete oder verlasse. Die Alten sagten, ich müßte irgendeinen großen Kummer haben, von dem ich nur durch die Gnade ihrer Heiligen Jungfrau mich zu befreien hoffte; die Jungen sagten, ich müßte ein Melancholiker oder ein Menschenfeind sein. Meine liebe Frau, die es besser wußte als die anderen und nicht auf Mutmaßungen angewiesen war, amüsierte sich sehr darüber und amüsierte auch mich, indem sie mir das alles erzählte. Ich schrieb ihr: wenn sie befürchtete, daß ich erkannt werden könnte, würde ich nicht mehr hingehen. Sie antwortete mir, ich könnte ihr keine schmerzlichere Entbehrung auferlegen, und sie bäte mich, nach wie vor zu kommen. Immerhin glaubte ich, nicht mehr zu Laura gehen zu sollen, denn möglicherweise hätten die klatschhaften Betschwestern dies erfahren, und dadurch konnten sie viel mehr entdecken, als sie wissen durften. Aber diese Lebensweise mergelte mich aus und konnte nicht lange mehr so fortgehen. Ich war dazu geschaffen, eine Geliebte zu haben und mit ihr glücklich zu leben. Da ich nicht wußte, was ich anfangen sollte, spielte ich und gewann fast immer; trotzdem wurde ich infolge meiner unbefriedigten Stimmung zusehends magerer.

Nachdem ich in Padua fünftausend Zechinen gewonnen hatte, war ich dem Rat Signor Bragadins gefolgt, hatte ein Kasino[5] gemietet und hielt dort eine Pharaobank auf gemeinsame Rechnung mit einem Berufsspieler, der mich gegen die hinterlistigen Streiche gewisser gewalttätiger Aristokraten schützte, gegen deren Tyrannei ein einfacher Privatmann in meiner Vaterstadt stets unrecht bekommt.

Als ich am Allerheiligentage des Jahres 1753 nach dem Anhören der Messe in eine Gondel steigen wollte, um nach Venedig zurückzufahren, sah ich eine Frau von der Art Lauras, die, als sie an mir vorüberging, mich ansah und einen Brief fallen ließ. Ich hob diesen auf und bemerkte, daß die Frau, als sie den Brief in meinen Händen sah, ruhig ihren Weg fortsetzte. Der Brief war weiß und mit schillerndem spanischem Wachs verschlossen, das Siegel stellte eine Schlinge dar. Ich sprang schnell in die Gondel, und sobald ich auf dem offenen Wasser war, brach ich das Siegel und las folgendes:

›Eine Nonne, die seit zweieinhalb Monaten Sie jeden Feiertag in ihrer Kirche sieht, wünscht Ihre Bekanntschaft zu machen. Eine Broschüre, die Sie verloren haben und die durch Zufall in ihre Hände geraten ist, läßt vermuten, daß Sie Französisch sprechen; wenn Sie jedoch vorziehen, ihr auf italienisch zu antworten, so können Sie dies tun, denn ihr kommt es vor allem auf Klarheit und Genauigkeit an. Sie ladet Sie nicht ein, sie ins Sprechzimmer rufen zu lassen, denn sie wünscht, daß Sie sie erst sehen, bevor Sie mit ihr sprechen; deshalb wird sie Ihnen eine Dame bezeichnen, die Sie ins Sprechzimmer begleiten können. Diese Dame wird Sie nicht kennen und wird folglich nicht nötig haben, Sie vorzustellen, wenn Sie etwa zufällig wünschen sollten, nicht bekannt zu werden.

Sollten Sie glauben, daß diese Art, eine Bekanntschaft zu schließen, nicht passend sei, so wird die Nonne Ihnen ein Kasino in Murano nennen, wo Sie sie an einem beliebigen, von Ihnen zu bestimmenden Tage um sieben Uhr abends allein finden werden. Sie können bei ihr zum Abendessen bleiben oder auch nach einer Viertelstunde sich entfernen, wenn Sie anderweitig zu tun haben.

Würden Sie vielleicht lieber ihr in Venedig ein Abendessen geben? Bestimmen Sie Tag, Stunde und Ort, wohin sie kommen soll, und Sie werden sie maskiert aus einer Gondel steigen sehen; nur müssen Sie maskiert und mit einer Laterne in der Hand allein am Ufer sein.

Ich bin überzeugt, daß Sie mir antworten werden und daß Sie erraten, mit welcher Ungeduld ich Ihre Antwort erwarte; ich bitte Sie daher, diese morgen derselben Frau zu übergeben, von der Sie diesen Brief bekommen werden; Sie finden sie eine Stunde vor Mittag in der Kirche San Canciano am ersten Altar rechter Hand.

Bedenken Sie, daß ich mich niemals zu einem Schritt entschlossen haben würde, der Ihnen einen ungünstigen Begriff von mir beibringen könnte, wenn ich Ihnen nicht ein edles Herz und einen hohen Geist zutraute.‹

Der Ton dieses Briefes, den ich wörtlich abschreibe, überraschte mich noch mehr als die Sache selbst. Ich hatte zu tun, aber ich ließ alles liegen, um mich in meinem Zimmer einzuschließen und zu antworten. Dem Anschein nach kam der Brief von einer überspannten Person, aber ich fand darin zugleich eine Art Würde und eine Originalität, die mich anzogen. Mir kam der Gedanke, es könnte wohl die Nonne sein, die meiner Freundin Unterricht gäbe. Sie hatte sie mir als schön, reich, galant und freigebig geschildert. Meine liebe Frau konnte irgendeine Unvorsichtigkeit begangen haben; tausend Gedanken gingen mir durch den Kopf; aber ich wies jeden Gedanken zurück, der nicht der mir zulächelnden Aussicht günstig war. Übrigens hatte meine Freundin mir geschrieben, die Nonne, die ihr französische Stunden gebe, sei nicht die einzige, die diese Sprache spreche. Ich konnte durchaus nicht zweifeln, daß C. C. es mir gesagt haben würde, wenn sie ihrer Freundin etwas von unserem Geheimnis anvertraut hätte. Trotzdem konnte die Nonne, die an mich schrieb, wohl die schöne Freundin meiner kleinen Frau sein; es konnte aber auch eine ganz andere sein. Diese Möglichkeit setzte mich in eine ziemliche Verlegenheit. Schließlich glaubte ich, ihr folgendes schreiben zu können, ohne mich bloßzustellen:

›Ich antworte Ihnen französisch, Madame, und hoffe, daß

mein Brief die Klarheit und Genauigkeit besitzen wird, von denen Sie mir ein Beispiel geben.

Die Sache ist außerordentlich interessant, und sie scheint mir in Anbetracht der Umstände von der größten Wichtigkeit zu sein. Da ich nun antworten muß, ohne zu wissen, wem ich antworte, so begreifen Sie, Madame, daß ich ein eitler Geck sein müßte, wenn ich nicht eine Mystifikation befürchtete, und daß ich daher auf der Hut sein muß.

Wenn es also wahr ist, daß die Feder, die mir schrieb, von einer ehrenwerten Dame geführt wurde, die mir Gerechtigkeit widerfahren läßt, indem sie bei mir dieselben edlen Gesinnungen voraussetzt wie bei sich selber, so wird sie, wie ich hoffe, finden, daß ich ihr nicht anders antworten kann, als wie ich hiermit die Ehre haben werde zu tun.

Wenn Sie, Madame, mich der Ehre für würdig gehalten haben, Ihre persönliche Bekanntschaft zu machen, obgleich Sie nur nach dem äußeren Anschein sich ein Urteil über mich haben bilden können, so halte ich mich für verpflichtet, Ihnen zu gehorchen, sei es auch nur, damit Sie Ihren Irrtum einsehen können, falls ich Sie etwa ohne meinen Willen zu einem solchen verleitet haben sollte.

Von den drei Wegen, die Sie mir gütigst vorgeschlagen haben, wage ich nur den ersten zu wählen, und zwar mit der Einschränkung, die Ihr durchdringender Geist mir angedeutet hat: ich werde eine Dame, die mich nicht kennt und mich daher nicht vorstellen kann, in Ihr Sprechzimmer begleiten.

Urteilen Sie nicht zu streng, Madame, über die heiklen Gründe, die mich nötigen, mich nicht zu nennen, und empfangen Sie mein ehrenwörtliches Versprechen, daß ich Ihren Namen nur erfahren werde, um Ihnen Ehre zu erweisen. Wenn Sie es für angebracht halten, das Wort an mich zu richten, werde ich Ihnen nur mit den Bezeigungen tiefster Ehrfurcht antworten. Erlauben Sie mir, die Hoffnung zu hegen, daß Sie allein an das Gitter kommen werden, und gestatten Sie mir, Ihnen nebenbei zu sagen, daß ich Venezianer und in der vollsten Bedeutung des Wortes mein freier Herr bin. Wenn ich nicht einen der beiden Vorschläge wähle, die mir an sich besser gefallen hätten als der erste – denn sie bedeuten für mich eine unendliche Ehre –, so geschieht das, gestatten Sie mir, es zu wiederholen, einzig und allein deshalb, weil ich fürchte, zum besten gehalten zu werden.

Aber diese beiden anderen Möglichkeiten sind ja nicht verloren, sobald Sie mich kennen und ich Sie gesehen habe. Ich bitte Sie, an meine Aufrichtigkeit zu glauben und meine Ungeduld nach der Ihrigen zu bemessen. Morgen werde ich mir zur selben Stunde und am selben Ort Ihre Antwort holen.‹

Ich begab mich nach der bezeichneten Stelle, fand die Liebesbotin, gab ihr meinen Brief und eine Zechine und sagte ihr, ich würde am nächsten Tage wieder ebendort sein, um die Antwort zu holen. Pünktlich war ich da und fand sie. Sobald sie mich sah, kam sie auf mich zu und gab mir die Zechine zurück, die ich ihr geschenkt hatte, und einen Brief, indem sie mich bat, ich möchte diesen lesen und ihr dann sagen, ob sie auf Antwort zu warten hätte. Ich entfernte mich, um den Brief zu lesen, der folgendermaßen lautete:

›Ich glaube, Signore, mich in keiner Hinsicht getäuscht zu haben. Ich verabscheue wie Sie die Lüge, wenn sie wichtige Folgen haben kann; aber ich betrachte sie nur als einen Spaß, wenn sie niemandem schaden kann. Sie haben von meinen drei Vorschlägen denjenigen gewählt, der Ihrem Geist am meisten Ehre macht. Ich achte die Gründe, die Sie abhalten, sich zu erkennen zu geben, und schreibe der Gräfin S. beiliegenden Brief, den ich Sie zu lesen bitte. Wollen Sie ihn, bitte, versiegeln, ehe Sie ihn ihr überbringen; sie wird durch einen anderen Brief vorher davon in Kenntnis gesetzt sein. Gehen Sie zu ihr, wann es Ihnen paßt; sie wird Ihnen die Stunde nennen, und Sie begleiten sie in ihrer Gondel hierher. Die Gräfin wird keine einzige Frage an Sie richten, und Sie brauchen ihr durchaus keine Erklärung zu geben. Von einer Vorstellung ist nicht die Rede; da Sie aber bei dieser Gelegenheit meinen Namen erfahren werden, können Sie dann später maskiert kommen und nach mir fragen; lassen Sie mich im Namen der Gräfin ins Sprechzimmer rufen. Auf diese Weise wird unsere Bekanntschaft gemacht sein, ohne daß Sie sich einen Zwang anzutun brauchen und ohne daß Sie bei Nacht Zeit verlieren, die Ihnen vielleicht kostbar ist. Ich habe der Magd befohlen, auf Ihre Antwort zu warten, für den Fall, daß die Gräfin Ihnen nicht angenehm sein sollte, weil Sie ihr vielleicht bekannt sind. Wenn meine Wahl Ihnen gefällt, sagen Sie dem Mädchen, Sie haben mir keine Antwort zu geben.‹

Da ich sicher war, daß Gräfin S. mich nicht kannte, sagte ich dem Mädchen, ich habe ihrer Herrin keine Antwort zu geben, und sie ging.

Das Briefchen, das meine Nonne der Gräfin schrieb und das ich dieser überbringen sollte, lautete:

›Ich bitte Dich, liebe Freundin, zu einer Besprechung zu mir zu kommen, sobald Du Zeit hast, und der Maske, die Dir diese Zeilen überbringt, eine Dir passende Stunde zu nennen, damit sie Dich begleiten kann. Sie wird pünktlich sein. Lebe wohl; mit bestem Dank Deine Freundin.‹

Der Brief war an Gräfin S., Fondamenta Rio Marin gerichtet und schien mir großartig zu sein durch den Geist der Intrige, der daraus sprach, und mich dünkte, er habe etwas Erhabenes an sich, das mich sehr anzog, obgleich ich wohl fühlte, daß man mich eine Rolle spielen ließ, als ob man mir eine Gnade erwiese.

In ihrem letzten Brief tat meine Nonne, als sei es ihr einerlei, wer ich wäre; sie billigte meine Wahl und heuchelte Gleichgültigkeit in bezug auf nächtliche Zusammenkünfte; aber sie schien gewiß zu sein, daß ich sie würde ins Sprechzimmer rufen lassen, nachdem ich sie gesehen hätte. Ich wußte schon, woran ich war, denn worauf sollte die Intrige hinauslaufen, wenn nicht auf eine Liebschaft und ein Stelldichein? Indessen vermehrte ihre Sicherheit oder vielmehr ihre Zuversicht meine Neugier, und ich fühlte, daß sie ein Recht hatte, darauf zu hoffen, wenn sie jung und hübsch war. Es hätte nur an mir gelegen, die Sache um ein paar Tage hinauszuschieben und von C. C. zu erfahren, wer wohl die Nonne sein mochte; aber erstens wäre das unredlich gewesen, zweitens fürchtete ich, mir damit das Abenteuer zu verderben, was mir vielleicht hinterher leid getan hätte. Sie sagte mir, ich möchte die Gräfin aufsuchen, wann es mir paßte; aber dies war nur geschehen, weil ihre Würde von ihr verlangte, sich nicht zu eifrig zu zeigen; außerdem konnte sie sich denken, daß ich selber ungeduldig sein würde. Sie schien mir in Dingen der Galanterie wohl zu bewandert zu sein, als daß ich sie für eine unerfahrene Anfängerin hätte halten können; ich fürchtete daher meine Zeit zu verlieren; aber mit dieser Möglichkeit fand ich mich ab und beschloß, mich selber tüchtig auszulachen, wenn ich mich irgendeiner bejahrten Schönen gegenüberfinden sollte. Ganz gewiß hätte ich nicht den geringsten Schritt getan, wäre ich nicht neugierig gewesen; ich wollte durchaus wissen, wie eine Nonne aussah, die sich erboten hatte, nach Venedig zu kommen und mit mir zu soupieren. Übrigens war ich sehr erstaunt über die Freiheit, die die frommen Nonnen genossen, und über die Leichtigkeit, womit sie den Klosterbann zu brechen wußten.

Um drei Uhr begab ich mich zur Gräfin und ließ ihr mein Briefchen zustellen. Sie erschien kurz darauf aus dem Raum, wo sie Gesellschaft gab, und sagte mir, ich würde ihr ein Vergnügen bereiten, wenn ich am nächsten Tage zur selben Stunde wiederkäme. Wir machten uns gegenseitig eine schöne Verbeugung und trennten uns. Diese Gräfin war eine famose Frau, zwar schon etwas über die Blüte hinaus, aber immer noch schön.

Der nächste Tag war ein Sonntag, und ich versäumte nicht, zur Messe zu gehen. Ich war elegant gekleidet und frisiert und in der Phantasie bereits meiner lieben C. C. untreu; denn ich dachte mehr daran, mich der Nonne zu zeigen, mochte sie nun jung oder alt sein, als mich den Blicken meiner reizenden kleinen Frau darzubieten. Am Nachmittag legte ich wieder meine Maske an und ging um die verabredete Stunde zur Gräfin, die mich bereits erwartete. Wir stiegen in eine Gondel mit zwei Ruderern und kamen beim Kloster der XXX[6] an, ohne von etwas anderem gesprochen zu haben als vom schönen Wetter. Am Gitter angekommen, ließ sie M. M.[7] rufen. Dieser Name setzte mich in Erstaunen, denn seine Trägerin war berühmt. Man ließ uns in ein kleines Besuchszimmer eintreten, und einige Minuten später sah ich eine Nonne erscheinen, die geraden Weges auf das Gitter losging und auf einen Knopf drückte. Vier Fensterscheiben sprangen zur Seite und ließen eine geräumige Öffnung frei, durch die die beiden Freundinnen sich in aller Bequemlichkeit umarmen konnten. Unmittelbar darauf wurde das sinnreiche Fenster sorgfältig wieder verschlossen. Die Öffnung war mindestens achtzehn Zoll im Geviert groß, und ein Mann von meinem Wuchs hätte bequem hindurchschlüpfen können. Die Gräfin setzte sich der Nonne gegenüber, und ich nahm ein wenig zur Seite Platz, jedoch so, daß ich ganz bequem eine der schönsten Frauen betrachten konnte, die man überhaupt zu sehen vermag. Ich bezweifelte nicht, daß es die Nonne war, die meiner lieben C. C. französische Stunden gab und von der diese mir gesprochen hatte. Vor Bewunderung war ich in einer Art von Verzauberung befangen, so daß ich kein Wort von ihrem ganzen Gespräch vernahm. Meine schöne Nonne richtete kein Wort an mich, sondern gönnte mir nicht einmal die Ehre eines einzigen Blickes. Sie konnte zweiundzwanzig oder dreiundzwanzig Jahre alt sein, und der Schnitt ihres Gesichtes war von der schönsten Form. Ihr Wuchs ging weit über das Mittelmaß hinaus, ihre sehr weiße Gesichtsfarbe war ein wenig blaß, ihr Ausdruck edel und kühn, aber zugleich zurückhaltend und bescheiden; ihre wohlgeschnittenen Augen waren von schöner himmelblauer Farbe, ihre Miene war sanft und lachend, ihre Lippen waren schön und feucht von der süßesten Sinnlichkeit, ihre Zähne zwei Reihen Perlen vom glänzendsten Schmelz. Die Haare konnte ich ihrer Haube wegen nicht sehen; aber wenn sie welche hatte, mußten sie schön hellbraun sein; das konnte ich an den Augenbrauen sehen. Was mich am meisten entzückte, war ihre Hand und ihr Vorderarm, den ich bis zum Ellbogen sah; etwas Vollkommeneres läßt sich nicht denken. Er zeigte keine Ader, statt Muskeln sah ich nur Grübchen. Trotz allem, was ich sah und erriet, bereute ich es nicht, die beiden Stelldichein ausgeschlagen zu haben, die die Schöne mir angeboten hatte, denn ich fühlte mich sicher, daß ich binnen wenigen Tagen sie besitzen würde, und es war mir ein Genuß, ihr meine Begierden zum Opfer weihen zu können. Ich sehnte mich nach dem Augenblick, wo ich mit ihr allein am Sprechgitter sein würde, und ich hätte ihr einen Schimpf anzutun geglaubt, wenn ich nicht gleich am nächsten Tage hingegangen wäre, um ihr zu versichern, daß ich ihr alle Gerechtigkeit widerfahren ließe, die sie verdiente. Sie sah mich während der ganzen Zeit nicht einen einzigen Augenblick an, aber diese Art von Zurückhaltung gefiel mir im Grunde. Plötzlich senkten die beiden Freundinnen die Stimme, und Zartgefühl machte mir zur Pflicht, mich zu entfernen. Ihre geheime Unterhaltung dauerte eine Viertelstunde, die ich damit verbrachte, mir zum Schein ein Gemälde anzusehen. Nach Ablauf dieser Zeit umarmten sie sich wie zu Anfang; die Nonne schloß das bewegliche Gitter wieder zu, drehte uns den Rücken und ging, ohne mir auch nur einen einzigen Blick zuzuwerfen.

Auf der Rückfahrt nach Venedig wurde die Gräfin vielleicht meines Schweigens überdrüssig und sagte lächelnd zu mir: »M. M. ist schön und sehr geistvoll.«

»Das eine habe ich gesehen, und das andere glaube ich.«

»Sie hat kein Wort zu Ihnen gesagt.«

»Da ich ihr nicht vorgestellt werden wollte, hat sie mich bestraft, indem sie so tat, ab ob sie meine Anwesenheit gar nicht bemerkte.«

Die Gräfin antwortete nicht, und wir kamen bei ihrem Hause an, ohne noch ein weiteres Wort auszutauschen. Ich verließ sie an der Tür, da eine schöne Verbeugung und die Worte: ›Leben Sie wohl, Signore!‹ mir bedeuteten, daß ich nicht weiter mitzugehen hätte. Übrigens hatte ich dazu auch gar keine Lust; ich ging an einen anderen Ort, um meinen Gedanken über dieses eigenartige Abenteuer nachzuhängen, auf dessen Weiterentwicklung ich sehr gespannt war.

Meine schöne Nonne hatte nicht mit mir gesprochen, und das war mir ganz recht; denn ich war so verblüfft, so von Bewunderung hingerissen, daß sie durch die unzusammenhängenden Antworten, die ich wahrscheinlich auf ihre Fragen gegeben hätte, vielleicht einen sehr niedrigen Begriff von meinem Geiste bekommen haben würde. Ich sah ein, daß sie überzeugt sein müßte, sie würde die Demütigung einer verneinenden Antwort nicht zu befürchten haben; aber ich bewunderte trotzdem ihren Mut, daß sie in ihrer Lage sich immerhin einer solchen Gefahr aussetzte. Ich konnte mir die Kühnheit nur schwer erklären, und ich begriff nicht, wie sie sich ihre Freiheit verschaffen konnte, deren sie sich offenbar erfreute. Ein Kasino in Murano! Die Möglichkeit, in Venedig mit einem jungen Mann unter vier Augen zu Nacht zu speisen! Dies alles war mir unklar, und ich kam schließlich zu der Annahme, daß sie einen offiziellen Liebhaber haben müßte, der seine Freude daran hätte, sie glücklich zu machen, indem er ihre Launen befriedigte. Dieser Gedanke verletzte allerdings meinen Stolz ein wenig; aber das Ergebnis war zu pikant, die Schöne selber zu anziehend, als daß ich mich nicht über meine Bedenken hätte hinwegsetzen sollen. Ich sah mich auf bestem Wege, meiner lieben C. C. untreu zu werden, oder ich war es vielmehr in Gedanken bereits; aber ich gestehe, daß ich trotz meiner Liebe zu dem reizenden Mädchen durchaus keine Gewissensbisse darüber verspürte. Mir schien, an einer Untreue dieser Art könnte sie keinen Anstoß nehmen, wenn sie sie zufällig entdecken sollte; denn diese kleine Abweichung vom Wege war nur dazu angetan, mich in Atem zu halten und mich ihr zu retten, denn dadurch konnte ich dem Kummer entgehen, der mich dahinsiechen ließ.

Durch eine mit Signor Dandolo verwandte Nonne war ich der Gräfin Coronini vorgestellt worden. Diese Gräfin war sehr schön gewesen und hatte viel Geist; als sie sich nicht mehr mit den Hofintrigen beschäftigen mochte, die bis dahin ihr ganzes Leben ausgefüllt hatten, zog sie sich ins Kloster Santa Giustina zurück, um dort die Ruhe zu suchen, nach der sie verlangte, als alles andere ihr zum Ekel geworden war. Da sie einen hohen Ruf genossen hatte, sah sie an ihrem Sprechgitter noch immer alle fremden Gesandten und die ersten Würdenträger der Republik. Die Kosten der Unterhaltung wurden auf beiden Seiten von der Neugierde bestritten; die Gräfin wußte in ihren Klostermauern alles, was in der Stadt vorfiel, und zuweilen behauptete sie sogar, mehr zu wissen als dies. Die Dame nahm mich stets sehr gut auf, indem sie mich als jungen Menschen behandelte, dem sie jedesmal, wenn er sie besuchte, sehr angenehme moralische Lehren gab. Ich war sicher, bei geschicktem Verhalten irgend etwas über M. M. zu erfahren, und beschloß daher, gleich am nächsten Morgen nach meinem Besuch bei der schönen Nonne der Gräfin meine Aufwartung zu machen.

Sie empfing mich auf die gewohnte Weise. Nachdem wir über allerlei Nichtigkeiten geplaudert hatten, wie man es in der guten Gesellschaft zu tun pflegt, bevor man zu einem vernünftigen Gespräch kommt, brachte ich die Unterhaltung auf die Klöster von Venedig. Wir sprachen von dem Geist und Ansehen einer Nonne, namens Celsi, die trotz ihrer Häßlichkeit in allen Angelegenheiten, die ihr am Herzen lagen, einen bedeutenden Einfluß ausübte. Hierauf unterhielten wir uns über die reizende junge Schwester Micheli, die den Schleier genommen hatte, um ihrer Mutter zu beweisen, daß sie die Klügere sei. Dann kam das Gespräch auf mehrere andere, von denen man sagte, daß sie galant seien, und ich nannte M. M., indem ich die Bemerkung machte, diese müsse wohl auch zu den Galanten gehören, aber sie sei ein Rätsel. Die Gräfin antwortete mir lächelnd, im allgemeinen sei das allerdings richtig, aber das Rätsel bestehe nicht für alle Welt. »Unbegreiflich ist nur, warum sie die Laune gehabt hat, den Schleier zu nehmen, obgleich sie schön, reich, unabhängig, klug, sehr gebildet und, soviel ich weiß, ein Freigeist ist. Sie nahm den Schleier ohne jeden körperlichen oder moralischen Grund, es war einfach eine Laune von ihr.«

»Halten Sie sie für glücklich, Gräfin?«

»Ja; wenn sie nicht etwa ihren Schritt bereut oder später dazu kommt, ihn zu bereuen. Sollte aber dieser Fall je eintreten, so halte ich sie für vernünftig genug, es niemanden merken zu lassen.«

Die geheimnisvolle Miene der Gräfin brachte mich zu der Überzeugung, daß M.M. einen Liebhaber haben müsse. Ich beschloß jedoch, mir darüber nicht den Kopf zu zerbrechen, sondern maskierte mich und fuhr am Nachmittag nach Murano. An der Klosterpforte läutete ich und fragte klopfenden Herzens nach M.M.; ich käme im Auftrage der Gräfin S. Das kleine Sprechzimmer war geschlossen; die Pförtnerin zeigte mir ein anderes, in das ich eintreten sollte. Ich tat dies, nahm meine Maske ab, setzte mich und wartete auf das Kommen meiner Göttin.

Mein Herz schlug Sturmmarsch. Ich wartete voll Ungeduld, und trotzdem war das Warten mir angenehm; denn ich fürchtete mich vor dem Augenblick der ersten Begegnung. Eine Stunde verging mir ziemlich schnell; dann aber begann mir das Warten doch ein bißchen lang zu werden. Ich dachte, die Pförtnerin hätte mich vielleicht nicht richtig verstanden; daher klingelte ich nochmals am Eingang und fragte, ob man Schwester M.M. benachrichtigt hätte. Eine Stimme antwortete mir: ja. Ich setzte mich wieder, und nach einigen Minuten kam eine zahnlose alte Nonne zu mir herein und sagte mir: »Schwester M.M. ist für den ganzen Tag beschäftigt.« Hierauf ging sie hinaus, ohne mir soviel Zeit zu lassen, daß ich ein einziges Wort hätte sprechen können.

Dies war nun einer von den schrecklichen Augenblicken, wie sie einer, der Abenteuern nachjagt, zuweilen erlebt. Sie sind der bitterste Schmerz, den es gibt. Sie demütigen, schmettern nieder, töten!

Ich fühlte mich erniedrigt. Meine erste Empfindung war größte Verachtung meiner selbst, die an Wut grenzte; mein zweites Gefühl war unwillige Verachtung der Nonne, über die ich das strenge Urteil fällte, das sie zu verdienen schien und das allein mich in meinem Schmerz tröstete. Wahnsinnig, elend, schamlos mußte ich sie nennen, um nur mich selbst zu trösten. So konnte sie gegen mich nur gehandelt haben, wenn sie das schamloseste aller Weiber und wenn sie jeder Vernunft bar war; denn die beiden Briefe, die ich von ihr hatte, genügten, um ihre Ehre zu vernichten, wenn ich mich hätte rächen wollen; und auf meine Rache mußte sie doch gefaßt sein. Sie mußte wahnsinnig sein, diese Rache herauszufordern. Ich hätte sie auch unbedingt für wahnsinnig gehalten, wenn ich nicht ihr Gespräch mit der Gräfin angehört hätte.

Aber ich erhob mich aus dem Tumult von Scham und Zorn, der meine Seele niederbeugte, *affixa humo* [der Erde verhaftet]¹ während einzelner heller Momente, die mir anbrachen. ›Zeit bringt Rat‹, sagte ich bei mir selber; sie bringt auch Ruhe, und durch Überlegung kommt Klarheit in die Gedanken. Im Grunde war es doch ein ganz gewöhnliches Erlebnis, und es würde mir als solches von Anfang an erschienen sein, wenn nicht die Reize der Nonne und meine eigene Eitelkeit mich geblendet hätten. Schließlich fühlte ich, daß es nur an mir läge, über das Miß-geschick zu lachen, und daß kein Mensch würde merken kön-nen, ob ich wirklich aufrichtig darüber lachte oder nur so täte.

Trotz allen diesen schönen Vorsätzen dachte ich aber doch an Rache. Nur durfte nichts Niedriges sich in diese einmischen. Ich wollte ihr nicht den Triumph gönnen, mich mit ihrem schlechten Spaß angeführt zu haben, und darum durfte ich mich nicht beleidigt zeigen. Sie hatte mir sagen lassen, sie wäre be-schäftigt. So war mir meine Rolle vorgeschrieben, ich mußte den Gleichgültigen spielen. ›Ohne Zweifel‹, sagte ich mir, ›wird sie ein anderes Mal nicht beschäftigt sein; aber sie soll es nur versuchen, mich noch einmal in ihr Netz zu locken! Ich werde ihr zeigen, daß ich über ihr schändliches Benehmen nur gelacht habe.‹ Selbstverständlich mußte ich ihre Briefe zurückschicken; aber dies mußte mit einem Briefchen geschehen, dessen Galan-terie ihr kein Lächeln der Befriedigung entlocken würde. Am unangenehmsten war es mir, daß ich verpflichtet war, in ihre Kirche zu gehen; aller Wahrscheinlichkeit nach wußte sie nicht, daß ich C. C. zuliebe hinging, und sie hätte sich einbilden kön-nen, ich käme nur in der Hoffnung, ihr Gelegenheit zu geben, daß sie sich bei mir entschuldigte und mit mir ein neues Stell-dichein verabredete. Sie sollte an meiner Verachtung durchaus nicht zweifeln können; außerdem glaubte ich, daß die Zusam-menkünfte, die sie mir angeboten hatte, nur in ihrer Phantasie möglich wären und daß sie sie mir nur vorgespiegelt hätte, um damit Eindruck auf mich zu machen.

Mit dem Bedürfnis der Rache legte ich mich zu Bett; darüber nachdenkend schlief ich ein, und ich erwachte mit dem Ent-schluß, dieses Bedürfnis zu befriedigen. Ich schrieb an sie; da ich aber sicher sein wollte, daß meinem Brief nicht der Liebes-verdruß anzumerken wäre, der an mir nagte, so ließ ich ihn auf meinem Schreibtisch liegen, um ihn am nächsten Tag ruhigen

Blutes noch mal zu lesen. Diese Vorsicht war gut, denn als ich vierundzwanzig Stunden später den Brief wieder durchlas, fand ich ihn unwürdig und zerriß ihn in tausend Fetzen. In dem Brief kamen Sätze vor, in denen sich meine Schwäche, meine Liebe, mein Verdruß verrieten, was daher nicht nur nicht sie gedemütigt, sondern im Gegenteil ihr Stoff geliefert hätte, sich über mich lustig zu machen.

Am Mittwoch schrieb ich an C.C., triftige Gründe zwängen mich, die Messen in ihrer Klosterkirche nicht mehr zu besuchen. Hierauf verfaßte ich einen anderen Brief an meine Nonne, der am Donnerstag dasselbe Schicksal wie der vorige hatte, weil ich beim Durchlesen wieder die gleichen Mängel entdeckte. Es kam mir vor, als könnte ich überhaupt nicht mehr schreiben; nach Verlauf von zehn Tagen bemerkte ich, daß ich zu verliebt war, um mich anders ausdrücken zu können, als mein Herz es verlangte: *sincerum est nisi vas, quodcumque infundis acescit* [Ist das Gefäß nicht rein, wird alles, was du hineingießt, sauer][2].

M.M.'s Gesicht hatte auf mich einen so tiefen Eindruck gemacht, daß dieser nur durch das abstrakteste aller Wesen, die Zeit, verwischt werden konnte.

In der dummen Lage, in der ich mich befand, war ich zwanzigmal in der Versuchung, zur Gräfin S. zu gehen und mich bei ihr zu beklagen; Gott sei Dank aber war ich so vorsichtig, niemals ihre Schwelle zu überschreiten. Der Gedanke, daß die unbedachte Nonne in tausend Ängsten schweben müßte, da in meinen Händen zwei Briefe sich befanden, die ihren guten Ruf vernichten und dem Kloster großen Schaden zufügen konnten – dieser Gedanke brachte mich endlich nach zehn Tagen zu dem Beschluß, ihr die Briefe mit folgendem Begleitschreiben zurückzuschicken:

›Ich bitte Sie, mir zu glauben, Madame, daß ich nur aus reiner Vergeßlichkeit Ihnen Ihre beiden Briefe noch nicht zurückschickte. Sie finden sie anbei. Niemals habe ich daran gedacht, den Grund meines Wesens zu verleugnen und gegen Sie eine feige Rache auszuüben. Ich verzeihe Ihnen recht leicht die beiden riesigen Unbesonnenheiten, die Sie begangen haben, sei es, daß Sie dabei ganz gedankenlos Ihrer Natur gefolgt sind, sei es, daß Sie vielleicht sich über mich lustig machen wollten. Gestatten Sie mir jedoch, Ihnen den Rat zu geben, einem anderen gegenüber es nicht ebenso zu machen, denn Sie könnten an je-

25

manden geraten, der nicht so zartfühlend wäre wie ich. Ich kenne Ihren Namen, ich weiß, wer Sie sind. Aber seien Sie ruhig, es ist so gut, wie wenn ich gar nichts wüßte. Übrigens ist es ja möglich, daß Sie meiner Verschwiegenheit wenig Wert beimessen; aber wenn das der Fall ist, so finde ich Sie sehr bedauernswert. Wie Sie sich wohl denken können, Madame, werden Sie mich nicht mehr in Ihrer Kirche sehen; aber seien Sie überzeugt, daß dies für mich kein Opfer bedeutet: ich brauche nur einfach anderswohin zu gehen, um die Messe zu hören. Doch muß ich Ihnen sagen, aus welchem Grunde ich künftighin nicht mehr in Ihrem Kloster erscheinen werde: Ich finde es ganz natürlich, wenn Sie zu den beiden von Ihnen begangenen Unbesonnenheiten noch eine dritte, nicht minder große hinzugefügt haben, nämlich die, sich Ihrer Heldentaten einer Mitnonne gegenüber zu rühmen, und ich will Ihnen keinen Stoff liefern, in Ihrer Zelle oder in Ihrem Boudoir über mich zu lachen. Finden Sie es nicht allzu lächerlich, daß ich trotz der fünf oder sechs Jahre, die ich älter bin als Sie, noch nicht alle Scham abgestreift und noch nicht das ganze mir überkommene Anstandsgefühl mit Füßen getreten habe – oder, wenn Sie es lieber so ausgedrückt sehen wollen: daß ich noch einige Vorurteile mir bewahrt habe. Ich bin der Meinung, es gibt Vorurteile, die man niemals gänzlich von sich abschütteln darf. Lassen Sie sich, Madame, diesen kleinen Denkzettel gefallen, denn auch ich nehme ja gutmütig genug den hin, den Sie offenbar nur zum Spaß mir erteilt haben; ich verspreche Ihnen, ihn für mein ganzes Leben mir zur Lehre dienen zu lassen.‹

Ich hielt diesen Brief den Umständen nach für sehr zahm. Nachdem ich ihn fertig gemacht hatte, maskierte ich mich und suchte mir einen Forlanen oder Friauler, der mich nicht kennen konnte. Ich gab ihm eine halbe Zechine und versprach ihm den gleichen Betrag für den Augenblick, da er mir melden würde, daß er den Brief richtig im Kloster auf Murano abgegeben hätte. Ich gab ihm alle nötigen Weisungen und nahm ihm das Versprechen ab, daß er sich entfernen würde, sobald er den Brief der Pförtnerin übergeben hätte, selbst wenn man ihm sagen sollte, daß er warten möchte. Ich muß hier bemerken, daß die Forlanen in Venedig Dienstmänner waren, die ein besonderes Vertrauen genossen; man hatte niemals gehört, daß einem von ihnen auch nur der geringste Vertrauensbruch vorgeworfen werden konnte.

Dasselbe galt früher auch von den Savoyarden in Paris; aber alles wird anders auf dieser Welt.

Ich begann die Geschichte zu vergessen – jedenfalls weil ich unbewußt dachte, ich hätte zwischen ihr und mir eine unüberschreitbare Schranke aufgerichtet. Da bemerkte ich zehn Tage später beim Verlassen der Oper denselben Forlanen mit seiner Laterne in der Hand. Ohne mir etwas dabei zu denken, rief ich ihn an und fragte ihn, ob er mich kenne. Die Maske behielt ich vor dem Gesicht. Er sah mich an, musterte mich von oben bis unten und verneinte meine Frage.

»Hast du deinen Auftrag in Murano gut ausgerichtet?«

»Ah, Gott sei gelobt, Signore, daß ich das Glück habe, Sie zu finden. Ich habe Ihnen wichtige Dinge mitzuteilen. Ich habe Ihren Brief hingebracht, habe ihn abgeliefert, wie Sie mir's befohlen hatten, und bin sofort weggegangen, als ich ihn in den Händen der Pförtnerin sah, obgleich die Nonne mir sagte, ich möchte warten. Bei meiner Rückkehr fand ich Sie nicht mehr vor – aber einerlei. Am anderen Morgen in aller Frühe kam einer meiner Kameraden, der an der Klosterpforte gewesen war, als ich den Brief abgab, weckte mich auf und sagte mir, ich müßte nach Murano kommen, die Pförtnerin wollte durchaus mit mir sprechen. Ich ging hin. Nachdem ich ein paar Augenblicke hatte warten müssen, ließ die Schwester mich ins Sprechzimmer eintreten, wo eine Nonne, schön wie der Tag, länger als eine Stunde mich mit allen möglichen Fragen bestürmte, die sämtlich darauf hinausgingen, daß ich ihr sagen sollte, wer Sie wären, oder doch wenigstens, an welchem Orte ich Sie finden könnte. Wie Sie wissen, konnte ich ihr keine befriedigende Antwort geben. Schließlich ging sie hinaus, befahl mir aber zu warten und kam zwei Stunden darauf mit einem Brief wieder, den sie mir übergab. Sie sagte mir, wenn es mir gelänge, diesen Brief an Sie zu bestellen und ihr eine Antwort zu überbringen, so würde sie mir zwei Zechinen geben. Unterdessen sollte ich, bis ich Sie aufgefunden hätte, jeden Tag ins Kloster kommen und ihr den Brief zeigen; dafür würde ich jedesmal vierzig Soldi erhalten. Bis jetzt habe ich auf diese Art zwanzig Lire verdient; ich fürchte aber, sie wird der Angelegenheit überdrüssig, und es steht nur bei Ihnen, mich zwei Zechinen verdienen zu lassen, indem Sie zwei Zeilen auf den Brief antworten.«

»Wo ist dieser Brief?«

»Bei mir zu Hause, eingeschlossen; denn ich habe immer Angst, ich könnte ihn verlieren.«

»Ja, wie soll ich ihn denn dann beantworten?«

»Haben Sie die Güte, hier auf mich zu warten; in weniger als einer Viertelstunde bin ich mit dem Brief wieder hier.«

»Ich werde nicht auf dich warten, denn diese Antwort hat gar kein Interesse für mich. Aber sage mir, wie hast du der Nonne Hoffnung machen können, daß du mich auffinden würdest? Du bist ein Spitzbube; denn es ist nicht wahrscheinlich, daß sie dir den Brief anvertraut haben würde, wenn du ihr nicht Hoffnung gemacht hättest, du würdest mich ausfindig machen!«

»Ich bin kein Spitzbube, denn ich habe genau ausgeführt, was Sie mir aufgetragen hatten. Aber ich habe ihr allerdings Ihren Anzug, Ihre Schnallen, Ihren Wuchs genau beschrieben; und ich versichere Ihnen, seit zehn Tagen sehe ich mir ganz genau jede Maske von Ihrer Figur an. Aber vergeblich. Jetzt erkenne ich allerdings Ihre Schuhschnallen wieder, ich glaube aber, Sie haben heute einen anderen Rock an. Ach, Signore! Es kostet Sie doch nichts, eine einzige Zeile zu schreiben. Seien Sie doch so gut und warten Sie in dem Kaffeehause hier einen Augenblick auf mich!«

Ich konnte meiner Neugier nicht länger widerstehen und entschloß mich, nicht auf ihn zu warten, wohl aber, ihn nach seinem Hause zu begleiten. Ich brauchte nur zu schreiben: ›Ich habe den Brief erhalten.‹ Damit verschaffte ich mir eine Genugtuung und ließ sogleich den Forlanen zwei Zechinen verdienen. Am nächsten Tage wechselte ich Schuhschnallen und Maske und konnte dann aller Nachforschungen lachen.

Ich begleitete also meinen Forlanen bis an seine Tür; er ging hinein und brachte mir den Brief heraus. Ich gehe mit ihm in ein Wirtshaus, lasse mir ein Zimmer geben, ein gutes Feuer anmachen und sage dem Mann, er solle warten. Ich öffne den dicken Brief, und das erste, was meine Augen sehen, sind die beiden Briefe, die ich ihr zurückgeschickt hatte, um sie wegen der Folgen ihrer Unbesonnenheit zu beruhigen.

Bei diesem Anblick bekam ich so heftiges Herzklopfen, daß ich mich setzen mußte: die Rücksendung der Briefe war ein sicheres Zeichen meiner Niederlage. Außer diesen beiden Briefen sah ich ein kleines Briefchen, das an M.M. überschrieben und mit S. unterzeichnet war. Ich las es, es enthielt nur folgende

Worte: ›Die Maske, die mich hin- und herbegleitete, hätte, glaube ich, überhaupt nicht den Mund aufgetan, wenn ich nicht die Bemerkung gemacht hätte, die Reize Deines Geistes seien noch verführerischer als die Deines Antlitzes. Er antwortete mir: ›Das eine habe ich gesehen, und das andere glaube ich.‹ Ich fuhr fort, ich könnte nicht begreifen, warum Du gar nicht mit ihm gesprochen hättest, und er antwortete lächelnd: ›Ich wollte mich ihr nicht vorstellen lassen; sie hat mich dafür bestraft, indem sie von meiner Anwesenheit keine Notiz nahm.‹ Das war unser ganzes Gespräch. Ich wollte Dir dies Briefchen heute früh schicken, aber es war mir unmöglich. Lebe wohl.‹

Nachdem ich dies Billett gelesen hatte, das genau der Wahrheit entsprach und der Nonne als Entlastungsbeweis dienen konnte, verminderte sich mein Herzklopfen. Die Aussicht, mich einer Ungerechtigkeit überführt zu sehen, entzückte mich; ich faßte Mut und las folgenden Brief:

›Eine Schwachheit, die ich für sehr verzeihlich halte, machte mich neugierig, zu erfahren, was Sie unterwegs zur Gräfin über mich gesagt hätten; ich benutzte einen günstigen Augenblick, um ihr unbemerkt zu sagen, sie möchte mir spätestens am nächsten Morgen Mitteilung darüber machen, denn ich sah voraus, daß Sie mir im Laufe des Nachmittags einen pflichtschuldigen Besuch abstatten würden. Ihr Briefchen, das ich Ihnen sende, mit der Bitte, es zu lesen, ist mir erst zugegangen, als Sie seit einer halben Stunde fort waren. Erstes Verhängnis.

Da ich diesen Brief noch nicht erhalten hatte, als Sie mich rufen ließen, besaß ich nicht die Kraft, Ihren Besuch anzunehmen. Dies war eine gräßliche Schwachheit – die Sie aber, wie ich hoffe, für ebenso verzeihlich halten werden. Denn es war das zweite Verhängnis. Ich befahl der Laienschwester, Ihnen zu sagen: ich sei für den ganzen Tag krank. Dies war eine sehr berechtigte Entschuldigung, einerlei, ob sie wahr oder falsch war; denn es war eine Anstandslüge, die durch die Worte ›für den ganzen Tag‹ als bloße Ausrede erkennbar war. Sie waren schon fortgegangen, und es war mir nicht mehr möglich, Sie zurückholen zu lassen, als das alberne Weib mir meldete, sie habe Ihnen gesagt, ich sei beschäftigt. Dies war das dritte Verhängnis!

Sie können sich nicht vorstellen, was ich der dummen Nonne am liebsten alles gesagt und angetan hätte; aber hier im Kloster darf man gar nichts sagen oder tun; man muß Geduld haben und sich verstellen und noch obendrein Gott danken, daß die Versehen in Dummheit und nicht in Bosheit ihren Ursprung haben; denn das letztere kommt in Klöstern gar nicht selten vor. Ich sah sofort – wenigstens zum Teil – voraus, wie es denn auch wirklich gekommen ist; denn alles konnte wohl, glaube ich, menschliche Vernunft doch nicht voraussehen. Ich erriet, daß Sie sich für genasführt hielten und daß Sie empört sein würden, und ich empfand darob einen unaussprechlichen Kummer; denn ich sah keine Möglichkeit, Ihnen vor dem nächsten Feiertag die Wahrheit kundzugeben. Mein Herz rief diesen Tag mit glühender Sehnsucht herbei: wie hätte ich wohl ahnen können, daß Sie den Entschluß fassen würden, nicht mehr in unsere Messe zu gehen! Geduldig trug ich mein Unglück bis zum nächsten Sonntag; aber als ich mich in meiner Hoffnung getäuscht sah, da wurde mein Schmerz unerträglich; und er wird mich töten, wenn Sie sich weigern, meine Rechtfertigung anzuerkennen. Ihr Brief hat mich völlig unglücklich gemacht, und ich werde meiner Verzweiflung erliegen, wenn Sie bei dem grausamen Entschluß beharren, von dem Ihr Brief mir spricht. Sie halten sich für gefoppt. Weiter können Sie nichts sagen. Aber wird nun dieser mein Brief Sie von Ihrem Irrtum befreien? Selbst wenn Sie glaubten, ich hätte Sie schmachvoll betrogen, so konnten Sie – dies müssen Sie zugeben! – mir einen so schrecklichen Brief doch nur schreiben, wenn Sie mich für ein gradezu abscheuliches Ungeheuer hielten, wie eine Frau von vornehmer Geburt und Erziehung es unmöglich sein kann. Ich lege die beiden Briefe wieder bei, die Sie mir zurückschickten, weil Sie glaubten, dadurch meine Unruhe zu beschwichtigen, die Sie aber grausamerweise einer ganz falschen Ursache zuschreiben. Ich verstehe mich besser als Sie auf Gesichter; seien Sie überzeugt: Was ich tat, habe ich nicht aus Unbesonnenheit getan; denn ich habe Sie niemals auch nur einer unschönen Handlungsweise für fähig gehalten, geschweige denn einer Schlechtigkeit. Sie müssen in meinen Gesichtszügen nur die Seele eines schamlosen Tollkopfes entdeckt haben – und das bin ich nicht. Sie werden vielleicht an meinem Tode schuld sein oder zum mindesten mich für mein ganzes Leben unglücklich machen, wenn Sie es unterlassen, nun auch sich zu rechtfertigen; denn ich meinerseits glaube, mich im vollsten Maße gerechtfertigt zu haben.

Ich hoffe, Sie werden, selbst wenn Ihnen an meinem Leben nichts liegen sollte, doch einsehen, daß Ihre Ehre erheischt, mich zu einer Unterredung aufzusuchen. Kommen Sie selber, und nehmen Sie alles zurück, was Sie mir geschrieben haben! Sie müssen es, und ich verdiene es! Sollten Sie nicht begreifen, wie verhängnisvoll Ihr Brief auf mich gewirkt hat, wie verhängnisvoll er auf das Herz jeder unschuldigen und nicht gradezu wahnwitzigen Frau wirken müßte – so könnte ich, trotz meinem Unglück, Sie nur bedauern; denn alsdann hätten Sie gar keine Kenntnis vom Menschenherzen. Aber ich bin gewiß, Sie werden wiederkommen – wenn es nur dem Mann, dem ich diesen Brief übergebe, gelingt, Sie aufzufinden. M. M.‹

Ich brauchte diesen Brief nicht zweimal zu lesen. Ich war verwirrt, verzweifelt. M. M. hatte recht. Ich ließ sofort den Friauler hereinkommen und fragte ihn, ob er am Morgen mit ihr gesprochen und ob sie krank ausgesehen hätte. Er antwortete mir, er hätte sie jeden Tag trauriger und abgespannter gefunden, und sie hätte rote Augen.

»Warte draußen auf mich!«

Ich setzte mich zum Schreiben nieder und war erst bei Tagesanbruch mit meinem wortreichen Geschreibsel fertig. Mein Brief an das edelste Weib, das ich in meinem Ärger so falsch beurteilt hatte, lautete folgendermaßen:

›Ich bin schuldig, Madame, und kann gar nichts zu meiner Verteidigung anführen. Von Ihrer Unschuld aber bin ich vollkommen überzeugt. Ich wäre untröstlich, wenn ich nicht die süße Hoffnung hegte, meine Verzeihung zu erlangen, und Sie werden mir diese nicht verweigern, wenn Sie gütigst bedenken, was mich hat schuldig werden lassen. Ich sah Sie, Sie blendeten meine Augen, und ich konnte ein Glück nicht fassen, das mir als ein Trugbild erschien; ich glaubte, ich wäre in einem jener köstlichen Träume befangen, die beim Erwachen verschwinden. Erst vierundzwanzig Stunden später konnte ich Gewißheit erlangen, ob meine Zweifel wirklich unberechtigt wären; und wer könnte die Ungeduld schildern, womit ich auf diesen glücklichen Augenblick wartete! Endlich war er da, und von Begierde und Hoffnung getrieben, flog mein Herz Ihnen entgegen, während ich im Sprechzimmer saß und die Minuten zählte. Eine Stunde verging mir jedoch ziemlich schnell; dies war eine natürliche Wirkung meiner Ungeduld und der Art von Rührung, in die mich der Gedanke versetzte, daß ich Sie würde eintreten sehen. Aber gerade in dem Augenblick, als ich ganz sicher glaubte, ich würde das geliebte Gesicht sehen, dessen Züge sich auf den ersten Blick unauslöschlich in mein Herz eingegraben hatten – da sah ich die widerlichste alte Vettel, die mir mit kalter, mürrischer Miene sagte, Sie seien für den ganzen Tag beschäftigt. Ehe ich noch zu mir kommen konnte, war sie schon wieder fort. Stellen Sie sich meine Betäubung und alle meine Gefühle vor. Der Blitz hätte mich nicht plötzlicher und furchtbarer treffen können. Hätten Sie mir durch dieselbe Laienschwester zwei Zeilen geschickt, zwei Zeilen von Ihrer Hand – ich wäre, wenn auch nicht zufrieden, so doch gefaßt und Ihrem Willen gehorsam, fortgegangen.

Aber nun kommt ein viertes Verhängnis, das Sie bei Ihrer köstlichen pikanten Rechtfertigung nicht mit angeführt haben. Ich hielt mich für gefoppt, mein Stolz empörte sich, und Entrüstung brachte für einen Augenblick meine Liebe zum Schweigen. Die Scham erstickte mich. Ich glaubte, jedermann müßte auf meinem Gesicht das ganze Entsetzen lesen, das ich in mir verspürte; ich sah in Ihnen nur ein entsetzliches Ungeheuer in Engelsgestalt. Mein Geist war ganz über den Haufen geworfen, und nach elf Tagen verlor ich den kleinen Rest von Vernunft, der mir noch geblieben war. Dies muß ich wenigstens annehmen, denn an jenem Tage schrieb ich den Brief, über den Sie mit Recht sich beklagen, den ich aber damals für ein Meisterstück von Mäßigung hielt.

Jetzt ist, hoffe ich, alles in Ordnung, und schon heute früh um elf Uhr werden Sie mich zärtlich, gehorsam und reuig zu Ihren Füßen sehen. Sie werden mir vergeben, Madame, oder ich selber räche Sie für die Unbill, die ich Ihnen angetan habe. Nur um eine einzige Gnade wage ich Sie zu bitten: Verbrennen Sie meinen Brief und lassen Sie zwischen uns niemals mehr von ihm die Rede sein. Ich habe ihn erst abgesandt, nachdem ich vier andere einen nach dem anderen zerrissen hatte, weil ich darin Sätze entdeckte, von denen ich fürchten mußte, daß sie die ungestüme Liebe verrieten, die Sie in mir entflammt hatten. Eine Frau, die mich verhöhnt hatte, war meiner zärtlichen Liebe nicht würdig, selbst wenn sie engelsgleich gewesen wäre. Ich war nicht im Unrecht, aber … ich war ein Unglücklicher! Konnte ich Sie solcher Haltung für fähig halten, nachdem ich

Sie gesehen hatte? Ich werde mich auf mein Bett niederwerfen und drei oder vier Stunden vergehen lassen, meine Tränen werden das Kissen durchnässen. Ermessen Sie daraus, in welcher Gemütsverfassung ich mich befand.

Ich lasse den Dienstmann sofort nach Ihrem Kloster gehen, damit Ihnen beim Erwachen schon mein Brief übergeben wird. Der Mann würde mich niemals entdeckt haben, wenn mich nicht mein guter Geist getrieben hätte, ihn anzusprechen, als ich aus der Oper kam. Ich werde seiner nicht mehr bedürfen. Antworten Sie mir nichts, und empfangen Sie die aufrichtigsten Beteuerungen eines Herzens, das Sie anbetet!‹

Als der Brief fertig war, rief ich meinen Friauler herein, gab ihm eine Zechine und ließ mir von ihm versprechen, sofort nach Murano zu fahren und der Nonne meinen Brief nur zu ihren eigenen Händen zu übergeben. Sobald er fort war, warf ich mich auf das Bett, aber vor Ungeduld und Sehnsucht konnte ich kein Auge zutun.

Der Leser kann sich denken, daß ich in meiner Ungeduld pünktlich zur Stelle war. Man ließ mich in das kleine Sprechzimmer eintreten, wo ich sie zum erstenmal gesehen hatte, und bald kam sie.

Als ich sie hinter dem Gitter sah, sank ich auf beide Knie nieder; aber sie bat mich schnell wieder aufzustehen, weil man mich sehen könnte. Ihr Gesicht war wie von Feuer übergossen, ihr Blick aber erschien mir himmlisch. Sie setzte sich, und ich nahm auf einem Stuhle ihr gegenüber Platz. So saßen wir mehrere Minuten lang und sahen uns an, ohne ein Wort zu sagen. Endlich brach ich jedoch das Schweigen, indem ich in zärtlichem, aber halb ersticktem Ton sie fragte, ob ich auf meine Vergebung hoffen könnte. Sie steckte mir durch das Gitter hindurch ihre schöne Hand entgegen, und ich bedeckte diese mit Tränen und mit Küssen.

»Unsere Bekanntschaft«, hub sie an, »hat mit einem heftigen Gewitter begonnen; hoffen wir, daß sie fortan vollkommen und auf die Dauer ruhig sein werde. Wir sprechen uns heute zum erstenmal, aber nach dem zwischen uns Vorgefallenen müssen wir uns gegenseitig vollkommen kennen. Ich hoffe, unser Bund wird ebenso zärtlich wie aufrichtig sein, und wir werden uns gegenseitig unsere Fehler zu vergeben wissen.«

»Kann ein Engel wie Sie Fehler haben?«

»Oh, lieber Freund, wer hätte denn keine?«

»Wann werde ich das Glück haben können, Sie, ohne allen Zwang und ganz der Freude meines Herzens folgend, von der Tiefe meiner Gefühle überzeugen zu dürfen?«

»Wir speisen in meinem Kasino zu Abend, sobald Sie wollen; nur muß ich es zwei Tage vorher wissen. Oder auch: Ich komme nach Venedig, und wir essen bei Ihnen, wenn Ihnen das nicht unbequem ist.«

»Es würde nur mein Glück erhöhen. Ich glaube Ihnen sagen zu müssen, daß ich mich in sehr angenehmen Verhältnissen befinde; daß ich Geldausgaben nicht scheue, sondern im Gegenteil liebe. Alles aber, was ich habe, gehört dem Wesen, das ich anbete.«

»Ihre Mitteilung, lieber Freund, ist mir sehr angenehm, um so angenehmer, da auch ich Ihnen sagen kann, daß ich reich bin und meinem Geliebten keinen Wunsch versagen muß.«

»Sie haben aber gewiß schon einen?«

»Ja; und er ist es, der mich reich macht. Er ist mein unumschränkter Gebieter. Ich habe niemals Heimlichkeiten vor ihm. Wenn wir übermorgen unter vier Augen sind und ich ganz die Ihre bin, sollen Sie mehr darüber erfahren.«

»Aber ich hoffe doch, Ihr Liebhaber …«

»Wird nicht dabeisein – verlassen Sie sich darauf. Haben Sie auch eine Geliebte?«

»Ich hatte eine. Aber ach, man hat sie mir mit Gewalt entrissen, und ich lebe seit sechs Monaten in vollkommenem Zölibat.«

»Sie lieben sie noch?«

»Ich kann nicht an sie zurückdenken, ohne sie zu lieben. Sie kommt Ihnen fast gleich an Schönheit und Reiz, aber ich sehe voraus, um Ihretwillen werde ich sie vergessen!«

»Wenn Sie glücklich waren, beklage ich Sie aufrichtig. Man entriß sie Ihnen, und Sie flohen die Welt, um sich Ihrem Kummer hinzugeben. Ich habe Sie erraten; aber wenn es so kommt, daß ich mich des Platzes bemächtige, den sie noch in Ihrem Herzen einnimmt, dann, mein holder Freund, soll kein Mensch mich daraus vertreiben!«

»Aber was wird Ihr Liebhaber dazu sagen?«

»Er wird entzückt sein, mich mit einem Geliebten wie Sie zärtlich und glücklich zu sehen. Dies ist nun mal sein Charakter.«

»Ein bewunderungswürdiger Charakter! Zu solchem Heroismus würden mir Charakter und Kraft fehlen.«

»Was für ein Leben führen Sie in Venedig?«

»Ich besuche Theatergesellschaften, Kasinos und kämpfe dort mit dem Glück, das mir bisweilen hold, bisweilen auch feindlich ist.«

»Besuchen Sie die fremden Gesandten?«

»Nein; ich stehe in allzu engen Beziehungen zu Patriziern; aber ich kenne sie alle.«

»Wie kommt es, daß Sie sie kennen, da Sie doch nicht mit ihnen verkehren?«

»Ich habe sie im Ausland kennengelernt: in Parma den spanischen Botschafter, Herzog di Montealegre; in Wien den Grafen Rosenberg, in Paris vor ungefähr zwei Jahren den französischen Botschafter.«

»Es wird gleich Mittag läuten, lieber Freund, es ist Zeit, daß wir uns trennen. Kommen Sie übermorgen zur selben Stunde, und ich werde Ihnen die nötigen Unterweisungen geben, damit Sie abends mit mir zusammen speisen können.«

»Unter vier Augen?«

»Das versteht sich.«

»Darf ich wagen, Sie um ein Unterpfand Ihres Versprechens zu bitten? Denn das Glück, das Sie mir verheißen, ist ja so groß!«

»Was für ein Unterpfand wollen Sie?«

»Daß Sie sich an das kleine Fenster stellen und mir erlauben, mich in die Stelle der Gräfin S. zu versetzen.«

Sie stand auf und drückte mit dem anmutigsten Lächeln auf die Feder; nachdem ich den innigsten Kuß empfangen hatte, ging ich. Ihre Augen begleiteten mich bis an die Tür, und ihr liebevoller Blick hätte mich dort festgehalten, wenn sie nicht endlich gegangen wäre.

Ich verbrachte die beiden Tage des Wartens in solcher Freude und Ungeduld, daß ich nicht essen noch schlafen konnte; mir schien, ich hätte noch niemals solches Glück in der Liebe gehabt, oder vielmehr: mir schien, als sollte ich zum erstenmal in meinem Leben wirklich glücklich sein.

Meine neue Eroberung war von vornehmer Herkunft, war schön und geistvoll; aber zu diesen tatsächlichen Vorzügen kam noch ein eingebildeter hinzu, der mir mein Glück beinahe unfaßbar machte: Ich hatte mit einer Vestalin³ zu tun. Eine verbotene Frucht wurde mir geboten, und wer wüßte nicht, daß seit Evas Tagen bis auf unsere Zeit gerade die verbotene Frucht uns immer am süßesten dünkt? Ich sollte einem allmächtigen Gatten ins Gehege kommen; und darum stand in meinen Augen M.M. hoch über allen Königinnen.

Wäre nicht in diesen Augenblicken meine Vernunft von der Leidenschaft verblendet gewesen, so hätte ich wohl gesehen, daß diese Nonne auch nicht anders beschaffen sein konnte als alle die hübschen Frauen, die ich in den dreizehn Jahren gekannt, seitdem ich zum erstenmal das Schlachtfeld der Liebe betreten hatte. Aber welcher Verliebte würde sich wohl mit solchem Gedanken abgeben! Er weist ihn verächtlich von sich, wenn er ihm zufällig sich aufdrängen sollte. M.M. mußte durchaus hoch über der schönsten Frau der Welt stehen.

Die animalische Natur – was die Alchimisten das animalische Reich nennen – verschafft sich instinktmäßig die drei Mittel, die sie notwendig braucht, um sich in Ewigkeit fortzupflanzen.

Diese Mittel sind drei wirkliche Bedürfnisse, die die Natur allen Geschöpfen eingepflanzt hat. Sie müssen sich nähren, und diese Notwendigkeit wäre eine dumme und verdrießliche Last für sie, wenn sie nicht die Empfindung des Hungers hätten und ein Vergnügen daran fänden, diesen zu befriedigen. Sie müssen ihre Art fortpflanzen; dies ist eine unumgängliche Notwendigkeit, in der sich die ganze Weisheit des Schöpfers offenbart; denn ohne Fortpflanzung und Vermehrung würde nach dem immer gültigen Gesetz der Entartung, des Vergehens und des Sterbens alles zunichte werden. Mögen nun der heilige Augustinus und andere, die nicht vernünftiger sind als er, sagen, was sie wollen – die Geschöpfe würden sich mit der Arbeit der Fortpflanzung nicht befassen, wenn sie nicht ihr Vergnügen daran fänden und wenn das große Werk sie nicht durch einen unwiderstehlichen Reiz anzöge. Endlich haben alle Geschöpfe eine ganz entschiedene und unbesiegliche Neigung, ihre Feinde zu vernichten. Und sicherlich kann es nichts Vernünftigeres geben; denn der Selbsterhaltungstrieb macht es ihnen zur Pflicht, die Zerstörung alles dessen, was ihnen schaden kann, mit allen Kräften zu wünschen und zu erstreben.

Wenn nun aber auch diese Gesetze allgemein gültig sind, so handelt doch jede Art für sich allein. Die drei Empfindungen

Hunger, Lustbegierde, Haß werden von den Tieren rein gewohnheitsmäßig befriedigt, und wir brauchen sie nicht zu den Genüssen zu rechnen; denn von Genuß kann nur in bezug auf ein Individuum die Rede sein. Der Mensch allein ist mit vollkommenen Organen begabt; daher ist wirklicher Genuß nur ihm eigentümlich, denn mit der erhabenen Fähigkeit des Denkens begabt, erkennt er den Genuß: er sucht ihn, mischt ihn mit anderen Genüssen, vervollkommnet ihn und erweitert ihn durch Überlegung und Erinnerung. Ich bitte dich, lieber Leser: Ärgere dich nicht und begleite mich noch ein bißchen weiter. Ich schwatze gern. Aber wenn du mir deshalb davonliefst, so wäre das nicht höflich oder jedenfalls nicht nett von dir.

Der Mensch ist nicht besser als ein Tier, wenn er sich den erwähnten drei Neigungen hingibt, ohne Vernunft und Urteil zu Hilfe zu rufen. Aber wenn die Neigungen durch ein geistiges Element ins Gleichgewicht gebracht werden, dann werden diese Empfindungen Genüsse, und zwar vollkommene Genüsse. Es ist ein unerklärliches Gefühl, durch das allein es uns möglich ist, sogenanntes Glück zu genießen, und das wir nur empfinden, ohne es beschreiben zu können.

Ein mit Vernunft begabter sinnlicher Mensch verschmäht die Völlerei, weist mit Verachtung Ausschweifung und Wollust von sich und will nichts von jener brutalen Rache wissen, die der ersten Zornesaufwallung entspringt. Aber er ist Feinschmecker und befriedigt seinen Appetit nur auf eine Weise, die seiner Natur entspricht. Er ist verliebt, aber er genießt des geliebten Wesens nur, wenn er sicher ist, daß es seinen Genuß teilt, und dies kann nur der Fall sein, wenn ihre Liebe gegenseitig ist. Wenn ihm eine Beleidigung widerfährt, rächt er sich erst, nachdem er mit kaltem Blut die sichersten Mittel erwogen hat, die ihm die Rache zu einem Genuß machen. Wenn er zuweilen grausamer ist, so tröstet er sich, weil er mit Überlegung gehandelt hat; endlich ist zuweilen seine Rache so edel, daß sie im Verzeihen besteht. Bei solcher Auffassung sind die drei Wandlungen das Werk der Seele, die sich zur Dienerin der Leidenschaften macht, um Genuß davon zu haben, *quae nisi parent imperant* [die, wenn sie nicht gehorchen, befehlen][4]. Wir erdulden zuweilen Hunger, um uns die Speisen, die ihn stillen sollen, besser schmecken zu lassen; wir verzögern den Liebesgenuß, um ihn lebhafter zu machen, und wir verschieben den Augenblick der Rache, um sie sicherer zu machen. Andererseits freilich kann man an einem verdorbenen Magen sterben; in der Liebe lassen wir uns oft durch Trugschlüsse täuschen, und der Mensch, den wir vernichten wollen, entgeht oft unserer Rache. Aber Vollkommenes gibt es eben nicht, und dieses Risiko nehmen wir daher gern in Kauf.

Nichts ist dem denkenden Menschen teurer als sein Leben. Trotzdem verstehen gerade die sinnlichsten Menschen, nämlich diejenigen, die vom Leben den höchsten Genuß zu haben trachten, am vollkommensten die schwierige Kunst, das Leben schnell verstreichen zu lassen und es abzukürzen. Nicht daß Sie die Absicht hätten, es zu verkürzen, denn im Gegenteil, man möchte es ewig dauern machen, um ewig zu genießen; aber man wünscht, daß im Genießen das Leben unmerklich verstreicht, und darin hat man recht – vorausgesetzt, daß man nicht gegen seine Pflichten verstößt. Doch darf der Mensch sich nicht einbilden, nur das als Pflicht ansehen zu können, was seinen Sinnen angenehm ist; dies wäre ein großer Irrtum, dem er schließlich wohl gar zum Opfer fallen könnte. Ich glaube, mein Lieblingsdichter Horaz irrte, als er zu Julius Florus sagte: »*Nec metuam quid de me judicet heres, quod non plura datis inveniet*« [Ich bin unbesorgt, wie einst urteile mein Erbe, weil er nicht mehr vorfand, als vermacht war][1].

Der ist der glücklichste Mensch, der sich die größte Menge Glück zu verschaffen weiß, ohne jemals seine Pflichten zu verletzen, und der unglücklichste ist der, der einen Beruf erwählt hat, in welchem er sich unaufhörlich in der traurigen Notwendigkeit befindet, Vorsichtsmaßregeln treffen zu müssen.

Überzeugt, daß M. M. mir nicht ihr Wort brechen würde, begab ich mich gegen zehn Uhr vormittags ins Sprechzimmer und sah sie eintreten, sobald ich ihr gemeldet worden war.

»Um Gottes willen, lieber Freund, sind Sie krank?«

»Nein, göttliche Freundin; aber es ist wohl möglich, daß ich so aussehe, denn die unruhige Erwartung meines Glückes greift mich furchtbar an. Ich habe Appetit und Schlaf verloren, und sollte mein Glück verschoben sein, so stehe ich nicht dafür, daß ich am Leben bleibe.«

»Es ist nicht verschoben, lieber Freund; aber welch eine Ungeduld! Setzen wir uns. Hier ist der Schlüssel zum Kasino, wohin Sie sich begeben werden. Das Haus ist bewohnt, denn wir brauchen natürlich Leute zur Bedienung; aber niemand wird mit Ihnen sprechen, und Sie brauchen mit keinem Menschen zu sprechen. Sie werden maskiert sein und kommen erst um die zweite Stunde nach Sonnenuntergang, nicht früher. Sie steigen die Treppe hinauf, die der Haustür gegenüber ist, oben werden Sie beim Licht einer Laterne eine grüne Tür sehen, die Sie öffnen, um in die Wohnung zu gelangen. Diese wird erleuchtet sein. Im zweiten Zimmer werden Sie mich finden; sollte ich noch nicht dasein, so werden Sie ein paar Minuten auf mich warten; Sie können sich auf meine Pünktlichkeit verlassen. Sie können Ihre Maske ablegen und sich's bequem machen; Sie werden Bücher und ein gutes Feuer finden.«

Die Beschreibung war klar und deutlich; ich küßte die Hand, die mir den Schlüssel zu diesem geheimnisvollen Tempel reichte, und fragte die reizende Frau, ob ich sie als Nonne sehen würde.

»Ich gehe als Nonne aus dem Kloster, aber ich habe im Kasino eine vollständige Garderobe, um mich weltlich zu kleiden; ich kann mich sogar maskieren.«

»Ich hoffe, Sie werden mir das Vergnügen machen, in Ihrer Nonnentracht zu bleiben.«

»Warum denn, bitte?«

»Ich liebe so sehr, Sie in dieser Tracht zu sehen.«

»Haha! Ich verstehe. Sie stellen sich meinen geschorenen Kopf vor, und der macht Ihnen angst. Aber beruhigen Sie sich, lieber Freund; ich habe eine Perücke, die so ausgezeichnet gemacht ist, daß sie der Natur nichts nachgibt.«

»Gott, was sagen Sie da! Das bloße Wort Perücke ist niederschmetternd. Aber nein! seien Sie versichert, ich werde Sie reizend finden, wie Sie auch erscheinen mögen. Nur setzen Sie die böse Perücke bitte nicht in meiner Gegenwart auf! Ach, ich beleidige Sie – Verzeihung! Ich bin in Verzweiflung, davon gesprochen zu haben. Sind Sie sicher, daß niemand Sie das Kloster verlassen sieht?«

»Sie können sich selber davon überzeugen, wenn Sie um die Insel herumfahren und sich das Pförtchen ansehen, das auf das andere Ufer führt. Ich habe den Schlüssel zu einem Zimmer, das nach diesem Ufer hinausliegt, und ich kann mich auf die Laienschwester verlassen, die mich bedient.«

»Und die Gondel?«

»Mein Freund bürgt mir für die Treue der Bootsführer.«

»Was für ein Mann ist Ihr Liebhaber! Ich denke mir, er ist alt.«

»Sie irren sich. Wenn das der Fall wäre, würde ich mich schämen. Er ist keine vierzig Jahre alt und besitzt alle Eigenschaften, um geliebt zu werden: Schönheit, Geist, sanften Charakter, vornehme Handlungsweise.«

»Und er sieht Ihnen Ihre Launen nach?«

»Was nennen Sie Launen? Vor einem Jahr hat er mich erobert, und vor ihm hatte ich niemals einen Mann gekannt, wie Sie der erste sind, der in mir phantastische Wünsche erregte. Als ich ihm diese gestand, war er erst ein wenig erstaunt, dann aber fing er an zu lachen und hielt mir in ein paar Worten vor, daß ich Gefahr liefe, an einen Indiskreten zu geraten. Es wäre ihm lieber gewesen, wenn ich zum mindesten erst erfahren hätte, wer Sie wären, bevor ich weiter ginge; aber es war schon zu spät. Ich bürgte ihm für Sie, und natürlich lachte er darüber, daß ich so entschieden für jemanden eintrat, den ich gar nicht kannte.«

»Wann haben Sie ihm alles gebeichtet?«

»Vorgestern. Und ich habe ihm nichts verschwiegen. Ich habe ihm meine und Ihre Briefe gezeigt, und er hält Sie für einen Franzosen, obgleich Sie sich für einen Venezianer ausgeben. Er ist sehr neugierig, wer Sie wohl sein mögen. Aber seien Sie unbesorgt, ich verspreche Ihnen, niemals den geringsten Schritt zu tun, um dies zu erfahren.«

»Und ebensowenig werde ich mich bemühen, zu erfahren, wer dieser Mann ist, der ebenso selten ist wie Sie! Ich bin in Verzweiflung, wenn ich daran denke, welchen Kummer ich Ihnen gemacht habe.«

»Reden wir nicht mehr davon! Denn wenn ich selber recht nachdenke, sehe ich ein, daß nur ein Geck anders hätte handeln können.«

Zum Abschied erhielt ich am Fensterchen ein neues Pfand ihrer Zärtlichkeit, und ihre Blicke geleiteten mich bis zur Tür.

Am Abend begab ich mich zur bestimmten Stunde zum Ort unseres Stelldicheins. Genau ihren Weisungen folgend, gelangte ich in einen Salon, wo ich meine neue Eroberung in der elegantesten Gesellschaftstoilette vorfand. Der Salon war durch Armleuchter erhellt, deren Schein von den Spiegeln zurückgeworfen wurde, und von vier schönen Kerzen, die auf einem mit Büchern bedeckten Tische standen. Sie erschien mir von einer ganz andersartigen Schönheit als früher, da ich sie als Nonne gesehen hatte. Sie trug eine Frisur mit einem prachtvollen Knoten; aber ich sah gar nicht näher danach hin, so unangenehm war mir der bloße Gedanke an eine Perücke, und ich hätte mich wohl gehütet, ihr ein Kompliment darüber zu machen. Ich warf mich vor ihr auf die Knie, um ihr meine lebhafte Dankbarkeit zu bezeigen, und küßte in Verzückung ihre schönen Hände, um damit den Liebeskampf einzuleiten, zu dem es ja kommen mußte; aber M.M. glaubte, mir Widerstand entgegensetzen zu müssen. Wie reizend ist doch diese Weigerung einer verliebten Geliebten, die den Augenblick des Glückes nur deshalb hinausschiebt, um seine Wonnen besser auskosten zu können! Als zärtlicher, ehrerbietiger, zugleich aber kühner und unternehmender Werber, der seines Sieges gewiß war, mischte ich zarte Rücksicht mit feurigem Ungestüm. Dem allerschönsten Munde die heißesten Küsse raubend, glaubte meine Seele vor Wonne zu vergehen. Wir verbrachten zwei Stunden mit diesen einleitenden Kämpfen, und als diese aufhörten, wünschten wir uns beide Glück: sie, daß sie hatte widerstehen können; ich, daß ich meine Ungeduld zu mäßigen gewußt hatte.

Wir hatten beide einen Augenblick der Ruhe nötig; sie erriet meine Wünsche und sagte gegen elf Uhr zu mir: »Lieber Freund, ich habe einen Hunger, der mir Hoffnung gibt, daß ich dem Abendessen alle Ehre erweisen werde; willst du mir versprechen, mir die Spitze zu bieten?«

Sie klingelte, eine sehr gut gekleidete und sehr anständig aussehende Frau in mittleren Jahren kam herein, deckte einen Tisch für zwei Personen, stellte auf einen anderen, was wir brauchten, um uns selber bedienen zu können, und setzte uns dann acht Gerichte in Sèvresporzellanschüsseln auf silbernen Wärmpfannen vor. Es war eine leckere und reichliche Mahlzeit.

Schon an den ersten Gerichten erkannte ich die französische Küche, und sie bestritt mir meine Wahrnehmung nicht. Wir tranken nur Burgunder und Champagner. Sie bereitete den Salat sauber und geschickt, und ich mußte bei jeder Bewegung ihre Anmut und Eleganz bewundern. Offenbar war ihr Liebhaber ein Kenner, der ihr alle diese Künste beigebracht hatte. Ich war neugierig, ihn kennenzulernen, und als wir beim Punsch angelangt waren, sagte ich ihr: wenn sie meine Neugierde befriedigen wolle, sei ich bereit, ihr meinen Namen zu sagen. Sie antwortete mir jedoch: »Überlassen wir, lieber Freund, der Zeit die Befriedigung unserer gegenseitigen Neugierde!«

M.M. hatte unter ihren Uhranhängseln ein kleines Bergkristallfläschchen von ganz genau der gleichen Form wie das, das ich an meiner Kette trug. Ich machte sie darauf aufmerksam, und da ich in meinem Fläschchen ein Wattebäuschchen mit Rosenöl hatte, gab ich es ihr zum Riechen.

»Ich habe ebensolches«, sagte sie und ließ auch mich riechen.

»Die Essenz ist sehr selten und kostet viel Geld.«

»Deshalb ist sie auch nicht käuflich zu haben.«

»Das ist wahr. Der Erzeuger dieser Essenz ist ein gekröntes Haupt, der König von Frankreich. Er hat ein Pfund davon hergestellt, das ihn zehn Taler gekostet hat.«

»Mein Liebhaber hat das Rosenöl zum Geschenk erhalten und hat mir davon abgegeben.«

»Madame de Pompadour hat ein Fläschchen voll durch Vermittlung des jetzigen hiesigen französischen Gesandten, Monsieur A. de B.[2], an den venezianischen Gesandten in Paris, Signor Mocenigo, geschickt.«

»Kennen Sie Monsieur de B.?«

»Ich hatte die Ehre, gerade an dem Tage, als er sich bei unserem Gesandten verabschiedete, mit ihm zusammen zu speisen. Monsieur de B. ist vom Glück begünstigt worden, und er hat es durch sein Verdienst an sich zu fesseln gewußt; er ist ebenso vornehm von Geist wie von Geburt; er ist, wie ich glaube, Graf von Lyon[3]. Ich erinnere mich, daß er wegen seines hübschen Gesichtes den Spitznamen Belle-Babet[4] erhalten hat. Wir besitzen von ihm eine kleine Sammlung von Gedichten, die ihm Ehre machen.«

Es war nahe an Mitternacht; wir hatten ausgezeichnet gegessen und saßen vor einem guten Feuer. Da die Zeit mich kostbar dünkte, wurde ich dringend. Aber sie sträubte sich immer noch.

»Grausame Freundin!« rief ich aus; »hast du mir nur darum die Glückseligkeit versprochen, um mich alle Qualen des Tantalus erleiden zu lassen? Wenn du dich nicht der Liebe ergeben willst, so gib doch wenigstens der Natur nach. Wir haben ein köstliches Mahl eingenommen; laß uns jetzt zu Bett gehen!«

»Bist du schläfrig?«

»Nein, gewiß nicht; aber zu so später Stunde legt man sich zu Bett. Gestatte, daß ich dich zu Bett bringe; ich werde neben deinem Kopfkissen sitzen, oder ich werde hinausgehen, wenn du das wünschst.«

»Wenn du von mir gingst, würdest du mir einen empfindlichen Schmerz bereiten.«

»Der meinige wäre nicht geringer, glaube mir! Aber wenn ich nun bleibe – was machen wir dann?«

»Wir können uns völlig angekleidet auf dieses Sofa ausstrecken.«

»Angekleidet! Meinetwegen. Ich werde dich schlafen lassen können, wenn du es wünschst. Mir aber wirst du verzeihen, wenn ich nicht schlafe. Denn an deiner Seite schlafen zu sollen, noch dazu in meinen Kleidern – das heißt Unmögliches verlangen!«

»Warte!«

Sie steht auf, zieht mit einem leichten Ruck das Kanapee auseinander, holt Kissen, Tücher und Decken hervor, und im Handumdrehen ist ein prachtvolles, breites und bequemes Bett bereit. Sie nimmt ein großes Taschentuch und bindet es mir um den Kopf; dann gibt sie mir ein zweites und fordert mich auf, ihr denselben Dienst zu erweisen. Ich machte mich ans Werk, ohne mir meinen Abscheu vor ihrer Perücke merken zu lassen; da verschaffte eine köstliche Entdeckung mir die angenehmste Überraschung: statt einer Perücke hatte ich das allerschönste Haar in der Hand. Ich stieß vor Glück und Bewunderung einen lauten Schrei aus, über den sie herzlich lachte; dann sagte sie mir, einer Nonne obliege keine weitere Verpflichtung, als ihre Haare vor den Augen der profanen Menge zu verbergen. Nachdem sie mir das gesagt hatte, warf sie sich ausgestreckt auf das Kanapee. In einer Minute meiner Kleider entledigt, strampelte ich meine Schuhe von den Füßen und warf mich mehr auf als neben sie. Sie umschlang mich kräftig mit ihren beiden Armen, aber sie sagte, sie glaube, ich müsse ihr alle Leiden verzeihen, die sie mir durch ihr Widerstreben bereite.

Meine Augen baten sie, mir wenigstens ein Almosen ihrer Liebe zu geben, und ich begann schüchtern und mit zitternden Händen sechs breite Schleifen ihres Mieders zu lösen. Mein Herz klopfte vor Freude, als sie mich gewähren ließ, und ich mich im Besitz des schönsten Busens sah. Es gibt keinen Aufschub mehr. Sie muß, nachdem ich sie bewundert habe, mir gestatten, daß ich sie ganz besitze. Ich schaue sie an und lese in ihren Augen die Sanftheit ihrer Liebe, die von mir fordert:

›Bescheide dich damit und fasse dich in Geduld.‹ Geleitet von meiner Liebe und meiner starken Natur, verzweifelt, daß sie meinen Händen nicht erlauben will, einen anderen Ort aufzusuchen, versuche ich mit allen Mitteln, eine ihrer Hände dorthin zu führen, wo sie sich überzeugen könnte, daß ich ihre Gnade verdiene. Aber mit einer Kraft, die stärker ist als meine, ist sie um nichts in der Welt zu bewegen, ihre Hände von meiner Brust loszureißen, wo sie doch nichts Interessantes finden kann. Dennoch fand ihr Mund dorthin, als er sich von dem meinen löste.

Nachdem ich mehrere Stunden auf diese Weise mit ihr verbracht und doch nichts anderes erreicht hatte, als sie unaufhörlich zu küssen, wobei sich ihr Speichel mit dem meinen vermischte, schlief ich schließlich, sie eng umschlungen haltend, ermattet in ihren Armen ein. Ein rasselndes Geräusch ließ mich plötzlich auffahren.

»Was ist's?« rief ich emporfahrend.

»Lieber zärtlicher Freund, wir müssen aufstehen; es ist Zeit für mich, ins Kloster zurückzukehren.«

»Zieh dich an und gönne mir das Vergnügen, dich im Kleide der Heiligen zu sehen, denn du scheidest ja als Jungfrau von mir.«

»Sei für diesmal zufrieden, mein süßer Schatz, und lerne von mir Enthaltsamkeit üben; ein anderes Mal werden wir glücklicher sein. Wenn ich fort bin, kannst du dich hier ausruhen, falls du nichts Dringlicheres vorhast.«

Sie klingelte, und es erschien dieselbe Frau, die am Abend gekommen war und die ohne Zweifel ihre Vertraute und geheime Vermittlerin bei ihren Liebesgeheimnissen war. Nachdem meine Geliebte sich hatte frisieren lassen, zog sie ihr Kleid aus, schloß ihren Schmuck in einen Schrank ein und legte ein Nonnenmieder an, das ihre beiden prachtvollen Halbkugeln verbarg, die während dieser anstrengenden Nacht am meisten zu meinem Glück beigetragen hatten. Hierauf zog sie ihr Nonnenkleid an. Als die Vertraute hinausgegangen war, um dem Gondoliere Bescheid zu sagen, küßte sie mich zärtlich und feurig und sagte: »Ich erwarte dich übermorgen; dann wirst du mir sagen, welche Nacht ich mit dir in Venedig verbringen soll. Und dann, zärtlicher Freund, wirst du ganz glücklich sein und ich auch. Leb wohl.«

Glücklich, wenn auch nicht befriedigt, legte ich mich wieder hin und schlief bis zum Mittag.

Ich verließ das Haus, ohne einen Menschen zu sehen, und begab mich wohlmaskiert zu Laura, bei der ich einen Brief von meiner teuren C. C. vorfand; er lautete folgendermaßen:

›Ich gebe Dir hiermit, lieber Freund, ein Pröbchen meiner Denkungsart, und ich hoffe, daß diese mir nicht nur bei Dir nicht schaden wird, sondern daß Du dadurch die Überzeugung erlangen wirst, daß ich trotz meiner Jugend imstande bin, ein Geheimnis zu bewahren, und daß ich würdig bin, Deine Frau zu werden. Da ich Deines Herzens mich sicher weiß, so tadle ich Dich nicht wegen der Zurückhaltung, die Du mir gegenüber beobachtet hast, und da ich nur auf das eifersüchtig bin, was Deinen Geist ablenken und Dich zu einem geduldigen Ertragen unserer grausamen Trennung veranlassen kann, so muß ich mich über alles freuen, was Dir Vergnügen verschafft. Höre mich an! Als ich gestern einen Korridor entlangging, ließ ich einen Zahnstocher fallen, den ich in der Hand hielt; um ihn wieder aufzuheben, mußte ich einen Schemel zur Seite schieben, und hierbei entdeckte ich eine Ritze in der Wand. Ich bin schon so neugierig geworden wie eine Nonne – denn dieses Laster ist im Müßiggange des Klosterlebens ganz natürlich – und preßte schnell mein Auge an diese Ritze. Da sah ich nun – rate, wen? Dich, mein süßer Freund! Du unterhieltest Dich sehr lebhaft mit meiner reizenden Freundin, Schwester M. M. Du kannst Dir schwerlich meine Überraschung und meine Freude vorstellen! Diese beiden Gefühle wichen jedoch schnell der Furcht, daß ich gesehen werden und die Neugierde irgendeiner Indiskreten wecken könnte. Schnell schob ich den Schemel wieder an seinen Platz und entfernte mich. Sage mir alles, mein holder Freund – Du wirst mich glücklich machen! Wie sollte ich, die ich Dich mit aller Kraft meiner Seele liebe, nicht neugierig sein, Näheres über einen so fabelhaften Anblick zu erfahren! Sage mir, ob sie Dich näher kennt und wie Du sie kennengelernt hast. Sie ist meine zärtliche Freundin, von der ich Dir schon schrieb, deren Namen zu nennen ich aber nicht für nötig hielt. Sie unterrichtet mich im Französischen, und sie hat mir Bücher gegeben, durch die ich auf einem Gebiet, das nur sehr wenig Frauen vertraut ist, Kenntnisse gewonnen habe. Ohne sie, mein Freund, hätte man die Ursache des Unwohlseins entdeckt, das mich beinahe das Leben gekostet hätte. Sie gab mir sofort Wäsche und Tücher. Ihr verdanke ich meine Ehre. Aber zugleich mußte sie natürlich erfahren, daß ich einen Geliebten habe, wie übrigens auch ich weiß, daß sie einen hat! Wir sind aber alle beide nicht neugierig gewesen, tiefer in die Geheimnisse der anderen einzudringen. Schwester M.M. ist eine einzigartige Frau! Ich bin gewiß, teurer Freund, Ihr liebt Euch; das kann nicht anders sein, denn Ihr kennt Euch ja; aber da ich nicht eifersüchtig bin, so verdiene ich, daß Du mir alles sagst. Aber ich beklage Euch beide; denn alles, was Ihr zu tun vermögt, kann, fürchte ich, nur dazu dienen, Eure Leidenschaft anzureizen. Das ganze Kloster glaubt, Du seist krank, und ich, ich sterbe vor Verlangen, Dich zu sehen. Komme also doch mindestens ein einziges Mal. Lebe wohl!‹

Obwohl dieser Brief mir nur Achtung für C.C. einflößen konnte, machte er mich doch unruhig. Meiner teuren C.C. war ich zwar sicher, aber diese Ritze konnte uns anderen neugierigen Blicken preisgeben. Außerdem sah ich mich gezwungen, meiner liebenswürdigen und vertrauensvollen Freundin ein Märchen aufzubinden; denn Ehre und Zartgefühl erlaubten mir nicht, ihr die Wahrheit zu sagen. Ich antwortete ihr umgehend: Ihre Freundschaft mit M.M. verlange, daß sie dieser sofort sage, sie habe sie im Sprechzimmer mit einem maskierten Kavalier plaudern sehen; ich wäre durch M.M.'s Ruf neugierig geworden, sie kennenzulernen, hätte mich unter einem falschen Namen melden und sie ins Sprechzimmer bitten lassen; sie solle sich ja hüten, ihr zu sagen, wer ich sei, doch könne sie ihr sagen, sie habe in mir den Herrn erkannt, der immer in ihre Kirche komme, um die Messe zu hören. Ich versicherte ihr dreist, von einem Liebesverhältnis zwischen M.M. und mir sei gar keine Rede; doch wolle ich nicht leugnen, daß ich sie für eine in jeder Hinsicht ausgezeichnete Frau halte.

Am Tag der heiligen Katharina[5], dem Namenstag meine lieben C.C., glaubte ich der reizenden Gefangenen, die nur um meinetwillen litt, das Vergnügen meines Anblicks verschaffen zu sollen. Als ich die Kirche verlassen hatte, bemerkte ich gerade in dem Augenblick, als ich in eine Gondel stieg, einen Menschen, der mir folgte. Ich wurde argwöhnisch und beschloß, mir Aufklärung zu verschaffen. Der Mann nahm ebenfalls eine Gondel und fuhr mir nach. Das konnte reiner Zufall sein; um mich aber vor Überraschungen zu schützen, stieg ich in Venedig beim Palazzo Morosini del Giardino aus. Mein Mann stieg ebenfalls aus; nun war kein Zweifel mehr möglich. Ich ging durch den Palast hindurch und schlug die Richtung nach der

Flandrischen Post[6] ein. In einer engen Gasse blieb ich stehen und erwartete mit gezogenem Messer den Spion, packte ihn am Kragen, drückte ihn in eine Ecke, setzte ihm die Spitze des Messers an die Kehle und forderte ihn auf, mir zu sagen, was er von mir wolle. Er zitterte und wollte alles gestehen, als unglücklicherweise jemand das Gäßchen betrat. Der Spion entwischte mir, und ich erfuhr nichts; aber ich war überzeugt, daß dieser Kerl sich künftighin in respektvoller Entfernung halten würde. Zugleich jedoch fühlte ich, daß ein hartnäckiger Neugieriger leicht mußte herausbringen können, wer ich wäre. Ich beschloß daher, nur noch maskiert oder bei Nacht nach Murano zu gehen.

Am nächsten Tage sollte ich meine schöne Nonne sehen, um von ihr zu erfahren, wann sie mit mir in Venedig zu Abend essen würde; ich fand mich bereits in aller Frühe im Sprechzimmer ein. Sie erschien sofort, und die Freude stand ihr auf dem Gesicht geschrieben. Sie machte mir ein Kompliment darüber, daß ich mich wieder in ihrer Kirche hätte sehen lassen. Alle Nonnen wären entzückt gewesen, nach dreiwöchiger Abwesenheit mich wiederzusehen.

»Die Äbtissin«, erzählte sie mir, »sprach mir ihre Freude darüber aus, daß du wiedergekommen wärest, und sagte mir, sie wäre sicher, daß sie herausbringen würde, wer du seist.« Ich erzählte ihr nun den Vorfall mit dem Spion, und uns beiden erschien es höchst wahrscheinlich, daß dies wohl das Mittel gewesen sein möchte, wodurch die fromme Frau Näheres über mich hätte erfahren wollen.

»Ich bin, göttliche Freundin, entschlossen, nicht mehr die Messe zu besuchen!«

»Das wird für mich eine Entbehrung sein; aber in unserem gemeinsamen Interesse kann ich deinen Entschluß nur billigen.«

Sie erzählte mir darauf von der verräterischen Ritze in der Wand; »aber«, setzte sie hinzu, »sie ist bereits verstopft, und von dieser Seite brauchen wir nichts mehr zu fürchten. Ich wurde durch eine junge Pensionärin darauf aufmerksam gemacht, die ich sehr lieb habe und die sehr an mir hängt.«

Ich bezeigte keine Neugier, den Namen dieser Freundin zu erfahren, und sie nannte ihn mir auch nicht.

»Und nun, mein Engel, sage mir, ob mein Glück hinausgeschoben ist?«

»Allerdings – aber nur um vierundzwanzig Stunden; die neueingetretene Schwester hat mich zum Abendessen auf ihr Zimmer eingeladen, und du begreifst, daß es keinen einleuchtenden Vorwand gibt, um so etwas abzulehnen.«

»Du würdest ihr also nicht anvertrauen, daß ich den sehr berechtigten Wunsch hege, daß sie niemals zu Abend essen möge?«

»Nein, gewiß nicht. So weit geht in Klöstern das Vertrauen niemals. Außerdem, mein Freund, kann man eine derartige Einladung nur ausschlagen, wenn man den Wunsch hat, sich eine unversöhnliche Feindin zu machen.«

»Kann man nicht sagen, man sei krank?«

»Ja. Aber dann die Besuche?«

»Ich verstehe; wenn du Besuche ablehnst, könnte man Verdacht schöpfen, daß du nicht im Kloster anwesend wärest.«

»Solcher Verdacht wäre unmöglich. Denn hier glaubt man nicht an die Möglichkeit, daß eine von uns das Kloster verlassen kann.«

»Du bist also die einzige hier, die dieses Wunder zuwege bringen kann?«

»Verlaß dich darauf! Aber das Wunder wird hier, wie überall, vom Gelde bewirkt.«

»Es bewirkt vielleicht noch andere.«

»Die Zeiten sind vorüber. Aber sage mir, Liebling, wo willst du morgen abend zwei Stunden nach Sonnenuntergang auf mich warten?«

»Könnte ich dich nicht hier in deinem Kasino erwarten?«

»Nein; denn mein Liebhaber selber wird mich nach Venedig bringen.«

»Er selber?«

»Ja, er selber.«

»Das ist unglaublich.«

»Aber wahr.«

»Ich werde auf der Piazza dei S.S. Giovanni e Paolo hinter dem Denkmal der Reiterstatue des Bartolomeo Colleoni auf dich warten.«

»Ich habe den Platz und das Denkmal stets nur auf Abbildungen gesehen. Aber das genügt. Ich werde pünktlich kommen. Nur ein ganz abscheuliches Wetter könnte mich hindern, zu einem Stelldichein zu erscheinen, wozu mein Herz mich ruft.«

»Und wenn solches Wetter einträte?«

»Dann, lieber Freund, wäre nichts verloren; wir würden uns einfach wieder hier treffen und einen anderen Tag verabreden.«

Ich hatte keine Zeit mehr zu verlieren, denn ich hatte ja noch gar kein Kasino. Ich nahm einen zweiten Ruderer an und war in weniger als einer Viertelstunde auf dem Markusplatz. Dann machte ich mich sofort auf die Suche. Ich mußte daher fünf oder sechs Stunden Häuser besichtigen, um ein Kasino zu finden, wie ich es wünschte. Es war das schönste in ganz Venedig und dessen Umgebung; dafür war es natürlich auch das teuerste. Es hatte dem englischen Gesandten Lord Holderness gehört, der es seinem Koch um billigen Preis überlassen hatte, als er von Venedig fortging. Der neue Besitzer vermietete es mir bis Ostern für hundert Zechinen, die ich ihm im voraus zahlte, unter der Bedingung, daß er persönlich mir die Diners und Soupers herstellte, die ich bei ihm zu bestellen Lust hätte.

Ich hatte fünf Zimmer, die im besten Geschmack ausgestattet waren, und alles schien darauf berechnet zu sein, der Liebe, dem Vergnügen und den Freuden der Tafel zu dienen. Das Essen wurde durch ein blindes Fenster ins Speisezimmer gereicht; es war in die Wand eingelassen und mit einem drehbaren Speisenträger versehen, der die Öffnung genau ausfüllte, so daß Herrschaft und Bedienung sich nicht sehen konnten. Dieser Speisesaal war mit prachtvollen Spiegeln, mit Kronleuchtern aus Bergkristall und mit Wandleuchtern aus vergoldeter Bronze geschmückt; ein herrlicher Standspiegel befand sich über einem Kamin aus weißem Marmor, der mit kleinen Vierecken aus chinesischem Porzellan ausgelegt war, worauf nackte Liebespaare in allen möglichen, die Phantasie entflammenden Stellungen abgebildet waren. Elegante und bequeme Sofas standen rechts und links vom Kamin. Nebenan befand sich ein achteckiges Zimmer, dessen Wände, Fußboden und Decke ganz und gar mit den schönsten venezianischen Spiegeln belegt waren, so daß das Liebespaar, welches dieses Gemach benutzte, alle seine Stellungen hundertfach vervielfältigt sah. Dicht daneben war ein schöner Alkoven mit zwei geheimen Zugängen; rechts ein elegantes Ankleidezimmer, links ein Boudoir mit einer Badewanne und einem englischen Örtchen[7]. Die Deckentäfelung war überall mit Malergold ausgelegt oder mit Blumen und Arabesken bemalt.

Nachdem ich befohlen hatte, alle Leuchter mit Kerzen zu versehen und überall, wo es nötig war, die schönste Wäsche aufzulegen, bestellte ich das üppigste und leckerste Essen für zwei Personen; auf die Kosten solle er nicht sehen und vor allen Dingen die ausgesuchtesten Weine besorgen. Hierauf ließ ich mir den Schlüssel zur Haustür geben und belehrte den Meister Koch darüber, daß ich beim Kommen wie beim Gehen von keinem Menschen gesehen zu werden wünschte.

Ich bemerkte mit Vergnügen, daß die Stutzuhr im Alkoven mit einem Wecker versehen war; denn ich begann, trotz aller meiner Liebe, der Macht des Schlafes untertan zu werden.

Nachdem im Hause alles nach meinen Wünschen angeordnet war, ging ich als aufmerksamer und zartfühlender Liebhaber hin und kaufte die schönsten Pantoffeln, die überhaupt zu haben waren, und eine Nachtmütze mit Alençonspitzen.

Der Leser wird hoffentlich nicht finden, ich habe mich bei diesem Anlaß zu sehr um die Einzelheiten gekümmert; er möge bedenken, daß ich die vollkommenste Sultanin des Erdkreises zu Tische haben sollte und daß ich ihr gesagt hatte, ich besäße ein Kasino. Durfte ich damit den Anfang machen, daß ich ihr einen schlechten Begriff von meiner Wahrheitsliebe gab? Zur bestimmten Stunde, um acht Uhr abends, begab ich mich nach meinem Kasino; man kann sich kaum vorstellen, was für ein erstauntes Gesicht der französische Koch machte, als er mich allein ankommen sah. Da ich nicht alles erleuchtet fand, wie ich's befohlen hatte, machte ich ihm harte Vorwürfe und bedeutete ihm, daß ich es nicht liebte, etwas zweimal sagen zu müssen.

»Ein anderes Mal werde ich nicht verfehlen, die Anordnungen von Monsieur genau auszuführen.«

»Tragen Sie das Essen auf.«

»Monsieur haben für zwei bestellt.«

»Servieren Sie für zwei, und seien Sie für dieses Mal bei meiner Mahlzeit zugegen, damit ich Ihnen sagen kann, was ich gut oder schlecht finde.«

Das Essen kam durch das Drehfenster in guter Ordnung herein, immer zwei Schüsseln zu gleicher Zeit. Ich machte meine Bemerkungen über alles, im Grunde aber fand ich alles ausgezeichnet: Wild, Stör, Trüffeln, Austern, Weine, Nachtisch; alles wurde in schönem sächsischen Porzellan[8] oder auf Silber serviert. Ich sagte ihm, er habe vergessen, harte Eier, Anchovis und verschieden gewürzte Essige aufzusetzen, um Salat zu machen. Er erhob die Augen zum Himmel, wie wenn er sich eines großen Verschuldens bezichtigen wollte. Außerdem verlangte ich für das nächste Mal bittere Orangen, um dem Punsch Aroma zu geben, und statt Arrak wollte ich Rum haben.

Nach einer Mahlzeit, die zwei Stunden dauerte und mir die Bewunderung meines Wirtes erwecken mußte, verlangte ich von ihm die Rechnung. Er brachte sie mir eine Viertelstunde später, und ich fand sie vernünftig. Ich entließ ihn und legte mich in das prachtvolle Bett, das im Alkoven stand. Das ausgezeichnete Abendessen verschaffte mir bald den süßesten Schlaf, der ohne Wirkung des Burgunders und Champagners mich wahrscheinlich würde geflohen haben, weil ich dann immerzu daran hätte denken müssen, daß ich die nächste Nacht an demselben Ort eine Göttin in meinem Besitz haben sollte. Ich erwachte erst am hellen Tage. Nachdem ich noch für den Abend das schönste Obst und Eis bestellt hatte, ging ich. Um einen Tag zu kürzen, den die Sehnsucht mir sehr lang erscheinen lassen mußte, spielte ich; ich sah mit Vergnügen, daß das Glück mich nicht weniger gut behandelte als die Liebe. Da nun alles so herrlich nach meinen Wünschen ging, machte ich mir eine Wonne daraus, mein Glück dem guten Geist meiner Nonne zuzuschreiben.

Eine Stunde vor der bestimmten Zeit war ich am verabredeten Ort; die Nacht war kalt, aber ich spürte nichts vom Frost. Pünktlich zur abgemachten Stunde sah ich eine Gondel mit zwei Ruderern sich nähern; eine maskierte Person sprang heraus, sobald das Boot das Ufer berührt hatte. Sie sprach mit dem Bootsmann am Bug und schritt dann auf das Denkmal zu. Als sie näher kam, klopfte mein Herz vor Wonne; plötzlich aber bemerkte ich, daß die Maske ein Mann schien. Ich wich ihr aus und machte mir im stillen Vorwürfe, daß ich meine Pistolen nicht eingesteckt hatte. Die Maske ging jedoch um das Denkmal herum, trat auf mich zu und streckte mir freundschaftlich die Hand entgegen; ich erkannte meinen Engel. Sie lachte über meine Überraschung und hängte sich an meinen Arm; ohne ein Wort zu wechseln, gingen wir nach dem Markusplatz und von dort nach meinem Kasino, das nur etwa hundert Schritte vom Theater San Moisè entfernt lag.

Ich fand alles nach Wunsch hergerichtet. Wir gingen nach oben, und schnell warf ich meinen Domino ab, M.M. aber machte sich einen Spaß daraus, in der Wohnung hin und her zu laufen und alle Winkel des entzückenden Liebesnestes zu durchstöbern. Sie war entzückt, daß ich von allen Seiten ihre anmutig geschmückte Person betrachtete, und sie bat mich, in diesem Schmuck die verschwenderische Güte ihres Liebhabers zu bewundern. Sie war überrascht von dem Wunder, daß sie, ohne sich zu rühren, ihre reizende Person in tausendfach verschiedener Art sah. Ihr Abbild, das von den Spiegeln, dank einer sinnreichen Anordnung der Kerzen, vervielfältigt wurde, bot ihr ein neues Schauspiel, von dem sie ihre Blicke nicht abwenden konnte. Auf einem Schemel sitzend, musterte ich voll Entzücken die ganze Eleganz ihrer Person. Sie trug eine Jacke von rosafarbenem Samt mit goldenen Stickereien, eine dazu passende Weste mit überaus reicher Handstickerei, schwarze Atlaskniehosen, Brillantohrringe, einen sehr wertvollen Solitär am kleinen Finger und an der anderen Hand einen Ring, dessen Kasten nur ein mit Kristall überdecktes Stückchen weißen Atlas aufwies. Ihr Umhang aus schwarzer Seidenspitze war von auffallender Schönheit in bezug auf ihre Feinheit und das Muster. Damit ich sie besser ansehen könnte, stellte sie sich vor mich hin. Ich untersuchte auch ihre Taschen und fand darin: eine goldene Tabaksdose, eine reich mit Perlen besetzte Bonbonniere, Fläschchen, ein Zahnstocheretui, eine prachtvolle Lorgnette, Taschentücher vom allerfeinsten Batist, die mit den kostbarsten Essenzen nicht nur parfümiert, sondern geradezu getränkt waren. Ich bewunderte aufmerksam das reiche Material und die sorgfältige Arbeit ihrer beiden Uhren, ihrer Ketten und ihrer von kleinen Diamanten funkelnden Uhranhängsel; zum Schluß fand ich ein Pistol – aber es war ein englisches Feuerzeug aus reinem und schön poliertem Stahl.

»Alles, was ich hier sehe, meine göttliche Freundin, reicht nicht annähernd an deine eigenen Vorzüge heran; aber ich kann mich nicht enthalten, dir meine Bewunderung auszusprechen für den erstaunlichsten, ich möchte fast sagen: anbetungswürdigen Menschen, der dich offenbar überzeugen will, daß du in Wirklichkeit seine Herrin bist.«

»Dies hat er mir gesagt, als ich ihn bat, mich nach Venedig zu bringen und hier allein zu lassen. ›Amüsiere dich‹, sagte er, ›ich wünsche nur, daß der Mann, den du glücklich machen willst, sich dessen würdig erweist.‹«

»Ich wiederhole: es ist ein erstaunlicher Mensch; es gibt keinen anderen von solchem Zuschnitt. Ein Liebhaber von solcher Art ist einzig, und ich fühle, daß ich es ihm nicht gleichtun kann, wie ich anderseits befürchte, daß ich mein Glück, das mich blendet, nicht verdiene.«

»Erlaube mir, allein ins Nebenzimmer zu gehen und mich zu demaskieren.«

»Sei freie Herrin deiner Wünsche.«

Eine Viertelstunde darauf trat meine Geliebte wieder ein. Sie war als Mann frisiert, aber ihre langen Seitenlocken fielen ihr über die Augen herab, und ihr mit einem schwarzen Band zusammengehaltener Haarschopf reichte bis über die Kniekehlen hinab. In ihren Formen glich sie Henriette, als Mann einem Gardeoffizier namens L'Etorière[9] aus Paris oder auch jenem Antinoos[10], von dem es Statuen gibt; hätte sie nicht ihren französischen Anzug getragen, so wäre die Illusion vollständig gewesen. Ich war wie verzaubert, und mein Glück erschien mir unbegreiflich.

»Nein«, rief ich, »nein, anbetungswürdiges Weib, du bist nicht für einen Sterblichen geschaffen, und mir ist's, als fühle ich, daß du niemals mein sein wirst. Im Augenblick, da ich dich besitzen soll, wird irgendein Wunder dich meiner Glut entreißen. Vielleicht wird dein göttlicher Gemahl, eifersüchtig auf einen einfachen Sterblichen, alle meine Hoffnungen zerstören. In einer Viertelstunde lebe ich vielleicht nicht mehr.«

»Bist du rasend, mein Freund? Ich gehöre ja dir in diesem Augenblick, wenn du willst!«

»Ah! Ob ich will! Ich habe zwar den ganzen Tag noch nichts gegessen – aber komm! Liebe und Glück werden meine Nahrung sein.«

Sie fror. Wir setzten uns vor das Feuer. Sie sagte, daß sie keine Weste trage. Ich konnte meine Ungeduld nicht mehr zügeln und löste eine Brillantschnalle in Form eines Herzens, die ihre Spitzenkrause zusammenhielt. Bevor meine Augen sahen, berührten meine Hände diesen zauberhaften Busen, den ich jetzt frei von allem Zwang fühlte.

Ich brannte vor Begierden, und ich schickte mich an, diese zu befriedigen, aber es bedurfte nur eines Kusses, um mich zu beruhigen, und der Worte: »Warten wir bis nach dem Essen!«

Ich klingelte. Sie erzitterte, aber ich sagte zu ihr: »Beruhige dich, Geliebte!«, und zeigte ihr das Geheimnis. »Du wirst deinem Liebhaber sagen können, daß kein Mensch dich gesehen hat.«

»Er wird deine Aufmerksamkeit bewundern und wird erraten, daß du kein Neuling in der Lebenskunst bist. Aber offenbar bin ich nicht die einzige, die mit dir sich dieses wonnigen Liebesnestes erfreut.«

»Du irrst dich. Glaube mir auf mein Wort: Du bist die erste Frau, die ich hier gesehen habe. Du bist, göttliche Freundin, nicht meine erste Leidenschaft, aber du wirst meine letzte sein!«

»Ich werde glücklich sein, wenn du beständig bist. Mein Liebhaber ist es. Er ist freundlich, gut und liebenswürdig; trotzdem blieb mein Herz stets leer, solange ich ihn kenne.«

»Auch sein Herz muß leer sein; denn wenn seine Liebe von der Art der meinigen wäre, hättest du mich niemals glücklich gemacht.«

»Er liebt mich, wie ich dich liebe. Und glaubst du, daß ich dich liebe?«

»Das will ich sehr gerne glauben; aber du ließest mich nicht …«

»Schweig! Denn ich fühle, daß ich dir alles verzeihen könnte, wenn du nur nichts vor mir geheimhieltest. Die Freude, die mich in diesem Augenblick beseelt, entspringt mehr aus meiner Hoffnung, alle deine Wünsche erfüllen zu können, als aus dem Gedanken, daß ich mit dir eine köstliche Nacht verbringen werde. Sie wird die erste meines Lebens sein.«

»Wie? Du hast niemals eine Nacht mit deinem Geliebten verbracht?«

»Mehrere. Aber Freundschaft, Gefälligkeit und Dankbarkeit bestritten vielleicht alle Kosten; das Wesentliche, die Liebe, war ausgeblieben. Dabei ist mein Liebhaber dir ähnlich; er hat ein fröhliches Temperament, ähnlich dem deinen, und sein Gesicht ist sehr hübsch. Aber trotzdem – er ist nicht du! Ich halte ihn auch für reicher als dich, obwohl ich nach der Ausstattung deines Kasinos das Gegenteil annehmen könnte. Aber was macht die Liebe sich aus Reichtum! Und bilde dir nur nicht etwa ein, daß ich geringer von dir denke, weil du dir nicht den Heroismus zutraust, mir eine Abwesenheit zu erlauben! Ich weiß, du würdest mich nicht so lieben, wie du zu meinem Entzücken mich liebst, wenn du mir sagtest, du könntest für eine Laune von mir dieselbe Nachsicht haben wie er.«

»Wird er neugierig sein, die Einzelheiten dieser Nacht zu erfahren?«

»Er wird mir ein Vergnügen zu machen glauben, indem er sich bei mir danach erkundigt, und ich werde ihm alles erzählen, ausgenommen die Umstände, die ihn beschämen könnten.«

Nach dem Essen, das sie köstlich fand, bereitete sie Punsch, worauf sie sich trefflich verstand. Ich fühlte jedoch meine Ungeduld immer mehr anwachsen und sagte zu ihr: »Bedenke, daß wir nur sieben Stunden vor uns haben und daß wir uns selber betrügen würden, wenn wir sie bei Tisch verbrächten!«

Sie führte mich in das galante Ankleidezimmer; dort schenkte ich ihr die schöne Nachtmütze und bat sie, ihre Haare nach Frauenart zu ordnen. Sie empfing mein Geschenk mit Freuden und bat mich, ich möchte mich im Salon entkleiden; sie würde mich rufen, sobald sie im Bett läge.

Ich brauchte nur zwei Minuten zu warten, denn wenn es sich um Genüsse solcher Art handelt, ist alles schnell getan. Trunken vor Liebe und Glück sank ich in ihre Arme, und sieben Stunden lang gab ich ihr die untrüglichsten Beweise meiner Liebesglut, die wir nur durch ebenso viele Viertelstunden unterbrachen, um uns mit zärtlichen Worten erneut anzufeuern. Ich lernte von ihr nichts Neues in bezug auf das Sinnliche des Aktes; aber viel an Seufzern, an Verzückungen, an Ekstasen, an Gefühlen, wie sie nur in einer empfindsamen Seele in den süßesten Augenblicken sich entwickeln. Ich brachte auf tausenderlei Art Abwechslung in den Genuß. Jede Entdeckung erhöhte das Gefühl zur Liebe, die mir neue Kräfte verlieh, um ihr meine Dankbarkeit zu beweisen, und sie war erstaunt, sich für die Wollust noch empfänglicher zu finden, als sie selber geglaubt hatte. Endlich ließ der fatale Wecker sich hören. Wir mußten unseren Verzückungen Einhalt gebieten; aber ehe sie sich meinen Armen entwand, hob sie die Augen zum dritten Himmel[11] auf, wie wenn sie Mutter und Sohn dafür danken wollte, daß sie es über sich vermocht hatte, mir ihre Leidenschaft zu erklären.

Wir zogen uns an. Als ich ihr das schöne Spitzenhäubchen in die Tasche steckte, versicherte sie mir, sie würde es ihr Leben lang aufbewahren zur Erinnerung an das Glück, womit sie in dieser Nacht überströmt worden sei. Nachdem wir noch eine Tasse Kaffee getrunken hatten, verließen wir mein Kasino, und ich begleitete sie bis zur Piazza dei S.S. Giovanni e Paolo, wo ich ihr versprach, ich würde sie am übernächsten Tage besuchen. Nachdem ich sie sicher in ihre Gondel hatte einsteigen sehen, ging ich nach Hause und legte mich zu Bett. Zehn Stunden ununterbrochenen Schlafs gaben mir alle meine Kräfte zurück.

Wie ich's M.M. versprochen hatte, besuchte ich sie am dritten Tage; aber sobald sie das Sprechzimmer betrat, sagte sie mir, ihr Geliebter habe sich anmelden lassen, sie erwarte ihn jeden Augenblick und hoffe, mich am nächsten Tage wiederzusehen. Ich ging also. In der Nähe der Brücke sah ich einen schlecht maskierten Kavalier aus einer Gondel steigen. Ich sah mir den Gondoliere an und bemerkte, daß er einer von den Leuten des französischen Gesandten war.

›Also der ist's!‹ sagte ich zu mir selber. Ohne ihn anscheinend zu beobachten, sah ich ihn ins Kloster eintreten. Jetzt war kein Zweifel mehr möglich, und ich fuhr ganz entzückt über meine Entdeckung nach Venedig zurück; aber ich beschloß, meiner Geliebten nichts zu sagen.

Am nächsten Morgen sah ich sie, und wir hatten folgendes Gespräch miteinander:

»Mein Freund«, sagte sie, »kam gestern, um bis zum Weihnachtsfest Abschied von mir zu nehmen. Er geht nach Padua. Aber es sind alle Anordnungen getroffen, daß wir in seinem Kasino soupieren können, sobald wir Lust haben.«

»Und warum nicht in Venedig?«

»Er hat mich gebeten, während seiner Abwesenheit nicht nach Venedig zu gehen. Er ist klug und vorsichtig; ich durfte ihm seine Bitte nicht abschlagen.«

»Das läßt sich hören. Wann werden wir miteinander speisen?«

»Sonntag, wenn du willst.«

»Wenn ich will – ist nicht gut gesagt. Denn ich will immer. Sonntag werde ich also in der Dämmerung hingehen, werde auf dich warten und mir die Zeit mit Lesen vertreiben. Hast du deinem Freund gesagt, daß du in meinem kleinen Palazzo nicht übel aufgehoben warst?«

»Alles – er weiß alles. Aber, mein Herz, eins beunruhigt ihn: er fürchtet die verhängnisvolle Schwangerschaft.«

»Ich will sterben, wenn ich daran gedacht habe! Aber meine Liebe, bist du bei ihm nicht derselben Gefahr ausgesetzt?«

»Nein, das ist ausgeschlossen.«

»Ich verstehe. Da müssen wir also in Zukunft recht vernünftig sein. Da fällt mir ein: Neun Tage vor Weihnachten hört die Maskenfreiheit[1] auf. Da werde ich mich in der Gondel nach deinem Kasino begeben müssen; sonst könnte ich leicht von dem Spion erkannt werden, der mir schon einmal nachgegangen ist.«

»Ja, das ist ein sehr verständiger Gedanke. Ich werde dir die Lage des Hauses am Kanal so beschreiben, daß du es leicht finden kannst. Ich hoffe, du wirst auch während der Fastenzeit kommen können, obwohl es, wie man sagt, Gottes Wille ist, daß wir dann unser Fleisch abtöten. Ist es nicht seltsam, daß es eine Zeit gibt, wo wir nach Gottes Willen uns wie toll belustigen sollen, und eine andere, wo wir ganz enthaltsam leben müssen, um ihm zu gefallen? Was kann denn nur dieser oder jener Gedenktag mit der Gottheit zu tun haben, und wie kann die Handlungsweise des Geschöpfes dem Schöpfer irgend etwas ausmachen, den meine Vernunft sich doch nur als unabhängig vorstellen kann? Mir scheint, wenn Gott den Menschen so geschaffen hätte, daß er ihn beleidigen könnte, so hätte der Mensch recht, wenn er alles täte, was Gott ihm verboten hat, denn seine mangelhafte Anlage wäre Gottes Werk. Kann man sich vorstellen, daß Gott während der Fastenzeit traurig ist?«

»Meine reizende Freundin, du sprichst ausgezeichnet. Aber willst du mir nicht sagen, wo du so denken gelernt hast? Wie hast du, in einem Kloster, über den Graben springen können?«

»Mein Freund hat mir gute Bücher gegeben, die ich eifrig gelesen habe, und das Licht der Wahrheit hat die Finsternisse verscheucht, die meinen Blick umhüllten. Ich versichere dir: Wenn ich über mich selber nachdenke, finde ich mein Glück, daß ich jemanden fand, der meinen Geist aufklärte, viel größer als mein Unglück, daß ich den Schleier nahm. Denn das größte Glück besteht ohne Zweifel darin, ruhig leben und ruhig sterben zu können; und darauf kann man kaum hoffen, wenn man auf das Gefasel hört, womit die Priester uns die Ohren sprengen.«

»Ich bin ganz deiner Meinung. Aber ich bewundere dich. Denn einen Geist aufzuklären, der so voreingenommen sein mußte wie der deine, das kann nicht das Werk einiger Monate gewesen sein.«

»Mir wäre ohne Zweifel das Licht viel später aufgegangen, wenn ich weniger von Vorurteilen erfüllt gewesen wäre. Ein dichter Vorhang trennte in meinem Geist die Wahrheit vom Irrtum, und nur die Vernunft konnte ihn zur Seite schieben; aber man hatte es mir ja zum Gesetz gemacht, diese arme Vernunft zu fürchten, sie mir fernzuhalten, wie wenn ihre Fackel mich hätte verbrennen müssen, statt mich aufzuklären. Seitdem mir nachgewiesen wurde, daß ein vernünftiges Wesen sich nur von der Vernunft dürfte leiten lassen, habe ich mich rückhaltlos ihrer Führung überlassen, und die Binde, die mir die Wahrheit verbarg, ist von meinen Augen gefallen. Die Wahrheit zeigte sich mit Glanz, die Dummheit ist verschwunden, und ich brauche nicht zu befürchten, daß sie wieder die Oberhand gewinnt, denn jeden Tag werde ich stärker, und ich kann sagen, ich habe Gott erst zu leben begonnen, seitdem ich mich von dem Begriff frei gemacht habe, den die Priester mir von ihm gegeben hatten.«

»Dazu wünsche ich dir Glück. Du bist glücklicher gewesen als ich, denn du hast in einem Jahre einen längeren Weg zurückgelegt als ich in zehn.«

»Du hast also nicht damit begonnen, die Schriften von Lord Bolingbroke[2] zu lesen?«

»Vor fünf Monaten las ich Charrons Buch ›Über die Weisheit‹[3], und unser Beichtvater bekam, ich weiß nicht wie, Kenntnis davon. Er wagte mir bei der Beichte zu sagen, ich müßte das Lesen derartiger Bücher aufgeben. Ich antwortete ihm: da mein Gewissen keine Unruhe empfände, könnte ich ihm nicht gehorchen. ›Dann werde ich Sie nicht absolvieren‹, versetzte er. ›Ich werde trotzdem zum Abendmahl kommen‹, sagte ich. – Hierüber ärgerte er sich, und da er nicht wußte, was er machen sollte, sprach er mit dem Bischof Diedo. Seine Eminenz besuchte mich, um mir klarzumachen, daß ich mich meinem Beichtvater fügen müßte. Ich antwortete ihm, wir hätten gegenseitige Pflichten: Die Aufgabe eines Priesters im Beichtstuhl wäre, mich anzuhören, mir eine angemessene Buße aufzuerlegen und mich freizusprechen; denn er dürfte sich nicht einmal erlauben, mir Ratschläge zu geben, wenn ich ihn nicht danach fragte. Der Beichtvater müßte jedenfalls Skandal vermeiden; wenn er sich aber sollte einfallen lassen, mir die Absolution zu verweigern – was er ja tun könnte –, so würde ich trotzdem mit den anderen Nonnen zum Abendmahl gehen. Der Bischof sah, daß er bei mir sein Latein verlor, und befahl dem Beichtvater, mich nach meinem Gewissen handeln zu lassen. Dies war mir aber noch nicht genug. Mein Liebhaber verschaffte mir vom Papst ein Breve, das mich ermächtigt, zu beichten, bei wem ich will. Alle meine Mitschwestern sind eifersüchtig auf dieses Vorrecht; ich habe mich desselben aber nur ein einziges Mal bedient, gewissermaßen, um einen Präzedenzfall zu schaffen und mein Recht durch eine Tatsache zu bekräftigen; denn die ganze Geschichte ist nicht der Mühe wert. Ich beichte stets bei demselben Priester, und es wird ihm nicht schwer, mich zu absolvieren, denn ich sage ihm nur, was ich will.«

»Wegen des übrigen absolvierst du dich selber?«

»Ich beichte Gott, der meine innersten Gedanken kennen und der allein darüber urteilen kann, ob meine Handlungen gut oder böse sind.«

Ich erkannte aus diesem Gespräch, daß meine Schöne ein sogenannter Freigeist war. Ich war darüber keineswegs erstaunt, denn sie hatte ein noch größeres Bedürfnis, ihr Gewissen zu beschwichtigen als ihre Sinnenlust zu befriedigen.

Am Sonntagnachmittag nahm ich eine Gondel mit zwei Ruderern und fuhr um die Insel Murano herum, um mir die Lage des Klosters von der Wasserseite einzuprägen und um mir die kleine Pforte zu merken, durch die meine Freundin das Kloster verließ. Es war verlorene Zeit und Mühe. Denn das Ufer, woran das Kloster lag, lernte ich erst während der Novene[4] kennen und die kleine Pforte erst sechs Monate später, noch dazu mit Gefahr meines Lebens; ich werde davon sprechen, wenn wir soweit sind.

Als die Stunde nahte, ging ich in den Tempel der Liebe. Während ich auf meine Göttin wartete, belustigte ich mich damit, mir die Bücher einer kleinen Bibliothek anzusehen, die sich im Boudoir befand. Sie waren nicht zahlreich, aber sorgsam ausgewählt und so recht des Ortes würdig. Man fand da alle Schriften gegen die Religion und alles, was die wollüstigsten Federn über die Freuden der Liebe geschrieben haben – verführerische Bücher, deren Stil den Leser in Flammen setzt und ihn nötigt, die Wirklichkeit zu suchen, von der sie nur das Abbild schildern. Mehrere reich gebundene Foliobände enthielten nur laszive

Kupferstiche. Ihr großes Verdienst bestand weit mehr in der Reinheit der Zeichnung als in der Geilheit der Stellungen. Es waren die englischen Stiche zum ›Portier des Chartreux‹[5], die Bilder zu Meursius' Aloisia Sigea Toletana[6] und andere, und alle waren von seltener Schönheit. Zahlreiche kleine Gemälde bedeckten außerdem die Wände des Kabinetts – lauter Meisterwerke in derselben Art wie die Kupferstiche.

Seit einer Stunde, die mir wie im Fluge verging, war ich damit beschäftigt, alle diese Sachen mir anzusehen, und ihre Betrachtung hatte mich in eine nicht mehr zu bändigende Erregung versetzt, als ich meine schöne Geliebte in Nonnentracht eintreten sah. Ihr Anblick war nicht eben ein Beruhigungsmittel, und ich rief daher: »Du kommst gerade im günstigsten Augenblick, um eine Selbstbefriedigung zu verhindern. Alle diese erotischen Bilder haben ein verzehrendes Feuer in meine Adern gegossen, und in deinem Nonnenkleide mußt du mir das Heilmittel gewähren, das meine Liebe von dir verlangt.«

»Laß mich erst mein gewöhnliches Kleid anziehen, Liebster; in einem Augenblicke bin ich ganz dein!«

»In fünf Minuten werde ich schon glücklich gewesen sein; nachher kannst du gehen und dich umkleiden.«

»Aber laß mich doch mich meiner Wollröcke entledigen, die ich nicht liebe.«

»Nein, du mußt die Huldigung meiner Liebe in demselben Kleide empfangen, das du trugst, als du sie in mir wecktest.«

Mit dem demütigsten Gesicht sprach sie ein: »*Fiat voluntas tua*« [Dein Wille geschehe] und ließ sich auf ein Sofa niedersinken, wo ich sie trotz ihres Sträubens beglückte. Wir vergaßen einen Augenblick die ganze Welt. Nach dieser süßen Entzückung half ich ihr, sich auszukleiden, und bald verwandelte ein einfaches Kleid aus indischem Musselin meine liebenswürdige Nonne in eine ganz entzückende Nymphe.

Nach einem köstlichen Mahl verabredeten wir uns, daß wir uns erst am ersten Tage der Novene wiedersehen wollten. Sie gab mir die Schlüssel zum Eingang von der Wasserseite und sagte mir, ich könnte bei Tage die Tür an einem aus dem Fenster unmittelbar darüber heraushängenden blauen Bande erkennen, damit ich mich abends nicht irrte. Ich versetzte sie in die höchste Freude, als ich ihr sagte, ich würde bis zur Rückkehr ihres Freundes einfach in ihrem Kasino wohnen bleiben. Während der zehn Tage, die ich in dem Hause verweilte, besaß ich sie viermal, und jedesmal überzeugte ich sie, daß ich nur für sie lebte.

Ich vertrieb mir die Zeit mit Lesen und indem ich an C.C. schrieb; aber meine Zärtlichkeit für diese war ruhig geworden. In den Briefen, die sie mir schrieb, interessierte mich am meisten, was sie von ihrer Freundin sagte. Sie tadelte mich, daß ich die Bekanntschaft mit M.M. nicht eifriger gepflegt hatte, und ich antwortete, ich hätte das nicht getan, weil ich befürchtet hätte, erkannt zu werden. Zugleich forderte ich sie auf, unverbrüchliches Schweigen zu beobachten.

Ich glaube nicht, daß es möglich ist, zwei Wesen gleichzeitig in gleichem Maße zu lieben. Auch bleibt die Liebe nicht auf ihrer Höhe, wenn man ihr zu reichliche Nahrung oder wenn man ihr gar keine gibt. Meine Leidenschaft für M.M. bewahrte immer dieselbe Stärke, weil ich sie stets nur unter der größten Gefahr, sie zu verlieren, besitzen konnte. »Es ist unmöglich«, sagte ich zu ihr, »daß nicht ein oder das andere Mal irgendeine Nonne das Bedürfnis verspürt, mit dir zu sprechen, während du gerade abwesend bist.« – »Nein«, antwortete sie mir, »das kann nicht vorkommen, denn jede Nonne muß das Recht haben, sich unzugänglich zu machen, und kein Recht wird im Kloster heiliger gehalten, selbst von seiten der Äbtissin. Nur der Ausbruch eines Brandes wäre zu fürchten, denn alsdann würde alles in schrecklichster Verwirrung sein, und es würde unnatürlich erscheinen, wenn eine Nonne ruhig in ihrer Zelle bliebe, während sie in so großer Gefahr schwebte: dadurch würde dann ohne Zweifel ihre Abwesenheit bekannt werden. Ich habe die Laienschwester, den Gärtner und eine andere Nonne auf meine Seite zu bringen gewußt; meine Gewandtheit im Bunde mit dem Gelde meines Geliebten hat dieses Wunder gewirkt. Mein Geliebter bürgt mir für die Treue des Kochs und seiner Frau, deren Obhut das Kasino anvertraut ist. Desgleichen ist er auch der beiden Gondoliere sicher; obwohl der eine von ihnen zweifelsfrei ein Spion der Staatsinquisitoren ist.«

Am Tage vor Weihnacht sagte sie mir, ihr Liebhaber würde zurückkommen; sie würde am Stephanstage[7] mit ihm die Oper besuchen, und sie würden hierauf die Nacht miteinander verbringen. »Ich erwarte dich, mein süßer Freund, am letzten Tage des Jahres, und hier hast du einen Brief, den ich dich erst in deiner Wohnung zu lesen bitte.«

Da ich also ausziehen mußte, um einem anderen Platz zu machen, schnürte ich in aller Herrgottsfrühe mein Bündel und verließ das Asyl, wo ich zehn Tage lang so viele Wonnen genossen hatte. Ich begab mich nach dem Palazzo Bragadin und las dort folgenden Brief:

›Du hast mich ein wenig verletzt, lieber Freund, als Du in bezug auf das Geheimnis, worin ich Dir gegenüber die Person meines Liebhabers hüllen muß, zu mir bemerktest, Du seist zufrieden, mein Herz zu besitzen, und lassest mir die volle Freiheit meines Geistes. Diese Scheidung von Herz und Geist erscheint mir als durchaus sophistisch, und wenn sie Dir nicht so erscheint, so mußt Du zugeben, daß Du mich nicht voll und ganz liebst. Denn unmöglich kann ich ohne Geist existieren, und unmöglich kannst Du mein Herz lieben, wenn es nicht mit meinem Geiste in Einklang steht. Wenn Deine Liebe sich mit dem Gegenteil begnügen kann, so ist sie nicht übermäßig zartfühlend. Da jedoch der Fall eintreten könnte, daß Du mich vielleicht überführen würdest, Dir gegenüber nicht mit der vollen Aufrichtigkeit gehandelt zu haben, die eine wahre Liebe einflößt und verlangen kann, so habe ich mich entschlossen, Dir ein Geheimnis zu entdecken, das meinen Freund betrifft, obwohl ich weiß, daß er fest auf meine Verschwiegenheit rechnet. Ich werde einen Verrat begehen, aber Du wirst mich darum nicht weniger lieben; denn da ich in der Zwangslage bin, zwischen Euch beiden wählen und entweder den einen oder den anderen belügen zu müssen, so hat die Liebe den Sieg davongetragen. Aber bestrafe mich nicht dafür, denn ich habe meine Wahl nicht blindlings getroffen, und Du wirst die Gründe abwägen, die die Waagschale sich zu Deinen Gunsten senken ließen.

Als ich mich nicht mehr imstande fühlte, meinem Verlangen nach Deiner näheren Bekanntschaft zu widerstehen, konnte ich nur dadurch zum Ziel gelangen, daß ich mich meinem Freunde offenbarte, und ich zweifelte keinen Augenblick an seiner gefälligen Hilfe. Er bekam von Deinem Charakter einen sehr vorteilhaften Begriff, als er Deinen ersten Brief las – einmal, weil Du das Sprechzimmer für unsere erste Zusammenkunft wähltest, ferner, weil Du sein Kasino in Murano Deinem eigenen vorzogst. Aber er bat mich auch um die Gefälligkeit, ihm zu erlauben, bei unserem ersten Beisammensein anwesend zu sein, und zwar in einem kleinen Kabinett, einem richtigen Versteck, von wo aus man, ohne selber gesehen zu werden, alles sehen kann, was im Salon vorgeht, und alles hören kann, was dort gesprochen wird. Du hast dieses Kabinett noch nicht gesehen, denn man kann dessen Vorhandensein unmöglich erraten; aber Du wirst es am Silvesterabend sehen. Sage mir, mein Herz, konnte ich dem Manne, der mir so großes Entgegenkommen zeigte, diesen eigentümlichen Wunsch versagen? Ich stimmte seiner Bitte zu, und da war es dann ganz natürlich, daß wir die Sache vor Dir geheimhielten. Jetzt weißt Du, daß mein Freund Zeuge war von allem, was wir während unserer ersten Liebesnacht taten und sagten. Aber laß Dich dies nicht verdrießen, denn ihm hat alles an Dir gefallen, Dein Benehmen sowohl wie die hübschen Bemerkungen, mit denen Du mich erheitert hast. Als das Gespräch auf ihn kam, hatte ich eine rechte Angst, Du könntest etwas sagen, was seinem Selbstgefühl nicht schmeichelhaft sein würde; glücklicherweise aber hat er nur lauter Schmeichelhaftes hören können. Hiermit, mein Herz, habe ich Dir aufrichtig meinen ganzen Verrat gebeichtet; aber als Verliebter und kluger Mann wirst Du ihn mir verzeihen, und zwar um so leichter, da Du keinen Schaden davon gehabt hast. Mein Freund ist höchst neugierig zu erfahren, wer Du bist. Aber höre: In jener Nacht warst Du natürlich und ganz und gar liebenswürdig; wärst Du es auch gewesen, wenn Du gewußt hättest, daß Du Dich unter den Augen eines Zeugen befandest? Das ist nicht wahrscheinlich, und wenn ich Dich eingeweiht hätte, so würdest Du möglicherweise Dich gar geweigert haben, und vielleicht hättest Du recht gehabt.

Jetzt, da wir uns kennen und da Du, wie ich hoffe, nicht mehr an unserer zärtlichen Liebe zweifelst, will ich mein Gewissen beruhigen und alles wagen, um alles zu gewinnen. Erfahre also, lieber Freund, daß am letzten Tag des Jahres mein Geliebter im Kasino sein und daß er es erst am nächsten Morgen verlassen wird. Du wirst ihn nicht sehen, aber er wird uns sehen. Da er annimmt, daß Du von nichts wissest, so begreifst Du, wie natürlich in jeder Hinsicht Dein Benehmen sein muß; denn wenn Du nicht natürlich wärest, könnte er auf den Verdacht kommen, daß ich das Geheimnis verraten habe. Am meisten mußt Du auf Deine Worte achtgeben. Mein Freund besitzt alle Tugenden mit Ausnahme der theologischen Tugend, die man Glauben nennt, und auf diesem Gebiet magst Du Dich nach Herzenslust ergehen. Über Literatur, Reisen, Politik wirst Du nach Deinem Belieben sprechen; in bezug auf Anekdoten brauchst Du Dich nicht zu genieren; Du kannst seiner Billigung gewiß sein.

Jetzt, mein Freund, bleibt mir nur noch eins zu fragen: Bist Du in der Laune, Dich in den Augenblicken, da Du Dich der süßesten Wollust der Sinne überlieferst, von einem anderen Manne sehen zu lassen? Diese Ungewißheit ist jetzt meine Qual; und ich bitte Dich recht sehr: antworte mir mit einem Ja oder Nein. Begreifst Du, wie peinlich mir diese Befürchtung ist? Fühlst Du, wie schwer es mir werden muß, mich zu einem solchen Schritt zu entschließen? Ich sehe voraus, daß ich die nächste Nacht kein Auge schließen werde, denn ich werde keine Ruhe haben, bevor ich nicht Deine Antwort gesehen habe. Solltest Du glauben, in Gegenwart eines Dritten, zumal eines Unbekannten, nicht zärtlich sein zu können, so werde ich den Entschluß fassen, den die Liebe mir eingeben wird. Ich hoffe indessen, Du wirst kommen! Denn wenn Du auch die Rolle des Liebenden nicht ganz vollkommen spielen solltest, so würde das weiter nicht schaden. Ich würde ihm einreden, Deine Liebe stände nicht mehr auf ihrem Höhepunkt.‹

Dieser Brief überraschte mich. Aber wenn ich es mir recht überlegte, fand ich meine Rolle schöner als die, die der Liebhaber zu spielen gedachte, und so lachte ich herzlich darüber. Ich gestehe indessen, ich würde nicht gelacht haben, wenn ich nicht gewußt hätte, von welcher Art der Mann war, den ich zum Zeugen haben sollte. Da ich wußte, daß meine Freundin in großer Unruhe war, und da ich sie beruhigen wollte, schrieb ich ihr sofort folgendes:

›Du wünschest, mein Engel, daß ich Dir mit Ja oder Nein antworte. Voller Liebe zu Dir, will ich Dir meine Antwort noch vor Mittag zukommen lassen, damit Du ohne alle Unruhe essen kannst.

Ich werde die Silvesternacht mit Dir verbringen, und ich versichere Dir, wir werden dem Freunde ein Schauspiel bieten. Er wird nichts sehen und hören, was ihn auf die Vermutung bringen könnte, ich wäre in sein Geheimnis eingeweiht; und verlaß Dich drauf, ich werde meine Rolle nicht als Dilettant, sondern als Meister spielen. Wenn der Mensch die Pflicht hat, stets Sklave seiner Vernunft zu sein; wenn er, soweit es von ihm selber abhängt, nichts sich erlauben darf, ohne ihrer Führung zu folgen – so werde ich niemals zu begreifen vermögen, daß ein Mensch sich schämen kann, sich einem Freunde in einem Augenblick zu zeigen, wo Natur und Liebe ihn gleichermaßen begünstigen.

Ich will Dir jedoch gestehen, daß Du übel daran getan haben würdest, mir das Geheimnis gleich beim erstenmal anzuvertrauen, und daß ich mich ohne Zweifel geweigert haben würde, in dieser Weise Dir gefällig zu sein. Nicht daß ich Dich damals weniger liebte, als ich Dich heute liebe – aber es gibt in der Natur so absonderliche Geschmacksverirrungen, daß ich mir vielleicht eingebildet hätte, es sei der Geschmack Deines Liebhabers, seinen Genuß im Anblick der Genüsse eines leidenschaftlichen und der süßesten Vereinigung sich schrankenlos hingebenden Liebespaares zu suchen. Dieser Gedanke hätte mir vielleicht einen unvorteilhaften Begriff von Dir gegeben, und der Verdruß hätte vielleicht die Liebe abgekühlt, die Du mir eingeflößt hattest, die aber doch nur im ersten Entstehen begriffen war. So ist das menschliche Herz! Heute, meine reizende Freundin, liegt der Fall ganz anders, denn ich weiß vollkommen, welch einen Schatz ich in Deiner Liebe besitze. Aus allem, was Du mir über Deinen Freund erzählt hast, habe ich eine genaue Kenntnis seines Charakters gewonnen; ich liebe ihn und ich halte ihn für meinen Freund. Wenn Dich nicht ein Gefühl von Scham abhält, Dich in glühender zärtlicher Vereinigung mit mir von ihm sehen zu lassen, wie soll denn ich selber mich schämen, da doch im Gegenteil alles mich nur stolz machen kann? Ich kann, meine Göttin, weder deswegen erröten, daß ich Dich erobert habe, noch kann ich mich schämen zu zeigen, mit welcher Freigebigkeit die Natur mir Schönheit und Kraft schenkte, die mir so lebhafte Genüsse geben und denen ich die Gewißheit verdanke, das von mir angebetete Weib an diesen Genüssen teilnehmen zu lassen. Ich weiß wohl, daß infolge eines Gefühls, das man natürlich nennt, das aber vielleicht nur ein Produkt der Zivilisation ist und aus jugendlichen Vorurteilen entspringt – ich weiß wohl, sage ich, daß es den meisten Menschen widerstrebt, sich in solchen Augenblicken sehen zu lassen. Diejenigen aber, die keine guten Gründe für solche Abneigung anführen können, müssen wohl etwas von der Natur der Katzen an sich haben; übrigens haben sie vielleicht recht gute Gründe und brauchen sich deshalb doch nicht für verpflichtet zu halten, sie irgendeinem Menschen mitzuteilen, außer der Frau, die sich dadurch täuschen läßt. Ich entschuldige von ganzem Herzen alle diejenigen, die da wissen, daß sie nur das Mitleid der Zuschauer erregen würden; wir aber wissen, daß wir dieses traurige Gefühl gewiß nicht auslösen können! Alles, was Du mir von Deinem Freunde gesagt hast, gibt mir die Gewißheit, daß er unsere Genüsse teilen wird. Aber weißt Du auch, wie es kommen wird? Das Feuer unserer Leidenschaften wird die seine entflammen, und – es tut mir leid um diesen ausgezeichneten Menschen – er wird nicht mehr an sich halten können, er wird sich mir zu Füßen werfen und mich bitten, ihm Dich abzutreten, die allein seine Erregung beruhigen kann. Was soll ich machen, wenn dieser Fall eintritt? Dich ihm überlassen? Ich könnte mich anstandshalber nicht weigern; aber ich würde gehen, denn es wäre mir unmöglich, ruhiger Zuschauer zu sein.

Leb also wohl, mein Engel, alles wird gut gehen. Ich versiegle diesen Brief geschwind und werde ihn Dir ohne Aufschub ins Haus bringen.‹

Ich verbrachte die sechs freien Tage mit meinen Freunden und im Ridotto[8], der zu jener Zeit am Stephanstage eröffnet wurde. Da ich nicht abziehen konnte – denn nur den Adligen war es erlaubt, im Patriziertalar die Bank zu halten –, so spielte ich morgens und abends und verlor ständig; denn wer nur setzt, muß verlieren. Der Verlust von vier- bis fünftausend Zechinen, die meinen ganzen Reichtum ausmachten, hatte aber nicht die Wirkung, meine Liebe abzukühlen, sondern schien ihr nur neue Glut zu verleihen.

Gegen Ende des Jahres 1774 erließ der Große Rat ein Gesetz, das alle Glücksspiele verbot, und dessen erste Wirkung darin bestand, daß der Ridotto geschlossen werden mußte. Dieses Gesetz war ein wirkliches Wunder. Als die Stimmkugeln[9] der Urne entnommen waren, sahen die Senatoren sich gegenseitig ganz verdutzt an. Sie hatten ein Gesetz beschlossen, das sie gar nicht beschließen konnten, denn drei Viertel der Abstimmenden wollten nichts davon wissen, und trotzdem waren drei Viertel der Stimmkugeln zugunsten des Gesetzes. Man sagte, es sei ein Wunder des heiligen Markus, den der damalige Primo dei Correttori[10], jetzige Kardinal Monsignore Flangini, und die drei Staatsinquisitoren darum angefleht hätten.

Am verabredeten Tage erschien ich zur gewöhnlichen Stunde am gewöhnlichen Ort, und meine Freundin ließ mich nicht warten. Sie war im Kabinett, wo sie sich bereits hatte umkleiden können; sobald sie mich hörte, trat sie zu mir ins Zimmer. Sie war mit seltener Eleganz gekleidet.

»Der Freund ist noch nicht auf seinem Posten; sobald er aber da ist, werde ich dir einen Wink mit den Augen geben.«

»Wo ist denn dieses geheimnisvolle Kabinett?«

»Dort! Betrachte die Rücklehne des Kanapees an der Wand. Alle diese in Reliefs gearbeiteten Blumen haben in der Mitte ein Loch, durch welches man von dem dahinter befindlichen Kabinett aus hindurchsehen kann. Dieses enthält ein Bett, einen Tisch und was jemand sonst noch braucht, der darin die Nacht verbringen und zu seiner Belustigung sich ansehen will, was hier im Salon vorgeht. Ich werde es dir zeigen, sobald du willst.«

»Hat dein Liebhaber es so einrichten lassen?«

»Nein, gewiß nicht; denn er konnte nicht voraussehen, daß er je davon Gebrauch machen würde.«

»Ich begreife, daß solches Schauspiel ihm großes Vergnügen bereiten kann. Aber was wird er machen, wenn er in einem Augenblick, da die Natur es gebieterisch fordert, dich nicht besitzen kann?«

»Das ist seine Sache. Übrigens kann er ja gehen, wenn er sich langweilt, oder schlafen, wenn er müde wird. Aber wenn du dich nach deiner Natur benimmst, wird er sich nicht langweilen.«

»Das werde ich tun; nur werde ich höflicher sein.«

»Keine Höflichkeiten, bitte, bitte! Denn wenn du höflich bist – ade, Natur! Wo hast du je gesehen, ich bitte dich, daß zwei Liebende in der vollen Raserei der Liebe daran denken, Höflichkeitsformen zu beobachten?«

»Du hast recht, mein Herz; aber ich werde zart sein.«

»Das lasse ich gelten; Zartgefühl verdirbt nichts. Aber sei nicht anders als sonst. Dein Brief hat mir Freude gemacht; du hast das Thema als Sachverständiger behandelt.«

Meine Geliebte hatte ihre Haare frisiert, allerdings lässig. Ein himmelblaues gesteptes Kleid war ihr ganzer Putz. Sie trug Brillantohrringe und um den Hals ein mit Silberfäden durchwirktes Tüchlein aus Seidenmusselin. Die Schönheit ihres Busens ließ der Ausschnitt des Kleides ahnen. Ihre Füße steckten in Pantoffeln. Ihr ängstliches und leise lächelndes Gesicht schien mir zu sagen: ›Das ist die Frau, die du liebst!‹ Auffallend fand ich nur, daß sie sich geschminkt hatte; doch gefiel es mir, weil sie die Schminke nach Art der Versailler Damen aufgelegt hatte. Der Reiz dieser Malerei besteht in der Nachlässigkeit, womit man sie auf die Wangen aufträgt. Man will gar nicht, daß dieses Rot natürlich aussehen soll; man legt es auf, um den Augen eine Lust zu bereiten; denn diese sehen darin Anzeichen einer Trunkenheit der Sinne, die ihnen außergewöhnliche Genüsse und zauberhafte Liebesrasereien verspricht.

Sie sagte mir, sie habe sich dem Neugierigen zuliebe so geschmückt, denn er habe an dieser Art des Schminkens viel Vergnügen.

»An diesem Geschmack«, sagte ich, »erkenne ich, daß er Franzose ist.«

Bei diesen Worten gab sie mir einen Wink: der Freund war auf seinem Posten. Die Komödie begann:

»Je mehr ich dein Antlitz betrachte, desto mehr ärgere ich mich über deinen Gatten.«

»Man sagt, er sei garstig.«

»Das hat man also gesagt; dann verdient er also, daß er zum Hahnrei wird, und wir werden die ganze Nacht daran arbeiten.«

»Du wirst mich nicht unempfindlich gegen deine Opfer finden.«

»Ich würde sie sofort beginnen, aber ich glaube, um ihrer Wirksamkeit um so gewisser zu sein, müssen wir erst soupieren; denn ich habe heute noch nichts zu mir genommen als eine Tasse Schokolade und Eiweiß von sechs frischen Eiern mit Luccaöl[11] und Kräuteressig als Salat angerichtet.«

»Aber, lieber Freund, welche Torheit! Du mußt krank sein!«

»Ja, in diesem Augenblick; aber ich werde mich vortrefflich befinden, wenn ich diese Eier eins nach dem anderen deiner Liebeskammer eingeflößt habe.«

»Ich glaube nicht, daß du Reizmittel nötig hättest.«

»Wer hätte solche bei dir nötig! Aber ich habe eine begründete Furcht: Sollte es mir zustoßen, daß das Zündhütchen Feuer fände, ohne daß der Schuß losginge – so würde ich mir eine Kugel durch den Kopf schießen.«

»Mein lieber Braunschopf, das wäre gewiß ein Unglück; aber deswegen braucht man sich doch noch lange keine Kugel in den Kopf zu schießen.«

»Was machst du?«

»Ich ziehe dir diesen Mantel aus. Gib mir auch deinen Muff.«

»Das wird schwierig sein, denn er ist festgenagelt.«

»Wieso denn angenagelt?«

»Stecke eine Hand hinein! Sieh selbst!«

»Oh, dieser Schelm! Sind das die Eiweiß, die dir diesen Nagel liefern?«

»Nein, mein Engel, das ist einzig und allein deine reizende Gestalt.«

Ich hob sie ein wenig hoch, und sie umfaßte meine Schultern, um sich leichter zu machen. Dabei ließ ich meinen Muff fallen.

Ich packe sie bei den Schenkeln, und sie verschanzt sich auf dem Nagel. Nachdem wir auf diese Weise einen kleinen Spaziergang durch das Zimmer gemacht haben und Folgen befürchteten, stelle ich sie auf den Teppich. Ich setze mich und fordere sie auf, sich auf mich zu setzen. Gefällig wie sie ist, führt ihre zarte Hand das begonnene Werk zu Ende, indem ihre hohle Hand das Weiße vom ersten Ei erntet. »Bleiben noch fünf«, sagt sie. Nachdem sie ihre schöne Hand mit einem Sträußchen wohlriechender Kräuter gereinigt hat, überläßt sie sie mir, damit ich diese mit hundert Küssen bedecke.

Ich beruhigte mich allmählich und verbrachte eine Stunde damit, ihr lustige Geschichten zu erzählen. Danach setzten wir uns zu Tisch.

Sie aß für zwei und ich für vier, denn unser ausgezeichneter Appetit wurde durch die Vortrefflichkeit der Speisen noch angespornt. Der prachtvolle Nachtisch wurde in Schüsseln aus vergoldetem Silber aufgetragen, die zu den beiden vierarmigen Tischleuchtern paßten. Als sie bemerkte, daß ich deren Schönheit bewunderte, sagte sie: »Sie sind ein Geschenk von meinem Geliebten.«

»Ein prachtvolles Geschenk. Hat er dir auch die Lichtputzer dazu gegeben?«

»Wieso denn?«

»Große Herren wissen nicht, daß man die Kerzen putzt.«

»Unsere Kerzen haben Dochte, die man nicht zu putzen braucht.«

»Sage mir doch, von wem du dein Französisch gelernt hast? Denn du sprichst es zu gut, als daß ich nicht wißbegierig wäre.«

»Vom alten La Forêt, der im vergangenen Jahr gestorben ist. Ich war sechs Jahre lang seine Schülerin. Er hat mich auch Verse machen gelehrt. Aber von dir habe ich Wörter gelernt, die ich niemals aus seinem Mund gehört habe, wie zum Beispiel *à gogo, frustratoire, rater, dorloter*[12]. Von wem hast du sie gelernt?«

»Von der Pariser guten Gesellschaft, zum Beispiel von Madame de Boufflers, einer sehr geistreichen Frau, die mich einmal fragte, warum man *con rondo*[13] italienisch ausspricht. Ich mußte darüber lachen, aber ich war ratlos, was ich antworten sollte.«

Nachdem sie den Punsch bereitet hatte, machten wir uns den Spaß, Austern auf die wollüstigste Art zu essen, die nur zwei sich anbetenden Liebenden möglich ist. Wir schlürften sie abwechselnd einander aus dem Munde, nachdem wir sie auf die Zunge gelegt hatten. Ist es auch komisch, so nimmt die Komik ihm doch nichts von seinem Reiz, denn das Lachen ist nur für Glückliche gemacht. Was für eine Austernsauce, aus dem Mund des angebeteten Geschöpfs geschlürft, ist doch ihr Speichel! Es ist unmöglich, daß die Kraft der Liebe sich nicht versucht, wenn ich solche Auster zermalme, wenn ich sie verschlinge.

Endlich war genug getändelt; wir mußten an ausgiebigere Genüsse denken, und ich erinnerte sie daran. »Warte!« sagte sie; »ich werde das Kleid wechseln, in einem Augenblick bin ich dein.« Ich wußte nicht recht, was ich allein anfangen sollte, und stöberte in den Schubfächern ihres Schreibtisches herum. Mehrere Briefe, die ich fand, ließ ich unberührt; als ich aber eine Schachtel mit Kondomen[14] fand, nahm ich den Inhalt an mich und legte an die Stelle des Gestohlenen folgende Verse:

Kinder der Freundschaft, Diener der Furcht,
Ich bin Amor. Zittert! Respekt vor dem Dieb!
Und du, göttliche Braut, fürchte nicht Mutter zu werden,
Denn wenn du es wirst, ist Gott allein der Vater.
Doch wenn du durchaus dich versperren willst,
So sprich: Meine Mannheit zu opfern bin ich bereit!

Es dauerte nicht lange, so kehrte meine Liebste, wie eine Nymphe gekleidet, zurück. Ein Kleid aus indischem Musselin, mit goldenen Lilien bestickt, ließ zum Entzücken ihre wollüstigen Formen hervortreten, und ihr Häubchen aus echten Spitzen war einer Königin würdig. Ich warf mich ihr zu Füßen und bat sie, mein Glück nicht länger zu verzögern.

»Mäßige dein Feuer noch wenige Augenblicke«, sagte sie; »da ist der Altar, und in zwei Minuten wird das Opfer in deinen

Armen liegen. Ich will nicht Sorge haben«, fügte sie mit lachender Miene hinzu, »daß Deine ›Hauptsache‹ auf den Teppich herunterfällt. Du wirst sehen.«

Sie ging auf den Schreibtisch zu und fuhr fort: »Du sollst sehen, wie weit die zartfühlende Sorgfalt meines Freundes sich erstreckt!« Sie holte die Schachtel hervor und öffnete sie; aber statt der gesuchten Überzieherchen fand sie meine Verse. Nachdem sie diese gelesen und dann laut noch einmal gelesen hatte, nannte sie mich einen Dieb, gab mir eine Menge Küsse und bat mich, ich möchte meine Beute wieder herausgeben. Aber ich stellte mich, als wüßte ich von nichts. Sie las meine Verse noch einmal, langsam, tat, als denke sie darüber nach und ging unter dem Vorwand, sie wolle eine bessere Feder holen, hinaus. »Ich will dich in gleicher Münze bezahlen«, rief sie dabei lachend. Einen Augenblick darauf kam sie wieder und schrieb folgenden Sechszeiler:

Seit ein Engel mich f…, bin ich gewiß,
Er ist Geliebter und Schöpfer zugleich.
Aber, um ohne Furcht mich seinem Geschlecht hinzugeben,
Muß er mir sogleich zurückgeben, was er mir gestohlen hat.
Und so, unterworfen seinem heiligen Willen,
Ermutige ich ihn, meinen Freund, mich zu f… ohne Furcht.

Ich gebe ihr die Kondome sogleich zurück, wobei ich mich sehr glaubhaft erstaunt stelle; denn, um bei der Wahrheit zu bleiben, das war doch ein starkes Stück.

Es hatte Mitternacht geschlagen. Ich zeigte ihr den sehnsüchtigen kleinen Helden, und sie machte das Sofa zurecht, wobei sie sagte, im Alkoven wäre es zu kalt, und wir wollten lieber hier schlafen. Der wahre Grund war aber, daß ihr Freund uns im Alkoven nicht hätte beobachten können.

Während ich auf sie wartete, wickelte ich mein Haar unter einem indischen Tuch aus Mazulipatan, das ich viermal um meinen Kopf schlang und mir dadurch das furchteinflößende Aussehen eines asiatischen Despoten in seinem Harem gab. Nachdem ich mich und meinen kleinen Sultan gebieterisch in die natürliche Stellung gebracht hatte, legte ich meine reizende Freundin hin und bezwang sie nach allen Regeln der Kunst, wobei ich mich am Anblick ihrer Verzückungen erfreute. Ein Kopfkissen, das ich ihr unter den Hintern gelegt hatte, und ihre zur entgegengesetzten Seite der Rückenlehne des Sofas angewinkelten Beine mußten für unseren versteckten Freund ein besonders wollüstiger Anblick sein. Nachdem wir uns eine Stunde auf diese Weise vergnügt hatten, hob sie ihr Hemd, und als sie den Erfolg unseres Herumtollens sah, war sie hocherfreut. Da sie sich aber auch durch ihre eigenen Liebessäfte überschwemmt fühlte, überzeugten wir uns, daß eine kurze Waschung uns in den alten Zustand zurückversetzen würde. Nachdem dies geschehen war, stellten wir uns vor einen großen Spiegel und legten dabei jeder den Arm um den Rücken des anderen. Die Schönheit unseres Anblickes bewundernd, bekamen wir Lust, uns erneut an ihr zu ergötzen, und fochten diesmal unseren Kampf in allen Variationen stehend aus. Nach diesem letzten Kampf ließ meine Geliebte sich auf den Perserteppich fallen, der den Parkettboden bedeckte. Auf dem Rücken liegend, mit geschlossenen Augen, den Kopf zur Seite geneigt, Arme und Beine von sich gestreckt, lag sie so da, als hätte man sie gerade vom Andreaskreuz[15] abgenommen. Sie machte den Eindruck einer Toten, wäre nicht der Schlag ihres Herzens zu sehen gewesen. Dieser letzte Kampf hatte sie total erschöpft. Ich hatte sie die aufrechte Kerze[16] machen lassen und sie in dieser Stellung hochgehoben, um ihrem Tempel der Liebe mit Mund und Zunge meine Gunst zu erweisen, womit ich ihr zu verstehen geben wollte, daß auch sie ihrerseits meiner Waffe dieselbe Gunst erweisen sollte, die sie dem Tode so nahe gebracht hatte.

Nach dieser Heldentat erschöpft, stellte ich sie wieder auf den Boden zurück und mußte sie um einen Waffenstillstand bitten. Aber schon einen Augenblick später forderte sie mich auf, ihr Revanche zu bieten. Diesmal machte ich die aufrechte Kerze. Sie faßte mich bei den Hüften, hob mich hoch, wobei sie sich in dieser Stellung mit gespreizten Schenkeln abstützte. Sie erschrak jedoch zu Tode, als sie ihren Busen mit einigen Tropfen Blut bespritzt sah.

»Was ist das«, schrie sie auf, ließ mich fallen und fiel dabei selbst zu Boden. Da schlug die Uhr. Lachend rief ich sie ins Leben zurück.

»Hab keine Angst, mein Engel«, sagte ich ihr, »das war das Gelbe des letzten Eis, das sehr oft rot wie Blut ist.«

Ich wusch ihren wundervollen Busen, der bis zu diesem Augenblick niemals von menschlichem Blut besudelt worden war. Sie hatte Furcht, einige Tropfen davon verschluckt zu haben. Ich beruhigte sie leicht, indem ich ihr sagte, daß, selbst wenn es so wäre, es ihr nicht schaden würde. Sie zog ihr Nonnenkleid wieder an. Bevor sie ging, beschwor sie mich, zu Bett zu gehen und ihr noch vor meiner Rückkehr nach Venedig zu schreiben, wie es mir gehe. Sie versprach mir ebenfalls, am nächsten Tag zu schreiben. Die Pförtnerin würde den Brief haben. Ich versprach es ihr. Erst eine halbe Stunde später hörte ich sie das Haus verlassen. Gewiß war sie die Zeit über bei ihrem Freund gewesen.

Ich schlief bis zum Abend. Als ich erwachte, teilte ich ihr sofort mit, daß es mir gut ginge. Ich fuhr nach Venedig. Um mein Versprechen einzulösen, suchte ich denselben Maler auf, der mein Porträt für C. C. gemacht hatte. Es waren nur drei Sitzungen nötig. Ich ließ für M. M. ein etwas größeres als das erste anfertigen, weil sie es als Medaillon wollte, von irgendeinem Heiligenbild bedeckt, um es niemanden sehen zu lassen. Nur sie sollte das Geheimnis kennen, wie man es öffnen konnte. Es war die Aufgabe des Goldschmieds, einen Geheimverschluß so anzubringen, daß er sich von dem Verschluß des ersten Porträts unterschied. Der Maler malte mir die Verkündigung, auf der man den Engel Gabriel mit braunem Haar und die Heilige Jungfrau mit blonden Haaren sah, die mit geöffneten Armen die heilige Botschaft empfing. Der berühmte Maler Mengs übernahm dieselbe Idee der Verkündigung auf einem Bild, das er zwölf Jahre später in Madrid malte.

Casanova hat sich überreden lassen, M. M., deren Gönner und C. C. zum Abendessen in sein Kasino einzuladen.

Die Partie, die ich mit meiner lieben M. M. verabredet hatte, erfüllte mich mit der größten Freude, und dem Anschein nach hätte ich glücklich sein müssen. Aber ich war es nicht. Woher kam denn nun die Unruhe, die mich quälte? Woher sie kam? Von meiner unglückseligen Gewohnheit des Spielens. Diese Leidenschaft war tief in mir eingewurzelt: leben und spielen war für mich gleichbedeutend; da ich nun nicht Bank halten konnte, spielte ich im Ridotto als Gegenspieler und verlor vormittags und abends. Dies machte mich unglücklich. Ohne Zweifel wird man mich fragen: Warum spieltest du denn? Du hattest es doch nicht nötig, denn es fehlte bei dir an nichts, und du hattest soviel Geld, um jede Laune befriedigen zu können. Diese Frage würde mich in Verlegenheit bringen, wenn ich es mir nicht zum Gesetz gemacht hätte, die Wahrheit zu sagen. Nun, meine Herren Neugierigen: Wenn ich trotz der fast sicheren Gewißheit des Verlierens spielte, obgleich vielleicht kein Mensch je empfindlicher gegen Spielverluste gewesen ist als ich, so geschah das, weil ich den Teufel des Geizes in mir hatte. Ich liebte das Geldausgeben, sogar die Verschwendung, aber das Herz blutete mir, wenn ich anderes Geld ausgeben mußte als solches, das ich im Spiel gewonnen hatte. Dies war ein häßlicher Charakterfehler, lieber Leser – und ich will ihn nicht verteidigen. Wie dem auch sein möge – genug, in den vier Tagen des Wartens verlor ich alles Geld, das ich durch M. M. gewonnen hatte.

An dem heißersehnten Tage begab ich mich nach meinem Kasino, wo ich zur verabredeten Stunde M. M. und ihren Freund erscheinen sah. Sie stellte ihn mir in aller Form vor, sobald er seine Maske abgenommen hatte.

»Es drängte mich«, sagte der Gesandte, »die Bekanntschaft mit Ihnen zu erneuern, denn wie Madame mir sagt, haben wir uns in Paris kennengelernt.«

Bei diesen Worten sah er mich prüfend an, wie jemand, der sich an einen zu erinnern sucht, den er aus den Augen verloren hatte. Ich sagte ihm zur Aufklärung, wir hätten niemals miteinander gesprochen, er würde daher mein Gesicht wohl nicht genau genug gesehen haben, um sich noch meiner Züge erinnern zu können.

»Ich hatte die Ehre, bei Monsieur Mocenigo mit Eurer Exzellenz zu speisen; aber Sie waren ständig vom preußischen Gesandten, Lord-Marschall Keith, in Anspruch genommen, und ich hatte nicht den Vorzug, auch nur einen Augenblick Ihre Aufmerksamkeit auf mich zu lenken. Da Sie vier Tage darauf nach Venedig abreisen sollten, so hatten Sie es eilig und verabschiedeten sich fast sofort nach dem Essen. Seither habe ich nicht mehr die Ehre gehabt, Sie zu sehen.«

»Jetzt besinne ich mich!« rief er; »ich erinnere mich, jemanden gefragt zu haben, ob Sie nicht der Gesandtschaftssekretär seien. Von heute an werden wir uns nicht mehr vergessen, denn die Geheimnisse, die uns verbinden, sind der Art, daß sie ein dauerndes inniges Verhältnis zwischen uns herstellen müssen.«

Das seltsame Pärchen machte sich's schnell bequem, und bald setzten wir uns zu Tisch. Selbstverständlich übernahm ich die Aufwartung. Der Minister war ein Feinschmecker; er fand meine Weine, den Burgunder, den Champagner und den Graves, den ich ihm nach den Austern vom Arsenal[1] reichte, ausgezeichnet und war erfreut, als er hörte daß ich sie vom Grafen Algarotti bezöge. Dieser stand in dem Ruf, die besten Keller zu haben.

Mein Souper war lecker, reichlich und voller Abwechslung, und ich wartete dem schönen Paare auf wie etwa ein Privatmann, der seinen König mit dessen Mätresse bei sich zu Tisch hatte. Ich sah M. M. entzückt über mein ehrerbietiges Benehmen ihr gegenüber und über meine Bemerkungen, die den Gesandten veranlaßten, mir mit größtem Interesse zuzuhören. Wenn auch der Gesprächston, einem ersten Zusammensein entsprechend, im ganzen ernst war, so schloß er doch feinen Scherz nicht aus, und auf dem Gebiet des Esprit war Monsieur de Bernis Franzose in der vollen Bedeutung des Wortes. Ich bin viel gereist und habe die Menschen als Individuen und als Masse gründlich studiert, aber wahre Geselligkeit habe ich nur bei den Franzosen gefunden; denn sie allein verstehen zu scherzen, und der feine und witzige Scherz, der die Unterhaltung belebt, macht den Reiz der Gesellschaft aus.

Heitere Worte begleiteten das hübsche Souper während seiner ganzen Dauer; die liebenswürdige M.M. brachte geschickt das Gespräch auf den romanhaften Zufall, durch den sie meine Bekanntschaft gemacht hatte. Hierdurch kamen wir ganz natürlich auf meine Leidenschaft für C.C. zu sprechen, und sie entwarf von dem reizenden Mädchen eine äußerst interessante Schilderung, welcher der Gesandte so aufmerksam zuhörte, wie wenn er C.C. niemals gesehen hätte. Dies gehörte zu seiner Rolle, denn er wußte nichts von meiner Kenntnis des Umstandes, daß er meine dumme nächtliche Zusammenkunft mit ihr von seinem Versteck aus belauscht hatte. Er sagte zu M.M., sie würde ihm das allergrößte Vergnügen bereitet haben, wenn sie sie zu unserem Souper mitgebracht hätte. »Ich hätte«, antwortete die schlaue Nonne, »zu vielen Gefahren mich aussetzen müssen, und das Wagnis wäre zu groß gewesen. Aber«, fuhr sie fort, indem sie sich ebenso vornehm wie liebenswürdig an mich wandte, »wenn es Ihnen Freude macht, könnte ich Sie in meinem Kasino zum Souper mit ihr zusammenbringen, denn wir schlafen in demselben Zimmer.«

Über dieses Anerbieten wunderte ich mich sehr; aber es war nicht der rechte Augenblick, mir meine Überraschung anmerken zu lassen.

»Man kann, Madame«, versetzte ich, »das Vergnügen, mit Ihnen zusammen zu sein, durch keinen anderen Umstand erhöhen; doch gestehe ich, daß ich gegen einen solchen Gunstbeweis nicht unempfindlich sein würde.«

»Nun, ich werde daran denken.«

»Aber«, sagte jetzt der Gesandte, »ich glaube, wenn ich an der Partie teilnehmen soll, so würden Sie doch gut tun, es ihr vorher zu sagen.«

»Das ist nicht nötig«, sagte ich, »denn ich werde ihr schreiben, sie solle blindlings alles tun, was Madame ihr sagen werde. Ich werde mich dieser Pflicht schon morgen entledigen.«

Dann bat ich den Gesandten, einem fünfzehnjährigen Mädchen gegenüber, das noch keine Welterfahrung besitze, recht nachsichtig zu sein. Hierauf erzählte ich ihm die Geschichte der O-Morphi[2], die ihm sehr viel Vergnügen machte. Er bat mich, ihm ihr Bild zu zeigen, und teilte mir mit, sie sei immer noch im Parc aux Cerfs[3], und der König, von dem sie schon ein Kind gehabt habe, sei immer noch entzückt von ihr. Um ein Uhr früh verabschiedeten meine Gäste sich sehr befriedigt, und ich blieb allein in meinem Kasino.

Am nächsten Morgen schrieb ich, um der schönen Nonne mein Versprechen zu halten, einen Brief an C.C. Daß eine vierte Person zugegen sein würde, erwähnte ich nicht. Ich gab Laura diesen Brief und ging sodann nach dem Kasino von Murano, wo die Hausbesorgerin mir folgenden Brief meiner M.M. einhändigte:

›Ich würde, mein lieber Schatz, nicht auf eine ruhige Nacht hoffen können, wenn ich nicht noch vor dem Schlafengehen meine Seele von einem Gewissensbedenken befreite, das auf ihr lastet. Vielleicht hast Du dem Plan, mit unserer Freundin zu viert zu soupieren, nur aus einfacher Höflichkeit beigestimmt. Sei aufrichtig, mein Herz, denn wenn Du die Partie nicht gerne siehst, werde ich sie in Dunst aufgehen lassen, ohne Dich im mindesten bloßzustellen. Verlaß Dich auf mich! Bist Du jedoch von Herzen damit einverstanden, so wird alles der Verabredung gemäß vor sich gehen. Glaube mir, ich liebe Deine Seele noch inniger als Dein Herz, ich wollte sagen, Deinen Körper. Addio.‹

Ihre Furcht war natürlich; aber eine falsche Scham hielt mich ab, mein Wort zurückzunehmen. M.M. kannte mich genau und packte mich als geschickte Taktikerin an meiner schwachen Seite.

Ich antwortete ihr folgendes:

›Ich hatte Deinen Brief erwartet, liebe Freundin – daran wirst Du nicht zweifeln; denn da Du mich gründlich kennst, so mußt Du wissen, daß ich auch Dich kenne. Ja, ich kenne Deinen Geist, und ich weiß, welchen Begriff Du Dir von dem meinigen machen mußt; denn durch meine Sophismen habe ich mich in Deinen Augen in meiner ganzen Schwachheit und Reizbarkeit gezeigt. Ich büße dafür, liebe Freundin, durch den Gedanken, daß ich Dir verdächtig geworden bin und daß dadurch Deine Zärtlichkeit sich ein wenig abgeschwächt haben muß. Bitte, vergiß meine Grillen, und glaube mir, daß in Zukunft meine Seele stets im Gleichklang mit der Deinen sein wird. Das verabredete Souper muß stattfinden; es wird mir ein Vergnügen sein, aber gestatte mir, Dir zu sagen, daß ich meine Einwilligung mehr noch aus Dankbarkeit als aus Höflichkeit gegeben habe. C.C. ist Neuling, und es ist mir durchaus nicht unlieb, wenn sie anfängt, sich in der Welt bewegen zu lernen. In welcher Schule könnte sie besser aufgehoben sein als unter Deiner Vormundschaft? Ich lege sie Dir also ans Herz, und Du wirst mir eine Freude machen, wenn Du ihr auch fernerhin Deine freundschaftliche Fürsorge widmest und Deine Güte gegen sie noch verdoppelst – falls das überhaupt möglich ist. Ich fürchte nur, Du überredest sie, den Schleier zu nehmen; wenn dieser Fall einträte, würde ich auf ewig untröstlich sein. Dein Freund hat mich ganz und gar für sich eingenommen; er ist ein überlegener Mensch und wirklich reizend.‹

Hierdurch machte ich es mir also freiwillig unmöglich, noch zurückzutreten; aber viele Gedanken ließ meine Kenntnis des Menschenherzens mir durch den Kopf gehen. Ich begriff leicht, daß ohne Zweifel der Gesandte in C.C. verliebt war, daß er sich darüber mit M.M. ausgesprochen hatte, und daß diese nicht in der Lage war, seiner Liebe Hindernisse in den Weg zu legen; gewiß hatte sie als eine getreue Schülerin des Gesandten sich zu allem hergeben müssen, was seiner Leidenschaft förderlich sein konnte. Natürlich konnte sie ohne meine Zustimmung nichts machen, und die Geschichte war ihr zu heikel erschienen, um mir so mir nichts, dir nichts die Partie vorschlagen zu mögen. Sie gingen daher auf Vereinbarung so vor, daß sie scheinbar ohne Absicht das Gespräch darauf brachten und daß ich aus Höflichkeit, vielleicht sogar aus Überzeugung, den Plan billigen und ihnen auf diese Weise ins Netz gehen mußte. Der Gesandte, dessen Beruf das Intrigieren war, hatte seine Absicht vollkommen erreicht; ich hatte ganz nach Wunsch auf den Köder angebissen. Mir blieb nichts weiter übrig, als gute Miene zum bösen Spiel zu machen, teils um nicht als ganz dummer Tölpel dazustehen, teils um nicht einem Manne gegenüber, der mir unerhörte Vorrechte eingeräumt hatte, als undankbar zu erscheinen. Die Folge dieses ganzen Ränkespiels konnte jedoch eine Abkühlung meines Gefühls gegen die eine wie gegen die andere meiner beiden Geliebten sein. M.M. hatte dies alles vollkommen richtig empfunden, als sie nach Hause gekommen war, und um sich selber zu decken und jeder Gefahr vorzubeugen, hatte sie mir schleunigst geschrieben, sie würde den Plan, wenn ich diesen nicht billigen sollte, zum Scheitern bringen, ohne mich dabei bloßzustellen; aber sie wußte im voraus, daß ich ihr Anerbieten nicht annehmen würde. Die Eitelkeit ist eine noch stärkere Leidenschaft als die Eifersucht. Sie verbietet es einem Menschen, der nicht für dumm gelten will, sich eifersüchtig zu zeigen, besonders einem anderen gegenüber, bei dem das Fehlen dieser niedrigen Leidenschaft glänzend hervortritt.

Am nächsten Tage ging ich ziemlich früh ins Kasino und fand dort den Gesandten, der mich aufs freundschaftlichste empfing. Er sagte mir: Wenn er mich in Paris gekannt hätte, würde er mich leicht bei Hofe haben einführen können, wo ich nach seiner Meinung mein Glück gemacht haben würde. (Wenn ich heute zufällig daran denke, sage ich: Das ist wohl möglich; aber was hätte es mir genützt? Ich wäre vielleicht wie so viele andere ein Opfer der Revolution geworden. Dies Los wäre ohne Zweifel auch ihm beschieden gewesen, wenn das Schicksal ihm nicht bestimmt hätte, im Jahre 1794 in Rom zu sterben. Er starb, wenn auch im Reichtum, so doch unglücklich; es sei denn, daß er vor dem Tode seine ganze Denkart geändert hätte; und das glaube ich nicht!) Ich fragte ihn, ob es ihm in Venedig gefiele, und er antwortete mir, er müsse sich dort sehr wohl fühlen, da er sich einer ausgezeichneten Gesundheit erfreute und da er sich für teures Geld besser als irgendwo anders alle Annehmlichkeiten des Lebens verschaffen könnte. »Indessen bezweifle ich, daß man mich noch lange Zeit auf dem hiesigen Gesandtenposten belassen wird. Behalten Sie aber, bitte, dieses für sich; ich möchte M.M. nicht gerne betrüben.«

Wir waren noch in dieser gewissermaßen vertraulichen Unterhaltung begriffen, als wir M.M. und ihre junge Freundin eintreten sahen. Diese fuhr überrascht zusammen, als sie mich mit einem anderen Herrn zusammen sah. Aber ich ermutigte sie, indem ich sie auf das zärtlichste empfing, und sie beruhigte sich vollständig, als sie sah, daß der Unbekannte entzückt war, sie sein an sie gerichtetes Kompliment in gutem Französisch beantworten zu hören. Dies gab ihnen beiden Gelegenheit, dem Wissen und der Geschicklichkeit der Lehrerin, von der sie die Sprache so gut gelernt hatte, ein hohes Lob zu zollen.

C.C. war entzückend. Ihr lebhafter und doch bescheidener Blick schien mir zu sagen: Du mußt mein bleiben! Zugleich wünschte ich, sie glänzen zu sehen, und dieses doppelte Gefühl half mir, eine schnöde Eifersucht zu überwinden, die sich ohne mein Zutun meiner bemächtigen wollte. Indem ich das Gespräch auf Themen brachte, von denen ich wußte, daß sie ihr vertraut waren, setzte ich sie in den Stand, ihren natürlichen Geist zu entwickeln, und ich hatte die Genugtuung, sie in ihrem Glanz zu bewundern.

Mit Beifall und Schmeicheleien überschüttet, angefeuert durch den Ausdruck der Befriedigung, die sie in meinen Blicken las, erschien C.C. Monsieur de Bernis als ein wahres Wunder. Und ich – merkwürdige Widersprüche des menschlichen Herzens –, ich freute mich dessen und zitterte doch zugleich davor, er könnte sich in sie verlieben!

Welches Rätsel: Ich arbeitete selber mit an einem Werk, um dessentwillen ich jeden hätte ermorden können, der sich daran zu beteiligen wagte.

Während des Mahles, das eines Königs würdig war, überhäufte der Gesandte C.C. mit allen erdenklichen Aufmerksamkeiten. Geist, Fröhlichkeit, Anstand und guter Ton herrschten in unserer reizenden Gesellschaft; sie schlossen jene amüsanten Bemerkungen nicht aus, mit denen der französische Geist alle Gespräche zu würzen weiß.

Ein kritischer Beobachter, der, ohne uns zu kennen, hätte erraten wollen, ob auch Liebe mit im Spiele wäre, hätte vielleicht so etwas vermuten, aber er hätte es niemals bestimmt behaupten können. M.M. verkehrte mit dem Gesandten nur im Ton und mit dem Benehmen einer Freundin; mir zeigte sie nur vollkommene Achtung und ihrer C.C. weiter nichts als schwesterliche Zärtlichkeit. Monsieur de Bernis war liebenswürdig, höflich und wohlwollend gegen M.M.; dies hinderte ihn aber nicht, fortgesetzt das größte Interesse für jede Bemerkung C.C.'s an den Tag zu legen, indem er sie in ihrem günstigsten Licht erscheinen ließ und mit seinem Beifall sich jedesmal an mich wendete. Am besten spielte meine junge Freundin ihre Rolle; diese entsprach ihrer Natur; die Natur war schön, und so mußte C.C. denn wohl entzückend sein.

Wir hatten fünf köstliche Stunden verbracht. Besonders der Gesandte schien sich ausgezeichnet unterhalten zu haben. Auf M.M.'s Gesicht lag der Ausdruck der Freude über ihr Werk; ich steckte die Miene des zufriedenen Kritikers auf. C.C. strahlte vor Vergnügen, daß sie uns allen gefallen hatte; vielleicht war sogar ein Fünkchen Eitelkeit dabei, weil der Gesandte sich ganz besonders mit ihr beschäftigt hatte. Sie sah mich lächelnd an, und ich verstand vollkommen die Sprache ihrer Seele: sie wollte mir sagen, daß sie durchaus den Unterschied fühlte, der zwischen dieser Gesellschaft und jener anderen bestände, wobei ihr Bruder sich so ekelhaft roh benommen hatte. Nach Mitternacht war es Zeit zum Aufbruch; Monsieur de Bernis übernahm es, die Komplimente zu machen. Er dankte M.M. dafür, daß sie ihm das angenehmste Souper gegeben, das er je erlebte, und nötigte sie dadurch, ihm ein gleiches für den übernächsten Tag anzubieten. So ganz obenhin fragte er mich dabei, ob es mir nicht ebensoviel Vergnügen machen würde wie ihm. Konnte er an meiner Zustimmung zweifeln? Ich glaube es nicht, zumal da ich mich für verpflichtet halten mußte, ihm gefällig zu sein. Im herzlichsten Einvernehmen trennten wir uns.

Als ich am anderen Morgen über dieses Mustersouper nachdachte, sah ich leicht ein, worauf das Ganze hinauslaufen mußte. Der Gesandte verdankte sein Glück lediglich dem schönen Geschlecht, da er im höchsten Grade die Kunst besaß, Gefühle der Liebe einzuflößen. Da er von Natur sehr sinnlich war, kam er auf seine Rechnung dabei; denn er erregte Begierden, und dies verschaffte ihm Genüsse, wie sie seiner verfeinerten Art entsprachen. Ich sah ihn rasend verliebt in C.C., und er schien keineswegs der Mann zu sein, sich mit der Bewunderung ihrer schönen Augen zu begnügen. ›Ganz gewiß hat er schon einen bestimmten Plan, dessen Ausführung M.M. wird übernehmen müssen, so aufrichtig auch die Liebe zu mir sein mag; sie wird sich dabei so geschickt und so fein benehmen, daß es mir wahrscheinlich an greifbaren Beweismitteln fehlen wird.‹ Obgleich ich keine Neigung fühlte, die Gefälligkeit weiter zu treiben, als man billigerweise von mir verlangen konnte, sah ich doch voraus, daß ich schließlich der Angeführte sein und daß meine arme C.C. einem Taschenspielerstückchen zum Opfer fallen würde. Ich konnte mich weder dazu entschließen, dies gutwillig geschehen zu lassen, noch dazu, dem Plan Hindernisse in den Weg zu legen. Auch hielt ich meine kleine Frau nicht für fähig, sich zu irgendeiner Ausschreitung hinreißen zu lassen, die mir hätte mißfallen können, und darum wiegte ich mich in einer gewissen Sicherheit, darauf vertrauend, daß es doch einige Schwierigkeiten machen würde, sie zu verführen. Dumme Einbildung!

Eitelkeit und falsche Scham hinderten mich, von meinem gesunden Menschenverstand Gebrauch zu machen. Das ganze Ränkespiel versetzte mich in eine Art von Fieber, denn ich fürchtete die Folgen, und doch stachelte die Neugier mich dermaßen an, daß ich selber die Entwicklung beschleunigte. Ich wußte, daß das folgende Souper jedenfalls nicht eine Wiederholung derselben Komödie bedeuten könnte; ich sah voraus, daß es sehr beträchtliche Abänderungen geben würde.

Um es kurz zu machen – ich glaubte, meine Ehre verlange von mir, mein Verhalten nicht zu ändern. Immerhin stand es bei mir, den Ton anzugeben, und ich nahm mir vor, alle Klugheit aufzubieten, um ihre Absichten zuschanden zu machen.

Alle diese Überlegungen wiegten mich in eine halbe Zuversicht, zittern machte mich nur C. C.'s Unerfahrenheit; denn mit allen Kenntnissen, die sie sich neuerdings erworben hatte, war sie doch immerhin noch Anfängerin. Sie konnte sich verpflichtet glauben, höflich zu sein, und diesen Glauben konnte man mißbrauchen. Diese Besorgnis war bald zerstreut durch mein Vertrauen in M. M.'s Zartgefühl. Sie hatte gesehen, in welcher Weise ich zehn Stunden mit dem jungen Mädchen verbrachte; sie wußte bestimmt, daß ich die Absicht hatte, sie zu heiraten: und so dünkte mich, ich dürfte sie eines so niedrigen Verrates nicht für fähig halten. Aber alle diese Überlegungen waren weiter nichts als Gedanken eines schwachen und sich vor sich selber schämenden Eifersüchtigen, und deshalb führten sie zu nichts. Ich mußte die Dinge geschehen lassen und dann sehen, was zu tun wäre.

Zur verabredeten Stunde war ich im Kasino und fand meine schönen Freundinnen vor dem Feuer sitzen. »Guten Abend, meine beiden Göttinnen! Wo ist unser liebenswürdiger Franzose?«

»Er ist noch nicht gekommen«, antwortete M. M.; »aber kommen wird er ohne Zweifel.«

Ich nahm die Maske ab, setzte mich zwischen sie und gab ihnen tausend Küsse, wobei ich sorgfältig darauf achtete, keine von ihnen zu bevorzugen; obgleich sie ja beide wußten, daß ich unbestreitbare Rechte auf sie beide hatte, blieb ich doch in den Schranken einer anständigen Zurückhaltung. Ich machte ihnen tausend Komplimente über ihre gegenseitige Zuneigung und bemerkte, daß sie sehr befriedigt waren, darüber nicht erröten zu brauchen.

Länger als eine Stunde verbrachten wir mit galanten und freundschaftlichen Gesprächen, ohne daß ich mir, obwohl vor Liebe glühend, irgendeine Befriedigung meines Verlangens erlaubt hätte; denn M.M. zog mich mehr an als C.C., aber um alles in der Welt hätte ich das reizende Kind nicht kränken mögen.

M.M. begann wegen des Ausbleibens des Monsieur de Bernis einige Unruhe zu zeigen, da trat die Hausmeisterin ein und gab ihr einen Brief von ihm:

›Ein Kurier‹, schrieb er, ›der vor zwei Stunden ankam, hindert mich, heute nacht glücklich zu sein, denn ich bin genötigt, sie mit der Beantwortung der empfangenen Depeschen zu verbringen. Ich hoffe, daß Sie nicht nur mir verzeihen, sondern mich auch beklagen werden. Darf ich hoffen, daß Sie mir für Freitag das Vergnügen bewilligen, dessen das Schicksal mich heute beraubt? Lassen Sie mich dies morgen wissen. Ich wünsche Sie in derselben Gesellschaft zu finden, die ich Sie herzlich von mir zu grüßen bitte.‹

»Schade!« sagte M.M.; »aber es ist nicht seine Schuld, so werden wir zu dritt soupieren. Wirst du Freitag kommen?«

»Gewiß, mit Vergnügen. Aber was hast du denn, meine liebe C.C.? Du machst ja ein ganz trauriges Gesicht.«

»Traurig – nein. Das könnte höchstens wegen meiner Freundin sein; denn ich habe niemals einen so höflichen und zuvorkommenden Menschen gesehen.«

»Nun, es freut mich sehr, meine Liebe, daß er Eindruck auf dich gemacht hat.«

»Eindruck auf mich! Kann man denn gegen seine Vorzüge blind sein?«

»Noch besser! Aber ich bin vollkommen mit dir einverstanden. Sage mir nur, ob du ihn liebst.«

»Nun, wenn ich ihn liebte, so wäre damit noch nicht gesagt, daß ich es ihm gestehen würde. Übrigens bin ich gewiß, daß er meine Freundin liebt.«

Mit diesen Worten stand sie auf und setzte sich M.M. auf den Schoß. Sie nannte sie ihre kleine Frau, und meine beiden Schönen fingen an, sich auf eine Art zu liebkosen, daß ich mich hätte totlachen mögen. Weit entfernt, sie in ihrem Spiel zu stören, trieb ich sie noch an, um den Genuß eines Schauspiels zu haben, das ich seit langer Zeit kannte.

M. M. nahm eine Mappe mit Kupferstichen von Meursius, auf denen die wollüstigsten Stellungen zwischen Frauen abgebildet waren, und fragte mich mit einem bedeutungsvollen Augenzwinkern: »Ist es dir recht, wenn ich im Alkovenzimmer Feuer machen lasse?« Auf ihren Gedanken eingehend, antwortete ich: »Du wirst mir damit ein Vergnügen machen; das Bett ist ja so groß, daß wir alle drei ganz bequem darin liegen können.« Ich erriet, daß sie befürchtete, ich könnte ihren Freund im Verdacht haben, sich den Anblick unseres Trios verschaffen zu wollen; sie wollte durch ihren Vorschlag diesen Verdacht beseitigen, ohne näher darauf einzugehen.

Der Tisch wurde vor dem Alkoven gedeckt und das Essen aufgetragen. Wir aßen mit erstaunlichem Appetit, und die Damen blieben nicht hinter mir zurück. Während M. M. ihrer Freundin zeigte, wie der Punsch zubereitet wird, betrachtete ich mit Vergnügen die Fortschritte, die C. C.'s Schönheit gemacht hatte. »Dein Busen«, sagte ich zu ihr, »muß in den letzten neun Monaten vollendet schön geworden sein.«

»Er ist wie der meinige«, sagte M. M., »willst du selber darüber urteilen?«

Bei diesen Worten unterbrach sie die Zubereitung des Punsches und schnürte ihrer teuren Freundin, die sich das ruhig gefallen ließ, und sich selber das Mieder auf, um mir das Urteil zu erleichtern. Augenblicklich war ich trunken von dem Wunsche, beide in ihrer vollen Schönheit zu vergleichen. Ausgelassen warf ich die ›Akademie der Damen‹ auf den Tisch und zeigte M. M. eine Stellung, die ich in Natur zu sehen wünschte. Sie bat C. C. um ihr Einverständnis, und diese antwortete, daß sie sich ausziehen und auf das Bett legen müßten. Ich bat sie, mir dieses Vergnügen zu machen.

Während ich über das, was sie mir zeigten, fröhlich lachte, stellte ich den Wecker auf drei Uhr, und in weniger als fünf Minuten sahen wir uns alle drei im Naturzustand, der Wollust und der Liebe preisgegeben. Sie begannen ihr Wirken mit einer Wildheit, ähnlich zweier Tigerinnen, die sich gegenseitig zu verschlingen drohten.

Den Kampf dieser beiden Schönheiten zu sehen brachte mein Blut in Wallung, aber ich war noch zu verwirrt, um eingreifen zu können. Dem Gefühl nach mußte ich meiner C. C. den Vorzug geben, aber ich fürchtete, daß die Sticheleien von M. M. den Sieg davongetragen haben würden, wenn ich sie nicht unterstützte. C.C. war schmaler als M.M., wenn auch ihre Hüften und Schenkel stärker waren. Die eine hatte braunen Flaum, die andere blonden. Beide waren sie sehr gewandt in diesem Kampfe, der ihre Kräfte ermüden ließ, ohne daß sie zum Ziel gelangen konnten.

Schließlich konnte ich nicht mehr widerstehen. Ich stürzte mich auf sie, und unter dem Vorwand, sie zu trennen, zog ich M.M. unter mich, die mir aber entwich und mich dabei so zu Fall brachte, daß ich auf C.C. stürzte. Diese empfing mich mit offenen Armen, ließ mich in weniger als einer Minute vergehen und begleitete meinen Liebestod im gleichen Augenblick durch den ihren, ohne die geringste Vorsicht walten zu lassen.

Aus unserer Ekstase erwacht, wandten wir uns M.M. zu, C.C. aus einem Gefühl der Dankbarkeit und ich aus einem Gefühl der Rache, da sie mich vorher zur Untreue ihr gegenüber gezwungen hatte. Eine gute Stunde hielt ich sie in meiner Gewalt. Dabei gefiel es mir, C.C. zu sehen, die mich beobachtete und die mir stolz zu sein schien, ihrer Freundin einen Geliebten gebracht zu haben, der ihrer würdig war.

Als ich meine Heldinnen ermahnte, uns jetzt dem Schlafe zu überlassen, waren sie sofort einverstanden, und wir schliefen, bis die Uhr schlug. Wir waren sicher, die zwei Stunden, die uns bis zu unserer Trennung noch blieben, gehörig zu nutzen.

Nachdem wir uns von unserer Begegnung mit der Natur erholt hatten, spürten wir, wie wir wieder zu Kräften kamen. C.C. beklagte sich würdevoll, daß sie mich nur einen Atemzug lang genossen habe. M.M. forderte mich heraus, indem sie ihr recht gab. Ich war nicht abgeneigt, ihr Genugtuung zu geben. Nach einem längeren Scharmützel, das von beiden Seiten mit dem Ziel geführt wurde, es durch innige Vereinigung zu vollenden, war M.M. bereit, das gleiche Risiko auf sich zu nehmen und sich von nichts anderem als von der Liebe verzehren zu lassen. Sie gab mir den Befehl, sie nicht zu schonen, und ich stellte sie zufrieden. Alle drei fühlten wir, wie wir durch Wollust und mißlungene Attacken erneut erregt wurden, und berauscht von unaufhörlichen Leidenschaften, nutzten wir alles, was uns die Natur so verschwenderisch geschenkt hatte, indem wir um die Wette all das in Besitz nahmen, was wir sehen und fühlen konnten; und wir spürten, wie wir in diesem Dreikampf zu einem einzigen Geschlecht verschmolzen.

Beim Morgengrauen trennten wir uns; wir waren erschöpft, matt, müde und satt und mußten zu unserer Beschämung uns dies eingestehen, aber zugleich waren wir miteinander zufrieden und voller Sehnsucht nach einer baldigen Wiederkehr der gleichen Wonnen.

Als ich am anderen Morgen an diese allzu muntere Nacht zurückdachte, fühlte ich Gewissensbisse. Wie üblich hatte die Liebe die Vernunft über den Haufen geworfen. M. M. wollte mich überzeugen, daß sie mich liebte; darum schmückte sie ihre Liebe mit allen Tugenden, auf die meine Liebe Wert legte: Ehre, Zartgefühl und Aufrichtigkeit. Aber ihr Geist war Sklave ihres Temperaments, und dieses riß sie zu Ausschweifungen fort. Auf solche zielten alle ihre Vorbereitungen ab, und sie wartete nur auf den Augenblick, da sie mich zu ihrem Partner machen würde. Sie streichelte den Gegenstand ihrer Liebe, um ihn schmiegsam und fügsam zu machen, weil ihr Herz von ihren Sinnen beherrscht wurde und ihr keinen Vorwurf machte. Sie suchte sich selber zu täuschen, indem sie sich nicht eingestehen wollte, daß ich mich vielleicht darüber beklagen konnte, von ihr überrumpelt worden zu sein. Aber sie wußte, daß ich dies nur tun konnte, wenn ich mich als schwächer oder weniger tapfer bekannte, und sie rechnete auf mein Schamgefühl. Ich bezweifelte nicht im geringsten, daß das Ausbleiben des Gesandten absichtlich und mit ihr verabredet gewesen war. Ja noch mehr: Für mich lag es auf der Hand, daß die beiden Verschwörer vorausgesehen hatten, ich würde ihren feinen Plan durchschauen und würde, an meiner empfindlichsten Stelle gepackt, nicht weniger hochherzig erscheinen wollen als sie.

Der Gesandte hatte mir zuerst eine köstliche Nacht verschafft – wie konnte es mir einfallen, ihm eine gleiche vorzuenthalten? Meine Freunde hatten ganz richtig gerechnet; sosehr sich auch mein Gefühl dagegen auflehnte, so sah ich doch, daß ich für meine Person mich ihrem Siege nicht entgegenstellen durfte. C. C. machte ihnen keine Verlegenheit; sie waren ihres Sieges über sie gewiß, sobald ich sie nicht mehr durch meine Anwesenheit störte. Dafür hatte M. M. zu sorgen, die sie völlig unter ihre Herrschaft gebracht hatte. Das arme junge Ding! Ich sah sie auf schlechten Wegen – und ich war schuld daran! Ich seufzte vor Schmerz bei dem Gedanken, daß ich bei unserer letzten Orgie die beiden Mädchen nicht geschont und nicht aufgepaßt hatte, und was wäre geschehen, wenn sie sich nach einiger Zeit beide schwanger fühlen würden! Ich sah bereits, wie ich sie alle beide auf dem Halse hatte, und die Aussicht auf so reichen Segen war nicht glänzend! Es war ein sehr wenig angenehmes Zuviel des Guten. In diesem unglückseligen Widerstreit zwischen Vernunft und Vorurteil, Natur und Gefühl konnte ich zu keinem Entschluß kommen, ob ich am Souper teilnehmen sollte oder nicht. ›Wenn ich hingehe, wird die Nacht in vollkommenstem Anstand verlaufen; aber ich werde mich lächerlich machen, werde als eifersüchtig, undankbar, ja sogar unhöflich dastehen; bleibe ich fort, so ist C. C. verloren, wenigstens für mich; denn ich fühle, daß ich sie nicht mehr lieben werde, und jedenfalls kann von Heiraten nicht mehr die Rede sein.‹ Ich fühlte in meiner Ratlosigkeit, daß ich das Bedürfnis hatte, mich auf etwas Gewisseres als auf Wahrscheinlichkeiten zu stützen. Ich maskierte mich und ging stracks zum Palazzo des französischen Gesandten. Ich wandte mich an den Pförtner und sagte ihm, ich hätte einen Brief für Versailles, und es wäre mir sehr angenehm, ihn dem Kurier mitgeben zu können, der zurückreisen sollte, sobald er die Depeschen von Seiner Exzellenz erhalten hätte.

»Aber, Monsieur«, sagte der Pförtner, »seit zwei Monaten haben wir keinen Außerordentlichen Kurier hier gehabt!«

»Wie! Es muß doch gestern einer angekommen sein!«

»Der müßte durch die Dachluke oder den Schornstein gekommen sein; durch die Tür, darauf gebe ich Ihnen mein Wort, ist keiner gekommen.«

»Aber der Gesandte muß die ganze Nacht gearbeitet haben.«

»Das ist wohl möglich, aber nicht hier. Denn Seine Exzellenz hat beim spanischen Gesandten soupiert und ist erst sehr spät nach Hause gekommen.«

Ich hatte richtig geraten; ein Zweifel war nicht mehr möglich. Der Würfel war gefallen, ich konnte in Ehren nicht mehr zurücktreten. C. C. mußte sich selber ihrer Haut wehren, wenn die Sache nicht nach ihrem Geschmack war; Gewalt würde man ihr ja nicht antun.

Gegen Abend begab ich mich eigens nach Murano ins Kasino, um M. M. ein Briefchen zu schreiben. Ich bat sie, zu entschuldigen, daß eine wichtige Angelegenheit, die Signor Bragadin beträfe, mich hinderte, die Nacht mit ihr und unseren beiden

Freunden zu verbringen; ich bat sie, diese von mir zu grüßen und mich auch bei ihnen zu entschuldigen. Nachdem ich diese schöne Tat vollbracht hatte, fuhr ich nach Venedig zurück; um mich zu zerstreuen, ging ich in den Spielsaal und verlor die ganze Nacht hindurch.

Am dritten Tage ging ich wieder nach Murano, da ich überzeugt war, dort einen Brief von M.M. vorzufinden. Wirklich gab die Hausmeisterin mir ein Päckchen, worin ich einen Brief von meiner Nonne und einen von C.C. fand, denn zwischen ihnen war jetzt alles gemeinschaftlich geworden.

C.C. schrieb mir:

›Es tat mir wirklich sehr leid, lieber Freund, als wir hörten, daß wir nicht das Glück haben würden, Dich zu sehen. Eine Viertelstunde darauf kam der Freund meiner teuren M.M.; auch ihm tat es sehr leid, als er Dein Briefchen las. Wir glaubten, wir würden ein sehr trübes Souper haben; aber die hübschen Bemerkungen unseres Kavaliers machten uns lustig, und Du kannst Dir gar nicht vorstellen, wie ausgelassen wir wurden, als wir Champagnerpunsch getrunken hatten. Unser Freund war ebenso ausgelassen wie wir, und wir verbrachten die ganze Nacht mit Trios, die uns nicht ermüdeten, sondern sehr belustigten. Ich versichere Dir, er ist ein reizender Mensch, den man liebhaben muß; aber er muß sich selber eingestehen, daß er in jeder Beziehung unter Dir steht. Sei überzeugt, daß ich Dich stets lieben werde und daß Du stets der Herr meines Herzens sein wirst.‹

Trotz meinem Verdruß mußte ich über diesen Brief lachen. Aber M.M.'s Brief war noch viel eigentümlicher. Er lautete: ›Ich bin überzeugt, mein Herz, Du hast aus reiner Höflichkeit gelogen; aber Du hattest erraten, daß ich das erwartete. Du wolltest damit unserm Freund ein prachtvolles Gegengeschenk machen für jenes, das Du von ihm erhalten hast, indem er sich nicht widersetzte, als Deine M.M. Dir ihr Herz hingab. Du besitzest es ganz und gar, mein Freund, und Du würdest es auch ganz allein besitzen, wenn es nicht so süß wäre, die Freuden der Liebe mit allen Reizen der Freundschaft zu würzen. Es hat mir leid getan, Dich nicht zu sehen; aber ich habe wohl gefühlt, daß es nicht sehr lustig für uns geworden wäre, wenn Du dabeigewesen wärst; denn unser Freund hat trotz all seinem Geist doch noch einige ihm angeborene Vorurteile. C.C.'s Geist ist jetzt so frei wie der unsrige, und ich schätze mich glücklich, daß sie diese Wohltat mir verdankt. Auch Du mußt mir Dank dafür wissen, daß ich ihre Ausbildung vollendet und sie ganz und gar Deiner würdig gemacht habe. Recht gern hätte ich Dich in dem Versteck des Kämmerchens in unserer Nähe gehabt: ich bin überzeugt, Du hättest dort köstliche Stunden verbracht. Mittwoch werde ich in Deinem Kasino in Venedig mit Dir allein und ganz Dein sein: laß mich wissen, ob Du Dich zur gewöhnlichen Stunde beim Denkmal des Helden Colleoni einfinden wirst; willst Du nicht kommen, so bestimme mir irgendeinen anderen Tag, der Dir paßt.‹

Ich mußte diese beiden Briefe im gleichen Ton beantworten, und trotz der Bitterkeit, die ich durch alle meine Adern strömen fühlte, mußten meine Antworten süß sein wie Honigseim. Dies kostete mich viel Überwindung; aber mir fiel zur rechten Zeit das Wort ein: Du hast's gewollt, Georges Dandin⁵. Ich konnte mich nicht sträuben, die Strafe für meine Handlungen auf mich zu nehmen, und es ist mir niemals ganz klar gewesen, ob die Scham, die ich empfand, sogenannte falsche Scham war. Ich will denn auch dieses Problem ungelöst lassen.

In meinem Brief an C.C. besaß ich den Mut oder die Unverschämtheit, ihr Komplimente zu machen und sie sogar zu ermutigen, sie möchte es so machen wie M.M.: ein besseres Vorbild könnte ich ihr nicht empfehlen.

Meiner Nonne schrieb ich, sie würde mich pünktlich beim Denkmal finden; doch sagte ich ihr auch unter einer Menge von falschen Komplimenten, aus denen sie den Zustand meines Herzens hätte entnehmen können: ich bewunderte die vollendete Erziehung, welche C.C. durch sie erhalten hätte, aber ich wünschte mir Glück, nicht zur Folter des Beobachterpostens verdammt gewesen zu sein; denn ich fühlte, daß ich diese nicht hätte aushalten können.

Pünktlich war ich am Mittwoch zur Stelle, und ich brauchte nicht lange auf M.M. zu warten. Sie kam, als Mann verkleidet. »Heute abend kein Theater!« rief sie; »wir wollen nach dem Ridotto gehen und unser Geld verspielen oder verdoppeln.« Sie hatte sechshundert Zechinen bei sich, ich etwa hundert. Das Glück wandte uns den Rücken, und wir verloren alles. Ich hoffte, wir würden jetzt die Spielhölle verlassen, aber sie entfernte sich für einen kurzen Augenblick und kam mit einer

Börse voll Gold wieder; ihr Freund, den sie zu finden gewußt, hatte ihr dreihundert Zechinen gegeben. Dieses Geld der Liebe oder der Freundschaft brachte ihr einen Augenblick Glück, denn sie gewann alles zurück, was wir verloren hatten; aber aus Habsucht oder Unverstand spielten wir weiter und hatten bald keinen Soldo mehr.

Als wir durchaus nicht mehr weiterspielen konnten, sagte sie sofort: »Komm! Jetzt brauchen wir keine Räuber mehr zu fürchten. Auf zum Souper!«

Als wir allein waren, fand sie mich traurig und zerstreut, obgleich ich mir Mühe gab, es nicht merken zu lassen. Sie aber war genauso wie sonst: schön, glänzend, fröhlich und verliebt.

Sie glaubte mich zu erheitern, indem sie mir die Vorgänge der mit C. C. und ihrem Freunde verbrachten Nacht in allen Einzelheiten erzählte; aber sie hätte ahnen müssen, daß dies ein Mißgriff von ihr war. Jedoch ist dies ein Irrtum, den alle Welt begeht. Er beruht auf einer falschen Anschauung: man nimmt an, daß die anderen in der gleichen Stimmung sind, in der man sich selber befindet.

Ich fühlte mich wie auf glühenden Kohlen und drehte und wand mich, um dem Thema auszuweichen und die Unterhaltung auf ein anderes Gebiet zu bringen; denn die wollüstigen Einzelheiten, die sie mir mit besonderem Vergnügen beschrieb, verdrossen mich, und da Verdruß abkühlend wirkt, so fürchtete ich, ich würde vielleicht in der bevorstehenden Liebesvereinigung eine traurige Figur spielen. Und wenn ein Liebender an seinen Kräften zweifelt, kann er fast immer annehmen, daß diese ihm versagen werden.

Nach dem Essen legten wir uns im Alkoven zu Bett. Die Schönheit, die körperlichen und geistigen Reize, die Anmut und das Feuer meiner herrlichen Nonne verjagten bald meine schlechte Laune und versetzten mich in die beste Stimmung. Da die Nächte schon kürzer waren, verbrachten wir die ganzen zwei Stunden, die uns zu Gebote standen, mit den süßesten Liebesspielen; dann trennten wir uns zufrieden und glücklich. Vorher bat M. M. mich noch, in ihr Kasino zu gehen, dort Geld zu holen und für sie auf Halbpartbasis zu spielen. Ich tat es und nahm alles Geld, das ich fand. Damit spielte ich die Martingale, indem ich stets die Sätze verdoppelte; ich gewann bis zum Ende des Karnevals täglich drei- bis viermal. Ich hatte das Glück, niemals die sechste Karte zu verlieren; denn wenn mir das passiert wäre, so hätte ich kein Spielkapital mehr gehabt, denn dieser sechste Satz betrug zweitausend Zechinen. Ich freute mich, den Schatz meiner teuren Geliebten vermehrt zu haben. Sie schrieb mir, wir müßten anstandshalber am Rosenmontag zu viert soupieren, und ich erklärte mich bereit.

Dieses Souper war zugleich mein letztes Beisammensein mit C.C. Sie war sehr vergnügt; als sie aber sah, daß ich meinen Entschluß gefaßt hatte und mich nur mit M.M. beschäftigte, machte sie es, ohne sich zu genieren, genauso wie ich und widmete sich ausschließlich ihrem neuen Liebhaber.

Ich sah voraus, daß wir ein bißchen später unfehlbar uns gegenseitig im Wege sein würden, und bat daher M.M., es so einzurichten, daß wir getrennt wären; dies machte sie denn auch ganz vortrefflich.

Nach dem Essen schlug der Gesandte vor, eine Pharaobank aufzulegen. Dieses Spiel kannten unsere Schönen nicht. Er ließ Karten kommen, legte hundert Doppellouisdor auf den Tisch und hielt die Bank, wobei er es so einzurichten wußte, daß C.C. die ganze Summe gewann. Es war das Nadelgeld, das er ihr schuldig zu sein glaubte. Das junge Mädchen war ganz verwirrt, sie wußte nicht, was sie mit all dem Golde anfangen sollte, und bat ihre liebe Freundin, es für sie aufzuheben, bis sie das Kloster verließe, um sich zu verheiraten.

Als das Spiel zu Ende war, sagte M.M., sie habe Kopfweh und wolle sich im Alkoven zu Bett legen; mich bat sie, ich möchte sie einschläfern. Wir ließen also den Neuverliebten freie Hand, sich miteinander zu vergnügen. Als sechs Stunden später der Wecker uns mahnte, daß es Zeit zur Trennung sei, fanden wir sie, schlafend einander in den Armen liegend. Ich selber hatte eine ungestörte Nacht der Liebe verbracht; ich war mit meiner M.M. zufrieden und hatte nicht einen einzigen Augenblick an C.C. gedacht. So ging der Karneval zu Ende.

SECHSTES KAPITEL

Nach einem anonymen Drohbrief und persönlichen Anfeindungen entstehen Gerüchte, Casanova sei ein Magier, Freimaurer und mit dem Teufel im Bunde. Die Staatsinquisition beginnt, Erkundigungen über ihn einzuziehen. Im Bewußtsein seiner Unschuld mißachtet Casanova den Rat seiner Freunde, die Republik Venedig für einige Zeit zu verlassen.

Im Juli 1755 erteilte das furchtbare Tribunal dem Messergrande[1] den Befehl, sich meiner Person lebend oder tot zu versichern. So lautete die Formel aller Haftbefehle von dem gestrengen Triumvirat; denn der geringste seiner Befehle enthält die Androhung der Todesstrafe für den Übertreter.

Drei oder vier Tage vor meinem Namenstage, dem Jacobustag[2], schenkte M. M. mir mehrere Ellen Silberspitzen, um damit einen Taffetrock zu besetzen, den ich zu meinem Namenstage zum erstenmal anziehen wollte. Ich besuchte sie in meinem schönen neuen Anzug und sagte ihr, ich würde am nächsten Tage wiederkommen und sie bitten, mir Geld zu leihen; denn ich wußte nicht mehr, was ich anfangen sollte, um welches aufzutreiben. Sie besaß noch die fünfhundert Zechinen, die sie beiseite gelegt hatte, als ich ihre Diamanten verkaufte.

Da ich sicher war, am nächsten Tage Geld zu bekommen, spielte ich die ganze Nacht hindurch und verlor fünfhundert Zechinen auf Ehrenwort. Mit Tagesanbruch fühlte ich das Bedürfnis, mich zu beruhigen, und ging nach der Erberia[3] am Canal Grande, der die Stadt durchfließt. Es ist der Gemüse-, Obst- und Blumenmarkt.

An jedem einigermaßen schönen Morgen gehen viele Mitglieder der guten Gesellschaft auf der Erberia spazieren. Sie tun dies angeblich, um das Vergnügen zu haben, die Hunderte von Booten ankommen zu sehen, die mit Gemüse, Obst und Blumen von den zahlreichen Inseln in der Nachbarschaft der Stadt kommen; aber jedermann weiß, daß es lauter junge Herren und Damen sind, die die Nacht mit den Freuden der Liebe oder der Tafel verbracht oder die durch Unglück oder Unvorsichtigkeit im Spiel ihre letzte Hoffnung verloren haben: diese kommen hierher, um eine freiere Luft zu atmen und ihre Erregung zu besänftigen. Daß man an diesem Spaziergang Gefallen findet, beweist, wie sehr der Charakter einer Nation sich ändern kann.

Die Venezianer von einst, die ebenso geheimnisvoll in ihrer Galanterie wie in ihrer Politik waren, sind von den modernen verdrängt worden, die gerade daran Geschmack finden, daß sie alles vor der Öffentlichkeit betreiben. Die Kavaliere, die in Gesellschaft von Damen dort hinkommen, wollen den Neid von ihresgleichen erregen, indem sie ihre Liebeserfolge zur Schau stellen. Wer allein kommt, sucht etwas zu entdecken oder andere eifersüchtig zu machen. Die Damen kommen eigentlich nur, um sich sehen zu lassen; ihnen ist es ganz recht, wenn alle Welt erfährt, daß sie sich nicht genieren. Übrigens kann an diesem Ort von Koketterie nicht die Rede sein, denn die Kleider sind oft in bösem Zustand. Es sieht fast so aus, als hätten sich die Damen verabredet, recht unordentlich zu erscheinen, um dadurch den Zuschauern Stoff zu allerhand Mutmaßungen zu geben. Die Kavaliere, an deren Armen sie erscheinen, geben durch unordentlichen Anzug und nachlässige Haltung zu erkennen, daß die Galanterie gegen Damen eigentlich veraltet und lästig sei: man soll in der vernachlässigten Kleidung ihrer Begleiterinnen ein Zeichen ihres Triumphes erblicken. Kurz, es ist sozusagen guter Ton, bei diesem Morgenspaziergang recht abgespannt auszusehen, wie wenn man es sehr nötig hätte, sich zu Bett zu legen.

Nachdem ich eine halbe Stunde auf der Erberia herumspaziert war, ging ich nach Hause. Da ich glaubte, alles liege noch im Bett, zog ich meinen Schlüssel aus der Tasche, um die Haustür zu öffnen; aber zu meiner großen Überraschung erwies sich dies als überflüssig, denn die Tür war offen und dazu das Schloß aufgebrochen. Ich ging nach oben, trat ein und fand die Damen außer Bett. Meine Wirtin erging sich in bitteren Klagen. »Der Messergrande«, sagte sie mir, »ist mit einer Truppe von Sbirren gekommen und mit Gewalt in mein Haus eingedrungen. Er hat das Unterste zuoberst gekehrt, um, wie er sagte, einen Koffer voll Salz zu suchen.« Das Salzschmuggeln war streng verboten. Der Messergrande wußte, daß am Tage vorher von einer Gondel ein Koffer gebracht worden war. Dies war auch richtig, aber der Koffer gehörte dem Grafen S. und enthielt nur Wäsche und Kleider. Nachdem er diesen Koffer gesehen, war er gegangen, ohne ein Wort zu sagen. Er hatte auch mein Zimmer durchsucht. Sie sagte mir, sie verlange unbedingt eine Genugtuung. Damit hatte sie meiner Meinung nach recht, und ich versprach ihr, noch an demselben Tage mit Signor Bragadin darüber zu sprechen.

Da ich sehr ruhebedürftig war, legte ich mich zu Bett; aber eine innere Unruhe, die ich dem im Spiel erlittenen Verlust zuschrieb, hinderte mich am Einschlafen. Darum stand ich nach drei oder vier Stunden auf und ging zu Signor Bragadin. Ich erzählte ihm die ganze Geschichte und bat ihn, nachdrücklich Genugtuung zu fordern. Ich trug ihm lebhaft die Gründe vor, warum meine ehrenwerte Wirtin eine Genugtuung wünschte, die der Beleidigung angemessen war; denn die Gesetze mußten doch jeder Familie von untadelhafter Aufführung ihre Ruhe verbürgen.

Meine Rede machte die drei Freunde sehr traurig, und der weise Greis sagte mir mit ruhiger, aber nachdenklicher Miene, er würde mir nach Tische antworten.

De la Haye speiste mit uns, aber er sprach während der ganzen Mahlzeit, die sehr traurig verlief, nicht ein einziges Wort.

Die Traurigkeit meiner drei Freunde schrieb ich der Freundschaft zu, die sie für mich empfanden.

Meine Verbindung mit diesen drei ehrwürdigen Herren war stets für die ganze Stadt ein Gegenstand der Verwunderung gewesen. Alle waren sich darüber einig, daß die Sache nicht mit richtigen Dingen zugehen konnte, und so mußte denn irgendeine Zauberei im Spiel sein. Die drei Herren waren über alle Maßen tugendhaft und fromm: ich dagegen war nichts weniger als fromm, und es gab in Venedig keinen entschiedeneren Wüstling als mich. »Die Tugend«, sagte man, »kann wohl nachsichtig gegen das Laster sein, aber sie kann nicht ein Bündnis mit ihm schließen.«

Nach dem Essen nahm Signor Bragadin mich und seine beiden Freunde, die bei solchen Anlässen nicht fehlen durften, mit sich in sein Arbeitszimmer. Er sagte mir sehr ruhig: statt an Rache für den Schimpf zu denken, den der Messergrande dem

Hause angetan hätte, worin ich wohnte, sollte ich lieber darauf bedacht sein, mich in Sicherheit zu bringen.

»Der Koffer voll Salz ist nur ein Vorwand, mein lieber Freund; ohne Zweifel suchte man dich zu finden. Da dein Schutzgeist es so gefügt hat, daß man dich verfehlte, so rette dich; morgen wird vielleicht keine Zeit mehr dazu sein. Ich bin acht Monate[4] Staatsinquisitor gewesen und kenne den Stil, in welchem das Tribunal bei Verhaftungen verfährt. Man schlägt keine Türen ein, um einen Koffer voll Salz zu suchen. Vielleicht hat man gar gewußt, daß du nicht zu Hause warst, und ist deshalb hingegangen, um dir Zeit zur Flucht zu geben. Glaube meinem Rat, mein lieber Sohn: fahre augenblicklich nach Fusina und reise von dort so schnell wie möglich nach Florenz. Dort bleibe, bis ich dir schreibe, daß du ohne Gefahr zurückkehren kannst. Solltest du kein Geld haben, so werde ich dir einstweilen hundert Zechinen geben. Sei vernünftig! Die Klugheit verlangt, daß du sofort abfährst.«

In meiner Verblendung antwortete ich ihm, ich sei mir keiner Schuld bewußt und könne daher das Tribunal nicht fürchten; folglich könne ich auch seinen Rat nicht befolgen, obgleich ich diesen als sehr weise anerkenne.

»Das gestrenge Tribunal«, antwortete er mir, »kann dich schuldig finden, ohne dir darüber Rechenschaft abzulegen. Frage dein Orakel, ob du meinen Rat befolgen sollst oder nicht!«

Diese Mühe ersparte ich mir, weil ich die Lächerlichkeit meines Orakels am besten selber kannte; doch sagte ich ihm, um meine Weigerung zu mildern, ich befrage mein Orakel nur, wenn ich im Zweifel wäre. Endlich führte ich als letzten Grund an, durch meine Abreise würde ich ein Zeichen von Furcht geben und dadurch mich schuldig bekennen; denn ein Unschuldiger könne keine Gewissensbisse und folglich vernünftigerweise auch keine Furcht haben.

Ich sagte zu ihm: »Wenn Schweigen die Seele des gestrengen Tribunals ist, so wird es Ihnen nach meiner Abreise unmöglich sein, zu erfahren, ob ich gut oder schlecht daran getan habe, die Flucht zu ergreifen. Dieselbe Vorsicht, die nach der Meinung Eurer Exzellenz mir abzureisen gebietet, wird mich hindern, zurückzukehren. Soll ich also meiner Vaterstadt und allem, was mir teuer ist, auf ewig Lebewohl sagen?«

Nun machte er noch einen letzten Versuch und bot alles auf,

um mich zu überreden, zum mindesten den Tag und die nächste Nacht in seinem Palazzo zu verbringen. Ich schäme mich noch heute, dem würdigen Greis, dem ich soviel Liebe und Dankbarkeit schuldete, diese Bitte abgeschlagen zu haben; denn der Palazzo eines Patriziers ist für die Häscher heilig; sie würden niemals wagen, die Schwelle eines solchen ohne ausdrücklichen Befehl des Tribunals zu überschreiten, und solcher Befehl wird niemals gegeben. Ich wäre also einem großen Unglück entgangen und hätte dem würdigen alten Herrn einen tiefen Kummer erspart.

Ich war gerührt, als ich Signor Bragadin weinen sah, und vielleicht hätte ich seinen Tränen doch noch gewährt, was ich seinen Bitten und Vernunftgründen hartnäckig verweigert hatte. »Ich bitte Sie«, rief ich aus, »ersparen Sie mir den herzzerreißenden Anblick Ihrer Tränen!« Sofort nahm er alle seine Kraft zusammen. Er machte nur noch einige nebensächliche Bemerkungen, dann umarmte er mich mit einem Lächeln der Güte und sagte zu mir: »Vielleicht, mein Freund, ist es mir nicht mehr beschieden, dich zu sehen; aber *fata viam inveniunt* [Das Schicksal weist den Weg][5].«

Ich umarmte ihn zärtlich und ging. Seine Voraussage traf ein, denn ich habe ihn nicht wiedergesehen; er starb elf Jahre darauf.

Ich ging durch die Straßen, ohne die geringste Furcht zu empfinden, aber ich machte mir große Sorgen um meine Schulden. Ich hatte nicht den Mut, nach Murano zu gehen und M. M. ihre letzten fünfhundert Zechinen abzunehmen, die ich dann sofort an den Signore hätte bezahlen müssen, der sie während der letzten Nacht mir abgewonnen hatte. Ich zog es vor, ihn um acht Tage Frist zu bitten, und ich tat wohl daran. Nachdem ich diesen peinlichen Besuch gemacht hatte, ging ich nach Hause. Ich tröstete meine Wirtin mit allen Gründen, die ich ausfindig machen konnte; dann umarmte ich ihre Tochter und ging zu Bett. Dies war am Abend des 25. Juni 1755. Und am Morgen des nächsten Tages betrat der schreckliche Messergrande mein Zimmer. Ich erwachte, sah ihn und hörte ihn fragen, ob ich Giacomo Casanova sei.

»Ja, ich bin Casanova.«

Er befahl mir aufzustehen, mich anzukleiden und alles zu übergeben, was ich an eigenen und fremden Schriften hätte, und ihm zu folgen.

»In wessen Auftrag geben Sie mir diesen Befehl?«

»Im Auftrage des Tribunals.«

Das Wort Tribunal versteinerte mich, und ich hatte nur noch so viel Kraft, um mechanisch gehorchen zu können. Mein Sekretär stand offen; alle meine Papiere lagen auf einem Tisch, den ich zum Schreiben benutzte.

»Nehmen Sie!« sagte ich zum Sendboten des furchtbaren Gerichtshofes, indem ich mit der Hand auf die Papiere zeigte, die den Tisch bedeckten. Er füllte damit einen Sack, den er einem Sbirren gab. Hierauf sagte er mir, ich hätte ihm auch die eingebundenen Manuskripte auszuliefern, die ich besitzen müßte, und ich zeigte ihm den Ort, wo sie lagen. Mir gingen die Augen auf. Ich sah jetzt klar und deutlich, daß der elende Manuzzi mich verraten hatte, der sich unter dem Vorwande, den Verkauf dieser Bücher vermitteln zu wollen, bei mir eingeschlichen hatte. Es waren der ›Schlüssel Salomons‹[6], der ›Zecor-ben‹[7], die ›Picatrix‹[8], eine ausführliche Belehrung über die Planetenstellungen, ferner die Beschwörungen, die erforderlich sein sollen, um mit den Dämonen der verschiedenen Rangstufen zu verkehren. Die Leute, welche wußten, daß ich diese Bücher besaß, hielten mich für einen großen Zauberer, und dies war mir nicht unangenehm.

Der Messergrande nahm auch die Bücher, die ich auf meinem Nachttisch hatte, darunter Petrarca, Ariost, Horaz, den ›Soldat als Philosoph‹[9], ein Manuskript, das Mathilde[10] mir gegeben hatte, den ›Pförtner der Karthäuser‹[11] und den Aretino über die Liebesstellungen. Diesen hatte Manuzzi denunziert, denn der Messergrande fragte mich ausdrücklich danach. Der Spitzel sah aus wie ein anständiger Mann, und dies ist eine notwendige Eigenschaft für das Geschäft, das er betrieb. Sein Sohn machte in Polen sein Glück, indem er eine Frau Opeska heiratete, die er später ermordete. Dies behauptete man wenigstens. Beweise habe ich nicht dafür, und ich gehe sogar in der christlichen Liebe so weit, daß ich es nicht glaube, obgleich er der Tat sehr wohl fähig war.

Während der Messergrande meine Handschriften, Bücher und Briefe einheimste, zog ich mich mechanisch an, weder schneller noch langsamer als sonst. Ich wusch und rasierte mich, C.D. kämmte mich, dann zog ich ein Spitzenhemd und meinen schönen Anzug an. Und dies alles tat ich, ohne mir etwas dabei zu denken und ohne ein Wort zu sagen. Der Messergrande, der mich nicht einen Augenblick aus den Augen ließ, hatte nichts dagegen, daß ich mich anzog, als wenn ich zu einer Hochzeit ginge.

Als wir mein Zimmer verließen, sah ich zu meiner großen Überraschung etwa vierzig Sbirren im Vorzimmer: man hatte mir die Ehre erwiesen, diese Anzahl für notwendig zu halten, um sich meiner Person zu bemächtigen, während nach dem Satze *ne Hercules quidem contra duos* [Nicht einmal Herkules kann gegen zwei kämpfen][12] nur zwei nötig gewesen wären. Es ist eigentümlich, daß man in London, wo ein jeder tapfer ist, nur einen ausschickt, um einen Menschen zu verhaften, während man in meinem lieben Vaterlande, wo man im allgemeinen sehr feige ist, dreißig braucht. Vielleicht kommt es daher, daß ein Feigling als Angreifer mehr Furcht haben muß als ein angegriffener Feigling; daher kann ein für gewöhnlich furchtsamer Mensch unter Umständen tapfer sein. So viel ist sicher, daß man in Venedig oft einen einzelnen sich gegen zwanzig Sbirren verteidigen sieht und daß er ihnen schließlich entrinnt, nachdem er sie tüchtig durchgebleut hat. Ich erinnere mich, daß ich in Paris einmal einem meiner Freunde half, vierzig Polizisten zu entkommen, und daß wir das ganze elende Gesindel in die Flucht schlugen.

Der Messergrande ließ mich in eine Gondel steigen und setzte sich neben mich; vier Mann nahm er als Schutzwache mit. In seinem Hause angelangt, bot er mir Kaffee an, den ich ablehnte; dann schloß er mich in ein Zimmer ein. Hier schlief ich vier Stunden, wachte aber jede Viertelstunde auf, um Wasser zu lassen. Dies war eine eigentümliche Erscheinung; denn ich litt durchaus nicht an Harnzwang, es war sehr heiß, und ich hatte am Tage vorher nicht zu Abend gespeist, trotzdem füllte ich zwei große Nachttöpfe mit Urin. Ich hatte früher einmal die Erfahrung gemacht, daß eine Überraschung durch eine Gewaltmaßregel auf mich wie ein starkes Betäubungsmittel wirkte; jetzt aber bemerkte ich, daß eine Überraschung noch höheren Grades harntreibend wirkte. Ich schenke diese Entdeckung den Ärzten: vielleicht gelingt es irgendeinem Gelehrten, sie zur Erleichterung der Menschheit zu verwerten. In Prag mußte ich vor sechs Jahren herzlich lachen, als ich hörte, daß einige sehr zart besaitete Damen sich darüber entrüstet hätten, daß ich in meiner Flucht aus den Bleikammern, die ich damals bereits veröffentlichte, diese Schweinerei mitgeteilt hätte, die ich nach ihrer Meinung sehr gut hätte auslassen können. Vielleicht hätte ich sie aber auch ausgelassen, wenn ich einer Dame die Geschichte erzählt hätte; aber das Publikum ist keine hübsche Frau, die ich zu schonen wünschen könnte; meine Absicht zielt auf Belehrung. Übrigens sehe ich nichts Unpassendes bei der von mir berichteten Tatsache; denn Männer wie Frauen sind diesem Bedürfnis unterworfen, geradeso, wie sie essen und trinken müssen; und wenn dabei etwas für empfindliche Nerven anstößig sein könnte, so wäre es höchstens der für unsere Eitelkeit peinliche Gedanke, daß wir dies Bedürfnis mit Schweinen gemein haben.

Es scheint, daß, als mein mutlos gewordener Geist durch die Unfähigkeit zu denken Zeichen der Schwäche aufwies, auch mein Körper, gleichsam als befände er sich in einer Kelter, einen großen Teil jener Säfte abgeben mußte, die in einer unaufhörlichen Zirkulation unsere Denkfähigkeit anregen; so kann auch ein zu großer Schreck unseren plötzlichen Tod verursachen und uns, Gott bewahre, ins Paradies schicken, denn er kann unserer Seele den lebensnotwendigen Saft entziehen.

Beim Schlag der Campana di Terza[13] trat der Sbirrenhäuptling ein und sagte mir, er habe Befehl, mich unter die Bleidächer[14] zu bringen. Ohne ein Wort zu sagen, folgte ich ihm. Wir stiegen in eine Gondel und fuhren auf tausend Umwegen durch die kleinen Kanäle nach dem Canal Grande. Am Rio delle Prigioni[15] stiegen wir aus. Nachdem wir mehrere Treppen hinaufgestiegen waren, gingen wir über eine geschlossene Brücke[16], die über den Rio di Palazzo hinweg die Verbindung zwischen den Gefängnissen und dem Dogenpalast herstellt. Jenseits dieser Brücke befindet sich eine Galerie, die wir durchschritten. Dann kamen wir in ein Zimmer und von diesem in ein anderes, wo der Messergrande mich einem Herrn vorstellte, der die Patrizierrobe trug. Dieser musterte mich vom Kopf bis zu den Füßen und sagte dann zu ihm: »Er ist's, bringt ihn ins Gefängnis!«

Dieser Mann war der Sekretär der Inquisitoren, der Circospetto Domenico Cavalli, der sich augenscheinlich schämte, in meiner Gegenwart venezianisch zu sprechen, denn er gab seinen Befehl in toskanischer Mundart.

Der Messergrande übergab mich nun dem Gefängniswärter der Bleikammern, der mit einem ungeheuren Schlüsselbunde dabeistand. Unter der Bedeckung von zwei Bütteln ließ er mich zwei kleine Treppen hinaufsteigen, die auf einen Korridor führten; von diesem gelangten wir durch eine verschlossene Tür in einen zweiten Korridor, von diesem in einen dritten, an dessen Ende der Wächter wieder eine Tür aufschloß. Diese führte zu einem schmutzigen Dachboden, der sechs Klafter[17] lang und zwei Klafter breit war und durch eine sehr hoch oben befindliche Dachluke sein Licht empfing. Ich hielt diese Dachkammer für mein Gefängnis, aber ich befand mich im Irrtum, denn der Wächter nahm einen schweren, großen Schlüssel und öffnete eine dick mit Eisen beschlagene Tür, die nur dreieinhalb Fuß hoch war und in der Mitte ein rundes Loch von acht Zoll[18] im Durchmesser hatte, und befahl mir einzutreten. Ich war gerade damit beschäftigt, mir eine eiserne Maschine anzusehen, welche fest in die dicke Mauer eingelassen war. Diese Maschine hatte die Form eines Hufeisens, war ungefähr einen Zoll dick und von dem einen Ende zum andern etwa fünf Zoll breit. Ich dachte darüber nach, wozu wohl diese schreckliche Maschine gebraucht werden möchte, da sagte der Schließer lächelnd zu mir: »Ich sehe, Signor, Sie möchten gerne wissen, wozu dieser Apparat dient, und ich kann Ihren Wunsch erfüllen. Wenn Ihre Exzellenzen befehlen, daß irgend jemand erdrosselt werden soll, läßt man ihn, mit dem Rücken gegen dieses Halseisen, sich auf einen Schemel setzen; der Kopf befindet sich in einer solchen Lage, daß das Eisen die Hälfte seines Halses umspannt. Ein seidenes Band, das die andere Hälfte umschließt, läuft durch dieses Loch; die beiden Enden sind an der Achse eines Drehrades befestigt, und ein Mann dreht dieses Rad, bis der Übeltäter seine Seele unserm Herrn und Gott übergeben hat, denn der Beichtvater geht Gott sei Dank nicht von seiner Seite, bis er den letzten Atemzug getan hat.«

»Das ist sehr sinnreich, und ich denke mir, daß Sie der Mann sind, der die Ehre hat, das Rad zu drehen.«

Er antwortete mir nicht, sondern winkte mir nur, ich solle eintreten. Dies tat ich, indem ich mich halb bis zur Erde bückte, da ich fünf Fuß neun Zoll[19] groß bin. Er schloß mich ein und fragte mich dann durch das vergitterte Loch in der Tür, was ich essen wolle. »Ich habe noch nicht daran gedacht«, antwortete ich ihm. Hierauf entfernte er sich, indem er sorgfältig alle Türen verschloß.

Niedergeschlagen und halb betäubt stützte ich meine Ellenbogen auf die Brüstung des vergitterten Zellenfensters. Dieses war zwei Fuß hoch und ebenso breit; sechs Zoll dicke Eisenstangen kreuzten sich und bildeten sechzehn Öffnungen von etwa fünf Zoll im Geviert. Durch diese Öffnung wäre mein Gefängnis ziemlich hell gewesen, aber ein anderthalb Fuß breiter Balken vom Dachgerüst befand sich unterhalb der Dachluke, die ich schräg gegenüber hatte, und fing das Licht ab, das ich von dem abscheulichen Dachboden her hätte erhalten können. Ich untersuchte beinahe tastend dieses traurige Loch, wobei ich den Kopf gesenkt halten mußte, denn es war nur fünfeinhalb Fuß hoch. Ich fand, daß es drei Viertel eines Quadrates von zwei mal zwei Klaftern[20] bildete. Das fehlende vierte Viertel wurde durch eine Art von Alkoven eingenommen, worin ein Bett stehen konnte; aber ich fand weder Bett noch Tisch noch Stuhl noch überhaupt ein Möbel irgendwelcher Art, mit Ausnahme eines Kübels, dessen Zweck der Leser erraten kann, und eines an der Wand angebrachten Brettes, das einen Fuß breit war und sich vier Fuß hoch über dem Fußboden befand. Auf dieses Brett legte ich meinen Mantel von matter Seide, meinen so unglücklich eingeweihten Rock und meinen Hut, der mit spanischen Spitzen eingefaßt war und eine schöne weiße Feder trug. Die Hitze war fürchterlich, und der Instinkt führte mich mechanisch an das kleine Gitterfenster, das die einzige Stelle war, wo ich meine Ellbogen aufstützen konnte. Die Dachluke konnte ich nicht sehen, aber in dem Licht, das durch diese Luke in den Dachboden fiel, sah ich Ratten, groß wie Hasen, die da nach Herzenslust herumspazierten; denn die häßlichen Tiere, deren Anblick mir verhaßt ist, kamen ohne die geringste Angst bis unter mein Gitterfenster. Bei diesem unangenehmen Anblick schloß ich schnell mittels eines inneren Ladens das runde Loch in der Mitte der Tür, denn bei einem Besuch von ihnen wäre mir das Blut erstarrt. Ich versank in tiefstes Nachsinnen, meine Arme auf die Fensterbrüstung aufgestützt. So verbrachte ich acht Stunden schweigend, ohne eine Bewegung zu machen.

Beim Klang der Uhr, die die sechste Stunde anzeigte, erwachte ich; ich wurde etwas unruhig, daß niemand kam, um mir etwas zu essen zu bringen und mir meine Sachen und ein Bett zu besorgen, was ich brauchte, um schlafen zu können. Mir schien, man hätte mir doch mindestens einen Stuhl, Brot und Wasser bringen müssen. Ich hatte keinen Appetit; aber konnte man das wissen? Und niemals in meinem Leben war mir der Mund so trocken und der Geschmack so bitter gewesen. Ich war jedoch überzeugt, daß vor Einbruch der Nacht irgend jemand erscheinen würde; als ich es aber neun schlagen hörte, wurde ich wütend, ich trommelte mit den Fäusten und stieß mit den Füßen gegen die Tür, fluchte und schrie. Nachdem ich dies länger als eine Stunde getrieben hatte, sah ich noch immer keinen Menschen und hatte nicht einmal ein Anzeichen, ob irgendeiner mein Geschrei gehört hatte. Dichte Finsternis umgab mich. Aus Furcht, daß die Ratten in mein Gefängnis springen könnten, schloß ich das Gitterfenster und warf mich dann der Länge nach auf den Fußboden. Eine so grausame Vernachlässigung schien mir nicht natürlich zu sein, und ich kam zu dem Schluß, die barbarischen Inquisitoren hätten mir den Tod geschworen. Ich brauchte nicht länger darüber nachzudenken, womit ich eine so elende Behandlung verdient haben könnte; denn so sorgfältig ich auch meine Handlungen prüfte, so fand ich doch nicht den geringsten Anhaltspunkt. Ich war Wüstling, Spieler, kühn in meinen Worten und dachte grundsätzlich nur daran, mein Leben zu genießen; aber in all diesem sah ich kein Staatsverbrechen. Trotzdem sah ich mich wie einen Verbrecher behandelt, und in meiner Wut und Verzweiflung brauchte ich gegen die fürchterliche Tyrannei, die mich verfolgte, Ausdrücke, die zu erraten ich meinen Lesern überlassen muß, da der Anstand mir verbietet, sie hier zu wiederholen. Aber trotz der Aufregung, trotz des Hungers, der sich fühlbar zu machen begann, trotz des Durstes, der mich verzehrte, trotz der Härte des Fußbodens, auf dem ich ausgestreckt war, forderte die erschöpfte Natur ihre Rechte, und ich schlief ein. Mein kräftiger Körper brauchte Schlaf; bei einem jungen und gesunden Menschen treten vor diesem gebieterischen Bedürfnis alle anderen zurück, und besonders in dieser Hinsicht kann man den Schlaf den Wohltäter der Menschheit nennen.

Ich erwachte, als es Mitternacht schlug. Wie furchtbar ist das Erwachen, wenn es einen aus dem Nichts oder den Illusionen des Traumes reißt! Ich konnte mir nicht vorstellen, daß ich drei Stunden verbracht hatte, ohne irgendeinen Schmerz zu empfinden. Ich lag auf der linken Seite; ohne mich im übrigen zu rühren, streckte ich die rechte Hand aus, um mein Taschentuch zu erfassen, das ich, wie ich mich erinnerte, links von mir auf den Boden gelegt hatte. Ich taste danach – Gott! Welche Überraschung! Meine Hand ergreift eine andere eiskalte Hand! Der Schreck durchfuhr mich vom Kopf bis zu den Füßen, und mir standen die Haare zu Berge.

Nie in meinem ganzen Leben ist mir ein solcher Schreck in die Seele gefahren; niemals hätte ich geglaubt, daß ich eine solche Angst haben könnte. Drei oder vier Minuten lag ich in einer Art von Betäubung, ich konnte mich nicht nur nicht bewegen, sondern nicht einmal denken. Als ich wieder etwas zu mir selbst gekommen war, glaubte ich, die Hand, die ich zu berühren gemeint hatte, könnte doch wohl nur in meiner erhitzten Phantasie vorhanden sein. In dieser Hoffnung streckte ich abermals die Hand aus – und fand wieder dieselbe kalte Hand. Entsetzt stieß ich einen gellenden Schrei aus; ich schob die Hand, die ich hielt, zur Seite und zog schaudernd meinen Arm zurück.

Bald jedoch wurde ich etwas ruhiger und konnte nachdenken. Ich kam zu dem Schluß, man müßte während meines Schlafes einen Leichnam an meiner Seite niedergelegt haben. Daß er nicht dagewesen war, als ich mich hingelegt hatte, wußte ich bestimmt. ›Es wird‹, sagte ich zu mir selber, ›der Leichnam irgendeines Unglücklichen sein, den man erdrosselt hat, und man will mir auf diese Art das Schicksal zeigen, das auch mir bevorsteht.‹ Dieser Gedanke machte mich wild; an Stelle der Furcht trat die Wut, und ich streckte zum dritten Male meinen Arm nach der eisigen Hand aus. Ich packte sie fest, um mich von der abscheulichen Tatsache völlig sicher zu überzeugen. Ich wollte aufstehen; ich stützte mich auf meinen linken Ellbogen und fühlte, daß die Hand, die ich hielt, meine eigene war. Sie war von dem Gewicht meines Körpers und von der Härte des Fußbodens, der mir als Bettpfühl diente, völlig abgestorben und hatte Wärme, Beweglichkeit und Empfindung verloren.

Dieses Erlebnis hatte zwar etwas Komisches an sich, aber es erheiterte mich keineswegs; es rief vielmehr die schwärzesten Gedanken in mir wach. Ich bemerkte, daß ich an einem Ort war, wo die Wahrheit falsch erscheinen müßte, da ja das Falsche wahr erschien; wo der Verstand die Hälfte seiner Vorzüge verlor und wo durch die krankhafte Phantasie die Vernunft entweder einer sinnlosen Hoffnung oder einer entsetzlichen Verzweiflung zum Opfer fallen mußte. Ich beschloß, in dieser Beziehung auf meiner Hut zu sein, und rief zum erstenmal in meinem Leben, im Alter von dreißig Jahren, die Philosophie zu Hilfe. Wohl trug ich alle Veranlagung in mir, aber ich hatte bis dahin nicht nötig gehabt, von ihr Gebrauch zu machen.

Ich glaube, die meisten Menschen sterben, ohne jemals gedacht zu haben, und daran ist nicht sowohl Mangel an Geist und Vernunft schuld, sondern es ist eben einfach der notwendige Anstoß zur Erweckung der Denkfähigkeit niemals durch ein außerordentliches Ereignis gegeben worden, der sie aus ihren Alltagsgewohnheiten herausreißt.

Ich saß bis etwa fünf Uhr morgens, als das Dämmerlicht des jungen Tages erschien. Die Sonne sollte aufgehen, und ich sehnte mich nach dem Tage; ein Vorgefühl, das ich für untrüglich hielt, sagte mir, daß man mich entlassen würde. Ich brannte vor Begier nach Rache; dies verhehlte ich mir nicht. Ich sah mich an der Spitze des Volkes die Regierung stürzen, die mich vergewaltigt; erbarmungslos metzelte ich alle Aristokraten nieder, alles mußte zu Staub zerrieben werden. Ich raste wie im Fieberwahn. Ich kannte die Urheber meiner Leiden und zerstörte in Gedanken die Quelle, aus der sie entsprangen. Ich stellte das Naturrecht wieder her, wonach alle Menschen nur dem Gesetz gehorchen müssen und nur von ihresgleichen auf Grund der von ihnen anerkannten Gesetze gerichtet werden können; mit einem Wort: Ich baute Luftschlösser. So geht es dem Menschen, wenn eine große Leidenschaft ihn bewegt. Er merkt es nicht, daß das, was ihn so in Bewegung setzt, nicht die Vernunft, sondern sein größter Feind, der Zorn, ist.

Ich brauchte weniger lange zu warten, als ich selber angenommen hatte, und dies beruhigte mich schon ein wenig. Um sechs wurde die tiefe Stille des Ortes, einer wahren Hölle für lebende Menschen, durch das Kreischen von Riegeln unterbrochen: man öffnete die Türen der Gänge, die man durchschreiten mußte, um bis zu mir zu gelangen.

»Haben Sie nun Zeit gehabt, sich zu überlegen, was Sie essen wollen?« rief die rauhe Stimme meines Kerkermeisters mir durch das Guckloch zu.

Man ist sehr glücklich, wenn die Unverschämtheit eines gemeinen Menschen sich nur unter der Maske von Spott und Hohn zeigt. Ich antwortete ihm, ich wünschte eine Reissuppe, Kochfleisch, Braten, Brot, Wein und Wasser. Ich bemerkte, daß der Lümmel erstaunt war, nicht die Klagen zu hören, die er erwartet hatte. Er ging und kam eine Viertelstunde darauf wieder, um mir zu sagen: »Ich wundere mich, daß Sie nicht ein Bett und die notwendigen Möbel haben wollen; denn wenn Sie sich einbilden, man habe Sie nur für eine Nacht hierhergebracht, so irren Sie sich.«

»Bringen Sie mir also alles, was Sie für notwendig halten.«

»Wo soll ich es holen? Da haben Sie Bleistift und Papier. Schreiben Sie alles auf!«

Ich schrieb ihm auf, wo er mir Hemden, Strümpfe, Kleider aller Art, ein Bett, einen Tisch und einen Stuhl holen sollte; außerdem verlangte ich die Bücher, die der Messergrande mir abgenommen hatte, Papier, Federn und so weiter. Als ich ihm dies alles vorgelesen hatte – denn der Kerl konnte nicht lesen –, sagte er zu mir: »Streichen Sie aus, Signore, streichen Sie aus! Streichen Sie Bücher, Papier, Federn, Spiegel, Rasiermesser! Dies alles ist hier verboten. Dann geben Sie mir Geld, um Ihr Mittagessen zu kaufen.«

Ich hatte drei Zechinen bei mir; davon gab ich ihm eine, und er ging. Er war eine Stunde lang, wie ich später erfuhr, in den verschiedenen Gängen beschäftigt, sieben andere Gefangene zu bedienen, die alle voneinander getrennt saßen, um jeden Verkehr untereinander unmöglich zu machen.

Gegen Mittag kam der Schließer wieder; bei ihm befanden sich fünf Gefängnisknechte, die die Staatsgefangenen zu bedienen hatten. Er öffnete meinen Kerker, damit die von mir verlangten Möbel und mein Mittagessen hineingebracht werden konnten. Das Bett wurde im Alkoven untergebracht und mein Essen auf einen kleinen Tisch gestellt; mein Besteck bestand aus einem Elfenbeinlöffel, den er für mein Geld gekauft hatte; Gabel, Messer und alle Gegenstände aus Metall waren verboten. Zum Schluß sagte er mir: »Bestellen Sie, was Sie morgen essen wollen; denn ich kann nur einmal täglich, gleich nach Sonnenaufgang, hierherkommen. Der hochedle Sekretär hat mir befohlen, Ihnen zu sagen, er werde Ihnen passende Bücher schicken; die von Ihnen gewünschten sind verboten.«

»Danken Sie ihm für die Gnade, daß er mich in ein Gefängnis allein gesetzt hat.«

»Ich werde tun, was Sie wünschen; aber Sie tun unrecht, daß Sie sich auf solche Weise über ihn lustig machen.«

»Ich mache mich nicht lustig; ich denke, es ist doch wohl besser, allein zu sein, als mit den Verbrechern zusammen zu sitzen, die sich hier oben befinden müssen.«

»Wie, Signore, Verbrecher? Dafür würde ich mich bedanken!

Hier sind nur ehrenwerte Leute, die man, allerdings aus Gründen, die nur Ihren Exzellenzen bekannt sind, von der Gesellschaft getrennt halten muß. Man hat Sie allein gesetzt, um Sie noch härter zu bestrafen. Wollen Sie wirklich, daß ich in Ihrem Namen dafür danken soll?«

»Das wußte ich nicht.«

Der Dummkopf hatte recht; dies merkte ich sehr bald. Ein Mensch, der allein eingesperrt ist, hat keine Möglichkeit, sich zu beschäftigen. Wenn man an einem dunklen Ort allein ist, wo man nichts sehen kann, wohin nur einmal am Tage der Mann kommt, der das Essen bringt, wo man nur in gebückter Haltung herumgehen kann, dann ist man der allerunglücklichste Mensch. Man wünscht sich, wenn man daran glaubt, in die Hölle, nur um Gesellschaft zu haben. Dieses Gefühl ist so gebieterisch, daß ich schließlich mir sogar einen Mörder, einen Verrückten, einen Pestkranken, einen Bären als Kerkergenossen wünschte. Einsamkeit hinter Schloß und Riegel bringt einen Menschen zur Verzweiflung; aber um an die Wahrheit dieses Satzes zu glauben, muß man vielleicht selber die Erfahrung gemacht haben. Und solche Erfahrung zu machen, möchte ich selbst meinen Feinden nicht wünschen. Wenn ein wissenschaftlich gebildeter Mensch in meiner Lage Federn, Tinte und Papier erhält, vermindert sich sein Unglück um neun Zehntel; aber die Henker, die mich verfolgten, dachten nicht daran, mir Erleichterungen zu bewilligen.

Als der Schließer fort war, stellte ich meinen Tisch unter das Loch, um ein wenig Licht zu haben, und setzte mich zum Essen hin, aber es war mir nicht möglich, mehr als ein paar Löffel Suppe hinunterzubringen. Ich war seit fast fünfundvierzig Stunden nüchtern, und so war es nicht zu verwundern, daß ich krank war. Ich verbrachte den ganzen Tag in meinem Lehnstuhl sitzend und dachte nur an die Bücher, die man mir gnädigst versprochen hatte. Die ganze Nacht konnte ich kein Auge schließen, denn die Ratten machten einen entsetzlichen Lärm, und die Turmuhr von San Marco schlug so betäubend laut, daß ich glaubte, sie müßte in meinem Zimmer sein. Diese doppelte Qual war aber nicht die einzige, die ich zu ertragen hatte. Ich glaube, wohl wenige Leser können sich einen Begriff von dem machen, was ich jetzt berichten will. Tausende von Flöhen belustigten sich an meinem ganzen Leibe. Die kleinen Insekten saugten mir mit unbeschreiblicher Hartnäckigkeit und Begier das Blut aus. Von ihren unaufhörlichen Stichen bekam ich geradezu Krämpfe; sie vergifteten mein ganzes Blut.

Mit Tagesanbruch kam Lorenzo – so hieß mein Kerkermeister –, ließ mein Bett machen und das Zimmer ausfegen und reinigen. Einer seiner Sbirren reichte mir Wasser, damit ich mich waschen konnte. Ich wollte auf den Dachboden hinausgehen, aber Lorenzo sagte mir, das sei nicht erlaubt. Er gab mir zwei dicke Bücher. Ich öffnete sie nicht, weil ich nicht sicher war, daß ich eine erste Regung des Unwillens hätte unterdrücken können, zu der sie mich vielleicht gereizt hätten und die der Spitzel selbstverständlich seinen Herren hinterbracht hätte. Er ging, nachdem er mir mein Essen und zwei zerschnittene Zitronen hingesetzt hatte.

Sobald ich allein war, aß ich schnell meine Suppe, um sie warm zu bekommen; hierauf trat ich mit einem Buch an meine Luke und sah mit Vergnügen, daß es mir möglich sein konnte, zu lesen. Ich sah mir den Titel an; er lautete ›Die mystische Gottesstadt‹[21], von Schwester Maria de Agreda. Ich hatte keinen Begriff, was dies für ein Buch sein konnte. Das zweite war von einem Jesuiten, dessen Namen ich vergessen habe. Dieser Jesuit, ein Heuchler wie alle seinesgleichen, empfahl eine neue Anbetung des Heiligen Herzens unseres Herrn Jesu Christi. Von allen Körperteilen unseres göttlichen Mittlers mußte man nach der Meinung des Verfassers gerade dieses besonders anbeten. Eigentümliche Idee eines unwissenden Narren, über die ich mich von der ersten Seite an ärgerte; denn das Herz schien mir kein ehrwürdigeres Eingeweide zu sein als Lunge, Magen oder irgendein anderer Teil. Die mystische Stadt dagegen interessierte mich ein wenig.

Ich las alles, was die aufgeregte Phantasie einer spanischen Jungfrau nur hervorbringen kann – einer spanischen Jungfrau, die, über alle Maßen fromm, melancholisch, in der Einsamkeit ihres Klosters nur unwissende, heuchlerische, bigotte Pfaffen zu Ratgebern ihres Gewissens hatte. Alle ihre phantastischen und ungeheuerlichen Visionen waren mit dem schönen Namen Offenbarungen geschmückt. Als geliebte und besonders innige Freundin der Heiligen Jungfrau hatte sie von Gott selber den Befehl erhalten, das Leben seiner göttlichen Mutter zu beschreiben. Die erforderlichen Anweisungen, die kein Mensch irgendwo gelesen haben konnte, waren ihr vom Heiligen Geist erteilt worden.

Sie begann das Leben Mariens nicht mit dem Tage ihrer Geburt, sondern mit dem ihrer unbefleckten Empfängnis im Schoße ihrer Mutter Anna. Diese Schwester Maria de Agreda war Oberin eines Klosters von Klarissinnen[22], das sie selber in ihrer Vaterstadt gegründet hatte. Nachdem sie ausführlich alles erzählt hat, was ihre göttliche Heldin in den neun Monaten tat, die sie im Mutterleib verbrachte, teilt sie uns mit, daß sie im Alter von drei Jahren das Haus fegte. Dabei hätten ihr neunhundert Bediente geholfen, lauter Engel, die Gott selber zu diesem Dienst bestimmt habe. Diese Engel standen unter dem besonderen Befehl ihres Fürsten Michael, der den Verkehr von ihr zu Gott und von Gott zu ihr besorgte.

Das Erstaunliche an diesem Buche ist, daß der urteilsfähige Leser stets die Überzeugung haben muß, daß die mehr als fanatische Verfasserin nichts erfunden hat, denn so weit kann die Erfindung nicht gehen: alles ist in gutem Glauben, aus voller Überzeugung gesagt. Es sind Visionen eines überspannten Gehirns, das, ohne einen Schatten von Stolz, trunken von Gott, nichts weiter zu enthüllen glaubt, als was der Heilige Geist ihr eingibt.

Dieses Buch war mit Erlaubnis der allerheiligsten und allerschrecklichsten Inquisition gedruckt. Ich konnte mich vor Erstaunen nicht fassen. Das Werk erregte oder vermehrte in meinem Geist durchaus keine fromme Inbrunst oder auch nur einen einfachen Glaubenseifer, sondern veranlaßte mich im Gegenteil, alle, überhaupt alle unsere mystischen und sogar unsere dogmatischen Überlieferungen für Fabeln zu halten.

Bücher wie dieses können nicht ohne Wirkung bleiben, denn zum Beispiel ein Leser, dessen Geist für Eindrücke empfänglicher und mehr als der meinige dem Wunderbaren zugänglich ist, läuft Gefahr, Geisterseher und Graphomane zu werden, wie diese arme Jungfrau.

Da ich mich mit irgend etwas beschäftigen mußte, so verbrachte ich eine volle Woche über diesem Meisterwerk der Unvernunft, das aus einem überspannten Gehirn hervorgegangen war. Ich hütete mich wohl, dem Schließer etwas über das schöne Werk zu sagen, aber ich begann allmählich, mich selber davon beeinflußt zu fühlen.

Sobald ich einschlief, spürte ich die Pest, womit Schwester de Agreda meinen Geist ansteckte, der von Melancholie, schlechter Nahrung, Mangel an Luft und Bewegung und von der entsetzlichen Ungewißheit über das mir Bevorstehende geschwächt war. Über meine tollen Träume mußte ich lachen, wenn ich beim Erwachen mich ihrer erinnerte. Hätte ich das notwendige Schreibzeug gehabt, so würde ich sie aufgezeichnet haben, und vielleicht hätte ich in meinem Kerker ein Werk geschaffen, das noch verrückter gewesen wäre als das von Signor Cavalli so sinnreich für mich ausgewählte.

Durch diese Erfahrung habe ich erkannt, wie sehr diejenigen sich täuschen, die dem menschlichen Geist eine gewisse positive Kraft zuschreiben; diese Kraft ist nur relativ, und wenn ein Mensch sich selber gründlich beobachtete, würde er nur Schwäche in sich entdecken. Ich sah, daß der Mensch wohl wahnsinnig werden kann, obgleich es selten geschieht; denn unsere Vernunft gleicht dem Pulver, das zwar sehr leicht entzündlich ist, aber dennoch sich niemals entzündet, wenn es nicht mit einem Funken in Berührung kommt; das Buch der Spanierin besitzt alle Eigenschaften, um einen Menschen verrückt zu machen; aber damit das Gift diese Wirkung auf ihn übe, muß man ihn isolieren – unter die Bleidächer stecken – und ihm jede andere Beschäftigung rauben.

Als ich im November 1767 von Pamplona nach Madrid reiste, hielt mein Fuhrmann Andrea Capello zum Mittagessen in einer Stadt von Altkastilien an. Ich fand sie so traurig und so häßlich, daß ich Lust bekam, ihren Namen zu erfahren. Oh! wie herzlich mußte ich lachen, als man mir sagte, es sei die Stadt Agreda.

›Hier also‹, sagte ich zu mir, ›hat das Gehirn der verrückten Heiligen das wunderbare Meisterwerk ausgeheckt, das ich ohne Signor Cavalli niemals kennengelernt hätte!‹ Ein alter Priester, dem ich sofort die größte Achtung einflößte, als ich ihn nach der wahrheitsliebenden Geschichtsschreiberin der Muttergottes befragte, zeigte mir sogar den Raum, wo sie geschrieben hatte, und versicherte mir, Vater, Mutter, Schwester und alle Anverwandten der seligen Biographin seien lauter sehr große Heilige gewesen. Er sagte mir – und es war wahr –, daß die spanische Regierung in Rom ihre Heiligsprechung zugleich mit der des ehrwürdigen Palafox betreibe. Vielleicht war es diese mystische Stadt, die dem Pater Malagrida das notwendige Talent verlieh, um das Leben der heiligen Anna zu schreiben, das ebenfalls vom Heiligen Geist ihm diktiert wurde. Aber der arme Teufel von einem Jesuiten mußte dafür das Martyrium erleiden. Ein Grund mehr, um ihm die Heiligsprechung zu verschaffen, falls jemals die Gesellschaft[23] wieder auferstehen und zu der Allmacht gelangen sollte, die das geheime Ziel ist, wonach sie strebt.

Nach neun oder zehn Tagen hatte ich kein Geld mehr. Lorenzo verlangte welches von mir.

»Ich habe keins!«

»Wo soll ich welches holen?«

»Nirgendwo.«

Was diesem unwissenden, habsüchtigen, schwatzhaften und neugierigen Menschen an mir mißfiel, war mein Schweigen und meine Einsilbigkeit.

Am nächsten Tage sagte er mir, das Tribunal bewillige mir täglich fünfzig Soldi; das Geld bleibe in seinen Händen, aber er würde mir jeden Monat Rechenschaft ablegen und den Überschuß nach meinem Wunsch verwenden.

»Du wirst mir wöchentlich zweimal die ›Gazette de Leyde‹ bringen.«

»Unmöglich! Das ist nicht erlaubt.«

Fünfundsiebzig Lire monatlich waren mehr, als ich brauchte, da ich nichts mehr essen konnte; die ungeheure Hitze und die durch schlechte Ernährung verursachte Erschöpfung hatten mich ganz entkräftet.

Wir befanden uns in den Hundstagen: die Sonnenstrahlen fielen mit solcher Gewalt auf meinen Kerker, daß ich mich wie in einer Badestube befand. Der Schweiß rann an meinem armen Leibe rechts und links von dem Lehnstuhl, auf dem ich ganz nackt sitzen mußte, auf den Fußboden hinunter.

Seit vierzehn Tagen schmachtete ich in dieser Hölle und hatte noch nicht eine einzige Darmentleerung gehabt. Nach Verlauf dieser fast unglaublichen Zeit verlangte die Natur nach ihrem Recht, und ich glaubte, mein letztes Stündlein sei gekommen. Die Hämorrhoidaladern waren derart angeschwollen, daß ihre Spannung mir unerträgliche, stechende Schmerzen verursachte. Ich verdankte diesem traurigen Aufenthalt die Entwicklung des schmerzhaften Leidens, dessen Heilung mir seitdem niemals gelungen ist. Dieselben Schmerzen stellen sich von Zeit zu Zeit wieder ein, wenngleich weniger heftig; sie erinnern mich an die Ursache und tragen nicht dazu bei, mir die Erinnerung an diese Zeit angenehm zu machen. Wenn die Heilkunde uns nicht die Mittel lehrt, um alle Leiden zu heilen, so gibt sie uns dafür sichere Mittel an die Hand, uns Leiden von mehr als einer Art zuzuziehen. Diese Krankheit trug mir in Rußland Komplimente ein; dort legt man so großen Wert auf sie, daß ich mich nicht darüber zu beklagen wagte, als ich mich zehn Jahre später in jenem Lande aufhielt. Ganz Ähnliches war mir in Konstantinopel begegnet; als ich einmal einen Schnupfen hatte und in Gegenwart eines Türken darüber klagte, stellte er die Betrachtung an, daß ein Christenhund eines solchen Glückes nicht würdig sei.

Am fünfzehnten Tage befiel mich ein heftiges Fieber, und ich blieb im Bett liegen. Ich sagte Lorenzo nichts davon; als er aber am übernächsten Tage das ganze Essen, das er mir gebracht hatte, unberührt fand, fragte er mich, wie es mir ginge.

»Sehr gut.«

»Das ist nicht möglich, Signore, denn Sie essen nicht. Sie sind krank und Sie werden die Großmut des Tribunals erkennen, das Ihnen Arzt, Wundarzt und Medizin umsonst besorgen wird.«

Er ging und kam drei Stunden darauf ohne seine Trabanten wieder. Er trug eine Kerze in der Hand, und ihm folgte eine würdevolle Persönlichkeit: der Arzt. Ich lag in der Glut des Fiebers, das mich seit drei Tagen nicht verlassen hatte. Er trat an mein Bett und befragte mich. Ich sagte, mit einem Beichtvater und mit einem Arzt spräche ich nur unter vier Augen. Der Doktor sagte zu Lorenzo, er solle hinausgehen, aber der Wächter weigerte sich. Nun ging der Arzt, indem er mir sagte, ich sei in Lebensgefahr. Dies wünschte ich gerade; denn so, wie es war, war das Leben nicht das höchste Gut für mich. Übrigens empfand ich eine gewisse Genugtuung bei dem Gedanken, daß dadurch meine unbarmherzigen Verfolger vielleicht gezwungen wären, einzusehen, wie unmenschlich und schauderhaft die Behandlung war, mit der sie mich bedachten.

Vier Stunden darauf hörte ich abermals das Geräusch der Riegel, und der Arzt trat wieder ein. Diesmal trug er selber die Kerze, und Lorenzo blieb draußen. Ich war so schwach, daß ich meiner Schwäche eine wirkliche Ruhe verdankte. Die wohltätige Natur hat den wirklich kranken Menschen von den Qualen der Langeweile befreit. Ich war entzückt, daß mein niederträchtiger Kerkermeister draußen blieb; denn seitdem er mir das Halseisen erklärt hatte, verabscheute ich ihn.

Ich brauchte keine Viertelstunde, um den Doktor von allem zu unterrichten.

»Wenn Sie wieder gesund werden wollen«, sagte er zu mir, »dürfen Sie nicht mehr traurig sein.«

»Schreiben Sie das Rezept und tragen Sie es zu dem einzigen Apotheker, der es anfertigen kann. Signor Cavalli ist der schlechte Arzt, der mir das ›Herz Jesu‹ und die ›Mystische Gottesstadt‹ gegeben hat.«

»Es ist sehr wohl möglich, daß Sie diesen beiden Giften das Fieber und die Hämorrhoiden verdanken. Ich werde Sie nicht im Stich lassen.«

Er ging erst, nachdem er eigenhändig eine sehr schwache Limonade zubereitet hatte, von der er mich aufforderte recht oft zu trinken. Ich verbrachte die Nacht in halber Betäubung und träumte von tausend mystischen Dummheiten.

Am nächsten Morgen kam er wieder mit Lorenzo und einem Wundarzt, der mich zur Ader ließ. Er gab mir eine Flasche Fleischbrühe und eine Arznei, die ich am Abend einnehmen sollte.

»Ich habe die Erlaubnis erhalten«, sagte er mir, »Sie in den Dachraum bringen zu lassen, wo die Hitze weniger stark und die Luft nicht so stickig ist wie hier.«

»Ich verzichte auf diese Gnade, denn ich verabscheue diese Ratten, von denen Sie nichts wissen und die gewiß in mein Bett kommen würden.«

»Welches Elend! Ich habe Signor Cavalli gesagt, daß er Sie mit seinen Büchern beinahe getötet hätte; er hatte mich beauftragt, sie ihm zurückzubringen und Ihnen dafür den Boëthius[24] zu geben. Hier ist er.«

»Ich bin Ihnen sehr dankbar dafür; er ist noch besser als Seneca: er wird mir wohltun.«

»Ich lasse Ihnen Gerstenwasser hier und ein sehr notwendiges Instrument für Darmeinläufe; sehen Sie zu, daß Sie wieder gesund werden.«

Er machte mir vier Besuche und brachte mich glücklich durch. Mein Temperament tat das übrige, und bald kehrte der Appetit zurück. Zu Anfang des September befand ich mich vollständig wohl; mich quälten keine anderen leiblichen Leiden als die fürchterliche Hitze, das Ungeziefer und die Langeweile – denn ich konnte nicht fortwährend Boëthius lesen.

Eines Tages sagte Lorenzo zu mir, ich hätte die Erlaubnis, meinen Kerker zu verlassen, um mich draußen zu waschen, während man mein Bett machte und ausfegte, das einzige Mittel, das Ungeziefer zu verringern. Ich benutzte diesen Gnadenbeweis, um während der zehn Minuten, die das Aufräumen dauerte, mir Bewegung zu machen. Da ich sehr schnell hin- und herlief, hatten die Ratten Angst und wagten sich nicht zu zeigen. An demselben Tage legte Lorenzo mir Rechenschaft über mein Geld ab; er war mir noch fünfundzwanzig oder dreißig Lire schuldig, die ich leider nicht in die Tasche stecken durfte. Ich ließ sie ihm, indem ich ihm sagte, er solle dafür Messen für mich lesen lassen. Ich war überzeugt, daß er einen ganz anderen Gebrauch davon machen würde, und er dankte mir in einem Tone der Befriedigung, dem ich entnahm, daß er selber der Priester sein würde. Ebenso machte ich es jeden Monat, und ich habe niemals eine Quittung von einem Meßprediger gelesen. Lorenzo hatte recht, daß er das Opfer in der Schenke vornahm; so hatte das Geld doch einen Nutzen.

Ich lebte so in den Tag hinein. Jeden Abend tröstete ich mich mit der Hoffnung, daß man mir am nächsten Tage meine Freiheit wiedergeben würde. Als ich mich jeden Tag in meiner Erwartung getäuscht sah, kam mein armer Kopf auf den Gedanken, es werde unfehlbar am ersten Oktober geschehen. An diesem Tage begann nämlich der Amtsantritt der neuen Inquisitoren. Nach dieser schönen Berechnung mußte meine Haft bis zum Abgang der gegenwärtigen Inquisitoren dauern: aus diesem Grunde hatte ich niemals den Sekretär gesehen, der sonst ohne Zweifel mich besucht hätte, um mich zu verhören, auszuforschen, meiner Verbrechen zu überführen und schließlich mir mein Urteil[25] zu verkünden. Gegen dies alles schien mir kein Einwand möglich, weil alles natürlich war; aber dieser Schluß war falsch unter den Bleidächern, wo nichts nach der natürlichen Beobachtung vor sich geht. Ich bildete mir ein, die Inquisitoren müßten meine Unschuld und ihre Ungerechtigkeit eingesehen haben und behielten mich nur noch der Form wegen im Gefängnis, um nicht ihren Ruf durch den Makel der Ungerechtigkeit zu beflecken. Infolgedessen zog ich den Schluß, sie würden mir die Freiheit wiedergeben in dem Augenblick, da sie das Zepter ihrer unerhörten Gewalt niederlegten. Mein Geist befand sich in einem Zustande so vollkommener Ruhe, daß ich mich imstande fühlte, ihnen zu verzeihen und die Beleidigung zu vergessen, die sie mir angetan hatten. Wie könnten wohl die

Herren, so sagte ich zu mir, mich hier der Gnade ihrer Nachfolger überlassen, denen sie doch nichts Genügendes vorlegen konnten, um meine Verurteilung zu rechtfertigen? Ich fand es unmöglich, daß man mich hätte verurteilen und meinen Urteilsspruch ausfertigen können, ohne mir ihn mitzuteilen, ohne mir auch nur den Grund meiner Haft anzugeben. Mein gutes Recht erschien mir unbestreitbar. Dementsprechend zog ich meine Folgerungen; aber ich hätte mich nicht auf die Gründe der Vernunft stützen dürfen einem Tribunal gegenüber, das sich von allen Tribunalen der Erde durch Willkür und Eigenmächtigkeit unterscheidet. Es genügt, daß die Inquisitoren gegen irgend jemand ein Verfahren einleiten. Damit ist er schon schuldig, und wozu braucht man dann erst mit ihm zu sprechen? Und wenn man ihn verurteilt hat, wozu braucht man ihm sein Urteil zu verkünden? Seine Einwilligung ist nicht notwendig. Und so denken sie, es sei besser, einem Unglücklichen die Hoffnung zu überlassen; denn selbst wenn man ihm alles sagte, würde er darum nicht eine Stunde früher aus dem Gefängnis herauskommen.

Wer weise ist, läßt sich in seine Angelegenheiten von anderen nicht hineinreden, und die Angelegenheiten des Tribunals von Venedig sind Richten und Verurteilen. Der Schuldige ist eine Maschine, die sich nicht in ihre Angelegenheiten zu mischen braucht, um daran mitzuwirken. Er ist wie ein Nagel, den man nur auf den Kopf schlägt, um ihn in die Mauer zu treiben.

Ich kannte zum Teil die Gebräuche des Kolosses, unter dessen Füßen ich lag; aber es gibt auf der Erde Dinge, die man nicht eher gut kennen kann, als bis man sie in eigener Erfahrung durchgemacht hat. Wenn unter meinen Lesern jemand ist, dem diese Regeln ungerecht erscheinen, so nehme ich ihm das nicht übel; denn ich weiß, daß es allerdings vollkommen so aussieht. Aber er wolle mir gestatten, ihm zu sagen, daß diese Regeln als Teil der Staatsverfassung notwendig sind, weil ein Tribunal dieser Art nur durch sie bestehen kann. Die Aufrechterhalter sind Senatoren, die unter den geeignetsten ausgewählt werden und im Rufe stehen, tugendhafte Männer zu sein.

Am letzten Septembertag verbrachte ich eine schlaflose Nacht; ich war entsetzlich ungeduldig, den neuen Tag erscheinen zu sehen, so sicher fühlte ich mich, daß ich an diesem Tage wieder meine Freiheit erlangen würde. Die Herrschaft der Unerbittlichen, die mich ihrer beraubt hatten, ging zu Ende; aber es wurde Tag, Lorenzo kam wie gewöhnlich und meldete mir nichts Neues. Fünf oder sechs Tage lang war ich in Wut und Verzweiflung. Dann bildete ich mir ein, man wolle aus Gründen, die ich unmöglich ahnen könnte, mich auf Lebzeiten einsperren. Über diese scheußliche Idee mußte ich lachen, denn ich fühlte, daß ich nur noch sehr kurze Zeit Sklave zu bleiben brauchte, sobald ich beschlossen hätte, meiner Haft, wäre es auch mit Gefahr meines Lebens, ein Ende zu machen. Ich wußte, daß es mir gelingen würde, zu entfliehen oder den Tod zu finden.

Deliberata morte ferocior [Durch die Bereitschaft zu sterben, wurde ich kühner][26] faßte ich zu Anfang November ernstlich den Entschluß, mich gewaltsam von einem Orte zu entfernen, wo man mich widerrechtlich festhielt, und dieser Plan wurde mein einziger Gedanke. Zunächst zerbrach ich mir den Kopf, um ein Mittel zu finden, wie ich meinen Plan ausführen könnte. Ich dachte mir wohl hundert aus, von denen eins immer kühner war als das andere; aber immer wieder tauchte ein neuer Plan auf, und ich verwarf wieder den, welchem ich zuletzt den Vorzug gegeben hatte.

Während dieser mühevollen Arbeit meiner Einbildungskraft trat ein eigentümliches Ereignis ein, das mir zum Bewußtsein brachte, in welchem traurigen Zustande mein Geist sich befand.

Ich stand auf dem Dachboden und blickte nach oben zur Dachluke und zu dem darunter befindlichen dicken Balken. Plötzlich sah ich diesen Balken schwanken und dann langsam und gleichmäßig wieder in die alte Stellung zurückkehren. Da ich zugleich mein Gleichgewicht verlor, so erkannte ich, daß es ein Stoß von einem Erdbeben war. Lorenzo und die Sbirren, die in diesem Augenblick aus dem Kerker herauskamen, sagten mir, sie hätten gleichfalls eine schwankende Bewegung verspürt. Meine Stimmung war so, daß dieses Ereignis mich in eine freudige Stimmung versetzte, die ich aber in mir verschloß, ohne ein Wort zu sagen. Vier oder fünf Sekunden darauf wiederholte sich die gleiche Bewegung, und ich rief unwillkürlich: »*Un' altra, un' altra, gran Dio, ma più forte!*« [Noch einen, noch einen, lieber Gott, aber stärker]. Die Sbirren entflohen entsetzt über diese vermeintliche Ruchlosigkeit eines verzweifelten Wahnsinnigen.

Als sie fort waren, dachte ich über mich selber nach und fand, daß ich es zu den Möglichkeiten rechnete, ich könnte meine

Freiheit wiedererlangen, indem der Dogenpalast einstürzte, das Riesengebäude mußte zusammenbrechen, und ich mußte heil und gesund und folglich frei auf dem Markusplatze anlangen, wo ich schlimmstenfalls unter ungeheuren Trümmermassen begraben worden wäre. In einer Lage wie die, worin ich mich befand, hält man die Freiheit für alles und das Leben für nichts oder doch für sehr wenig. Im Grunde war ich bereits auf dem Wege, wahnsinnig zu werden.

Dieses Erdbeben hing mit dem großen Erdbeben zusammen, wodurch zu gleicher Zeit Lissabon zerstört wurde.[27]

Damit der Leser meine Flucht aus den Bleikammern begreifen kann, muß ich ihn mit der Örtlichkeit bekannt machen. Die Bleikammern, die als Gefängnisse für die Staatsverbrecher dienen, sind weiter nichts als die Dachkammern des Dogenpalastes, und die Gefängnisse haben ihren Namen von den großen Bleiplatten[1], die drei Fuß im Geviert und ein zwölftel Zoll stark sind, mit denen der Palazzo gedeckt ist. Man kann zu ihnen nur durch die Eingangstüren des Palastes oder durch das Gefangenenhaus und endlich über die von mir bereits erwähnte Brücke, die sogenannte Seufzerbrücke, gelangen. Der Weg zu ihnen geht nur durch den Saal, worin die Staatsinquisitoren sich versammeln, und nur der Sekretär hat den Schlüssel dazu, den er dem Schließer nur für die kurze Zeit anvertraut, die dieser braucht, um morgens in aller Frühe die Gefangenen zu bedienen. Diese Bedienung findet bei Tagesanbruch statt, weil späterhin die Büttel beim Kommen und Gehen zu sehr von den Leuten gesehen werden würden, die mit den Mitgliedern des Rates der Zehn zu tun haben. Dieser Rat versammelt sich nämlich jeden Tag in einem anstoßenden Saal, der sogenannten Bussola, und durch diesen Saal müssen die Wächter jedesmal hindurchgehen, wenn sie nach den Bleikammern wollen.

Die Gefängnisse liegen verteilt in den Dachstühlen von zwei Fassaden des Palazzo. Drei liegen nach Westen – dazu gehört auch das meinige – und vier nach Osten. Die Dachrinne der westlichen Seite führt in den Hof des Palazzo; die andere führt senkrecht in den Kanal, den man Rio di Palazzo nennt. Die Gefängnisse dieser Seite sind sehr hell, und man kann in ihnen aufrecht stehen; dies ist nicht der Fall in dem Gefängnis, worin ich mich befand und das man *il trave*[2] nennt. Der Fußboden meines Gefängnisses lag unmittelbar über der Decke des Saales der Inquisitoren, die sich dort gewöhnlich nur nachts versammeln, unmittelbar nach der täglichen Sitzung des Rates der Zehn, dessen Mitglieder sie alle drei sind.

Ich kannte genau die Örtlichkeit und die stets sich gleichbleibenden Gewohnheiten der Inquisitoren. Das einzige Mittel zur Flucht, oder wenigstens das einzige, wovon ich mir Erfolg versprach, war die Durchbohrung des Fußbodens meines Gefängnisses. Aber dazu waren Werkzeuge nötig, und das war eine schwierige Sache an einem Ort, wo jeder Verkehr mit der Außenwelt verboten war, wo man weder Besuche noch Briefwechsel mit irgendeinem anderen Menschen erlaubte. Um einen Sbirren zu bestechen, hätte ich viel Geld haben müssen, und ich besaß nichts. Angenommen auch, der Schließer und die beiden Büttel hätten sich gutwillig erwürgen lassen – denn ich hatte keine andere Waffe als meine Hände –, so stand ein dritter Wächter stets vor der Korridortür Wache. Er hielt diese verschlossen und öffnete sie nur, wenn der Kamerad, der hinauswollte, ihm das Losungswort gab. Trotz allen Hindernissen beschäftigte ich mich doch nur noch mit dem Gedanken an meine Flucht, und da ich im Boëthius kein Mittel dazu fand, so las ich diesen nicht mehr. Ich war überzeugt, daß ich ein solches Mittel nur durch Nachdenken finden könnte, und deshalb erlaubte ich mir nicht den geringsten Gedanken, der sich nicht darauf bezog.

Ich bin stets der Meinung gewesen, daß jemand, der es sich in den Kopf setzt, etwas zu erreichen, und der sich nur mit der Verfolgung dieses Planes beschäftigt, seinen Zweck erreichen muß, trotz aller Schwierigkeiten; dieser Mensch wird Großwesir oder Papst werden, oder er wird eine Monarchie stürzen, vorausgesetzt, daß er zur rechten Zeit anfängt und daß er die erforderliche Klugheit und Ausdauer besitzt: denn das Glück verachtet das Alter; ohne Hilfe des Glücks kann man nichts hoffen, und darum bringen alte Leute es zu nichts mehr. Man muß, um Erfolg zu haben, auf sein Glück bauen und über Fehlschläge sich hinwegsetzen; dies ist aber eine der schwierigsten politischen Berechnungen.

Gegen Mitte November sagte Lorenzo zu mir, der Messergrande habe einen neuen Gefangenen; der neue Sekretär, Signor Businello, habe ihm befohlen, ihn in den schlechtesten Kerker zu bringen, folglich werde er ihn zu mir bringen. Er versicherte mir, er habe ihm vorgestellt, daß ich es für eine Gnade betrachtet hätte, ein Gefängnis für mich allein zu haben. Der Sekretär hätte ihm geantwortet, ich würde doch wohl in den vier Monaten vernünftiger geworden sein. Diese Nachricht war mir nicht zuwider; noch weniger war es mir unangenehm, von dem Wechsel des Sekretärs zu hören. Dieser Pietro Businello war ein braver Mann, den ich in Paris kennengelernt hatte, als er als Resident der Republik nach London ging.

Am Nachmittag hörte ich die Riegel kreischen. Lorenzo kam mit zwei Sbirren und brachte einen jungen Menschen, der ganz in Tränen aufgelöst war. Er nahm ihm die Handschellen ab, schloß die Tür wieder zu und ging, ohne ihm ein Wort zu sagen. Ich lag auf meinem Bett, wo er mich nicht sehen konnte. Seine Überraschung machte mir Spaß. Da er das Glück hatte, sieben oder acht Zoll kleiner zu sein als ich, konnte er aufrecht stehen. Zunächst betrachtete er meinen Lehnstuhl, den er ohne Zweifel zu seinem eigenen Gebrauch bestimmt glaubte. Dann sah er auf der Fensterbrüstung den Boëthius liegen; er nahm das Buch, öffnete es und warf es in einer Art von Verdruß wieder hin – vielleicht, weil es lateinisch geschrieben war und ihm daher nichts nützen konnte. Nun setzte er die Untersuchung des Kerkers fort: er wandte sich nach links, tastete sich an der Wand entlang und war sehr überrascht, als er Kleider fand. Er kam an den Alkoven, streckte die Hand aus, berührte mich und bat ehrerbietig um Verzeihung. Ich lud ihn ein, Platz zu nehmen, und damit war unsere Bekanntschaft gemacht.

»Wer sind Sie?«

»Ich heiße Maggiorin und bin aus Vicenza. Mein Vater ist Kutscher im Palazzo Poggiana, er ließ mich bis zum elften Jahre in die Schule gehen, wo ich lesen und schreiben lernte; hierauf war ich fünf Jahre lang Lehrling bei einem Friseur und habe dieses Handwerk gut gelernt. Dann kam ich als Kammerdiener zum Grafen XX. Seit zwei Jahren diente ich bei diesem Herrn, als seine einzige Tochter aus dem Kloster nach Hause kam. Man beauftragte mich, sie zu frisieren. Mit der Zeit verliebte ich mich in sie und flößte auch ihr eine Leidenschaft ein, die ebensogroß war wie die meinige.

Nachdem wir uns hundertmal geschworen hatten, stets nur einander angehören zu wollen, gaben wir dem gebieterischen Bedürfnis nach, uns gegenseitig unsere Zärtlichkeiten zu beweisen. Die Folge war, daß bald der Zustand der jungen Gräfin unsere Verbindung verriet. Eine Dienerin des Hauses, eine fromme alte Person, entdeckte zuerst unser Einverständnis und den Zustand meiner Geliebten. Sie sagte ihr daher, sie müsse es ihrem Vater melden, aber es gelang meiner jungen Freundin, sie zum Schweigen zu bewegen, indem sie ihr die Versicherung gab, sie selber werde in der nächsten Woche ihm alles durch ihren Beichtvater sagen lassen. Sie teilte mir dies alles mit, und anstatt zur Beichte zu gehen, trafen wir unsere Vorbereitungen zur Flucht. Sie bemächtigte sich einer ansehnlichen Summe Geldes und einiger Diamanten, die ihrer verstorbenen Mutter gehört hatten, und in der Nacht sollten wir nach Mailand fahren. Aber nach dem Essen wurde ich zum Grafen gerufen; er gab mir einen Brief und sagte mir, ich müßte sofort nach Venedig abreisen und diesen Brief an die Person, an die er adressiert sei, zu eigenen Händen abgeben. Er sprach so ruhig und gütig mit mir, daß ich nicht den geringsten Verdacht schöpfen konnte, was für ein Schicksal er mir zugedacht hatte. Ich holte meinen Mantel und nahm nur noch schnell von meiner kleinen Frau Abschied, indem ich ihr versicherte, ich werde bald wieder zurück sein. Sie war scharfsichtiger als ich, oder hatte sie auch nur ein Vorgefühl von meinem Unglück – genug, ihr wurde unwohl. Ich reiste in aller Hast nach Venedig und beeilte mich, den verhängnisvollen Brief zu bestellen. Man ließ mich auf die Antwort warten, und sobald ich sie erhalten hatte, ging ich in eine Schenke, um etwas zu mir zu nehmen. Ich wollte sofort wieder abreisen, um wieder bei meiner lieben Frau zu sein. Aber als ich aus der Schenke herauskam, verhaftete man mich und brachte mich auf die Wache; dort behielt man mich bis zum Augenblick, da man mich hierherbrachte. Ich glaube, Signore, ich kann doch wohl die junge Gräfin als meine Frau betrachten.«

»Sie irren sich.«

»Aber die Natur …«

»Die Natur verleitet den Menschen, der nur auf sie hört, nur dazu, Dummheiten zu machen, bis man ihn unter die Bleidächer steckt.«

»Ich bin also unter den Bleidächern?«

»Wie ich.«

Der arme junge Mensch weinte bitterlich. Er war ein sehr hübscher Bursche, aufrichtig, anständig und über alle Maßen verliebt. Ich verzieh innerlich der Gräfin und verurteilte sehr entschieden ihren Vater, den Grafen, daß er seine Tochter der

Versuchung des Verkehrs mit einem hübschen und sinnlichen jungen Menschen ausgesetzt hatte. Seine Tränen und Klagen galten nicht ihm selber. Alle seine Gefühle gehörten nur seiner Freundin, er tat mir leid. Er glaubte, der Schließer werde wiederkommen, um ihm ein Bett und etwas zu essen zu bringen; ich befreite ihn von diesem Irrtum und bot ihm von meinen Vorräten an. Ihm war das Herz so schwer, daß er nichts essen konnte.

Den ganzen Tag über hörte ich ihn wehklagen. Niemals jedoch über sein eigenes Schicksal, sondern über das seiner Geliebten, die er durch sein Verhältnis mit ihr ins Unglück gestürzt hatte, der er jetzt nicht beistehen und von der er sich nicht vorstellen konnte, was aus ihr werden sollte. In meinen Augen war ihr Verhalten schon lange mehr als verziehen, und ich war sicher, daß, wenn die Inquisitoren in meinem Kerker versteckt gewesen wären, um alles mitzuhören, was mir der arme Junge sagte, sie hätten nicht nur darauf verzichtet, ihn wegzuschicken, sondern sie hätten ihn sogar mit seiner Geliebten verheiratet, ohne dabei auf Gesetze und Gebräuche zu achten. Sie hätten vielleicht den Vater des Mädchens, der das Leben zweier Menschen in Gefahr gebracht hatte, selbst einsperren lassen.

Am Abend gab ich ihm meinen Strohsack, und auf diesem verbrachte er die Nacht; denn obwohl er augenscheinlich sauber war, wollte ich ihn nicht mit mir zusammen schlafen lassen, weil ich die Wirkungen der Träume eines Verliebten fürchtete. Er sah seine Schuld nicht ein und begriff auch nicht, warum der Graf das Bedürfnis haben konnte, ihn im geheimen bestrafen zu lassen, um die Ehre seiner Tochter und seiner Familie dadurch zu retten.

Am nächsten Tage brachte man ihm einen Strohsack und ein Essen für fünfzehn Soldi, die das Tribunal ihm aus Gnade oder Barmherzigkeit zukommen ließ; denn das Wort Gerechtigkeit war offenbar dieser abscheulichen Behörde fremd. Ich sagte dem Schließer, mein Essen würde für uns beide genügen, und er könnte das für den jungen Menschen bewilligte Geld dafür verwenden, für ihn auf seine Art Messen lesen zu lassen. Dies übernahm er gern. Nachdem er ihm Glück gewünscht hatte, daß er zu mir gekommen war, sagte er uns, wir könnten uns eine halbe Stunde lang auf dem Dachboden Bewegung machen. Ich fand diesen Spaziergang ausgezeichnet für meine Gesundheit und für meinen Fluchtplan, den ich erst elf Monate später zur Ausführung bringen konnte. An dem einen Ende dieses Tummelplatzes der Ratten sah ich einen Haufen von alten Möbeln, die rechts und links von zwei großen Kisten auf den Fußboden geworfen waren; hinter ihnen lag ein großer Haufen von Papieren, die zu Heften zusammengenäht waren. Ich nahm ein Dutzend von diesen Heften an mich und sah, daß es Akten von Kriminalprozessen waren. Ich fand ihre Lektüre sehr unterhaltend; denn es war mir erlaubt, zu lesen, was man sicherlich seinerzeit sehr geheimgehalten hatte. Ich las eigentümliche Antworten auf verfängliche Fragen; die Akten betrafen Verführungen von Jungfrauen, zu weit getriebene Zärtlichkeiten von Vorstehern von Mädchenerziehungsanstalten, Verfehlungen von Beichtvätern gegen ihre Beichtkinder, päderastischen Verkehr von Schullehrern mit ihren Zöglingen, Unterschlagungen und Betrügereien von Vormündern. Einige von diesen Prozessen waren zwei- oder dreihundert Jahre alt; der altväterische Stil und die eigentümlichen Gebräuche jener Vorzeit unterhielten mich stundenlang. Unter den Möbeln, die auf der Erde lagen, sah ich eine Wärmpfanne, einen Wasserkessel, eine Feuerschaufel und Feuerzange, alte Leuchter, irdene Töpfe und sogar eine Klistierspritze. Ich dachte mir, es müßte irgendein vornehmer Gefangener durch die Erlaubnis bevorzugt worden sein, alle diese Gegenstände benützen zu dürfen. Am meisten von allem aber interessierte mich ein ganz gerader, daumendicker, anderthalb Fuß langer eiserner Riegel.[3] Ich rührte nichts an; denn meine Pläne waren noch nicht reif genug, um eine bestimmte Richtung anzunehmen.

Eines Morgens gegen Ende des Monats holte man meinen Kameraden ab, und Lorenzo sagte mir, er sei in die Gefängnisse gebracht worden, die man die ›Quattro‹ nennt. Diese Gefängnisse befinden sich innerhalb des gewöhnlichen Gefangenenhauses und gehören den Staatsinquisitoren. Die dort eingesperrten Gefangenen haben das Vorrecht, den Schließer rufen zu dürfen, wenn sie etwas brauchen. Sie sind dunkel, aber es ist eine Öllampe vorhanden, um den Gefangenen Licht zu spenden. Feuergefahr fürchtet man nicht, denn alles ist aus Marmor. Ich habe lange nachher erfahren, daß der arme Maggiorin in diesem Gefängnis fünf Jahre zugebracht und daß er von dort auf zehn Jahre nach Cerigo geschickt wurde. Ob er von dort jemals wieder freigekommen ist, weiß ich nicht. Er hatte mir gute Gesellschaft geleistet, und ich bemerkte dies, sobald er fort war, denn ich verfiel sogleich wieder in meine Traurigkeit. Ich hatte das Glück, daß man mir den bewilligten halbstündigen Spaziergang auf dem Dachboden nicht wieder entzog. Ich machte mich nun daran, mir alle darin befindlichen Gegenstände aufmerksamer zu betrachten. Die eine von den beiden Kisten war ganz voll von schönem Schreib- und Zeichenpapier, von ungeschnittenen Federn und Bindfadenknäueln; die andere war zugenagelt. Ein Stück geglätteten schwarzen Marmors[4], einen Zoll dick, sechs Zoll lang und drei Zoll breit, lenkte meine Blicke auf sich; ich nahm es an mich, obgleich ich noch nicht wußte, was ich damit machen sollte, und versteckte es sorgfältig in meinem Kerker unter meinen Hemden.

Acht Tage nach Maggiorins Entfernung sagte Lorenzo zu mir, ich würde allem Anschein nach bald wieder Gesellschaft haben. Der Mann war im Grunde nur ein Schwätzer, und es machte ihn ungeduldig, als er sah, daß ich niemals eine Frage an ihn richtete. Da es meinem Kerkermeister durchaus nicht gelingen wollte, durch seine Zurückhaltung zu glänzen, bildete er sich ein, ich fragte ihn nur deshalb niemals, weil ich glaubte, er wüßte nichts. Dies stachelte seine Eitelkeit an: um mir zu beweisen, daß ich mich irrte, fing er an zu schwätzen, ohne daß ich ihn fragte. So sagte er denn:

»Ich glaube, Signore, Sie werden oft neue Besucher haben, denn jedes der anderen sechs Gefängnisse enthält bereits zwei Personen, die man nicht in die Quattro schicken kann.« Da ich ihm nicht antwortete, fuhr er nach einigen Augenblicken fort: »In die Quattro bringt man bunt durcheinander alle möglichen Leute, die zu einer ihnen unbekannten Strafe verurteilt worden sind. Die Gefangenen, die wie Sie in den Bleikammern unter meiner Obhut stehen, sind lauter Leute von der höchsten Auszeichnung und werden nur wegen Sachen bestraft, von denen Neugierige nichts erfahren sollen. Wenn Sie wüßten, Signore, welche Schicksalsgefährten Sie haben! Sie würden sich wundern, denn man sagt Ihnen mit Recht nach, daß Sie ein kluger Mann sind … aber Sie werden mir verzeihen … Sie wissen wohl, alle Klugheit nützt einem nichts, wenn man hier oben ist … Sie verstehen mich wohl … fünfzig Soldi täglich, das ist schon was … ein venezianischer Bürger bekommt drei Lire, ein Edelmann vier und ein ausländischer Graf acht. Ich muß das wohl wissen, denke ich, denn alles geht durch meine Hand.«

Nun fing er an und sang sein eigenes Lob, und zwar in lauter Negativen: »Ich bin kein Dieb, kein Verräter, kein Lügner; ich bin nicht habgierig, nicht boshaft, nicht brutal wie alle meine Vorgänger, und wenn ich einen Schoppen zuviel getrunken habe, werde ich nur immer besser. Wenn mein Vater mich in die Schule geschickt hätte, so würde ich lesen und schreiben gelernt haben, und ich wäre vielleicht heute Messergrande; aber das ist nicht meine Schuld. Signor Andrea Diedo schätzt mich, und meine Frau, die erst vierundzwanzig Jahre alt ist und die jeden Tag das Essen für Sie kocht, besucht ihn, wann sie will, und er läßt sie ohne Umstände eintreten, selbst wenn er im Bett liegt – eine Huld, die er keinem Senator erweist. Ich verspreche Ihnen, Sie sollen alle neuen Ankömmlinge erhalten; aber es ist immer nur für kurze Zeit; denn sobald der Sekretär aus ihrem eigenen Munde alles Wissenswerte vernommen hat, schickt er sie an ihren Bestimmungsort: in die Quattro, in irgendein Fort oder nach der Levante. Wenn es Ausländer sind, bringt man sie über die Grenze; denn die Regierung glaubt nicht das Recht zu haben, über die Untertanen eines anderen Fürsten zu bestimmen, es wäre denn, daß sie in Diensten der Republik ständen. Die Milde des Tribunals ist ohnegleichen; es gibt auf der Welt kein Gericht, das seinen Gefangenen mehr Annehmlichkeiten gewährt. Man findet es grausam, daß das Tribunal nicht erlauben will, zu schreiben oder Besuche zu empfangen, aber das ist Unsinn, denn mit Schreiben und Besuch empfangen verliert man nur seine Zeit. Sie werden mir sagen, Sie hätten ja nichts zu tun; aber das können wir anderen nicht von uns sagen.«

So lautete ungefähr die erste Ansprache, womit der Halunke mich beehrte, und ich muß gestehen, er amüsierte mich. Ich sah, daß der Mensch, ein bißchen weniger dumm, sicherlich viel boshafter gewesen wäre. Ich beschloß, mir seine Dummheit zunutze zu machen.

Am anderen Tage führte man mir einen neuen Kameraden zu, den man am ersten Tage genauso behandelte, wie man es mit Maggiorin getan hatte. Ich merkte nun, daß ich mir einen zweiten Elfenbeinlöffel kaufen lassen mußte; denn da der neu Angekommene am ersten Tage nichts erhielt, so mußte ich ihn bewirten.

Mein neuer Gefährte machte mir eine tiefe Verbeugung, denn durch meinen Bart, der bereits vier Zoll[5] lang war, wirkte ich noch imponierender als durch meinen Wuchs. Lorenzo lieh mir oft eine Schere, damit ich mir die Nägel schneiden konnte, aber es war ihm bei strenger Strafe verboten, mich meinen Bart berühren zu lassen. Den Grund davon weiß ich nicht; aber ich hatte mich schließlich an meinen Bart gewöhnt, wie man sich an alles gewöhnt.

Der Neue war ein Mann von fünfzig Jahren, ungefähr von meinem Wuchs, ein wenig gebeugt und mager. Er hatte einen großen Mund und schlechte Zähne; unter zwei dicken roten Augenbrauen sahen kleine braune Augen hervor. Der Eindruck wurde vervollständigt durch eine runde Perücke von schwarzem Roßhaar, die einen sehr unangenehmen Ölgeruch verbreitete, und durch einen Rock von dickem grauem Tuch. Mein Essen nahm er an; aber er war zurückhaltend und sagte mir den ganzen Tag kein Wort. Ich machte es wie er und schwieg; denn ich war überzeugt, daß er bald die Sprache wiederfinden würde: dies war denn auch schon am nächsten Tage der Fall.

Man brachte ihm in aller Frühe ein Bett, das ihm gehörte, und eine Handtasche voll Wäsche. Der Schließer fragte ihn, wie er mich gefragt hatte, was er essen wolle, und verlangte Geld, um es zu bezahlen.

»Ich habe kein Geld.«

»Was? Ein reicher Knopf wie Sie hat kein Geld?«

»Ich habe keinen Soldo.«

»Schön, da werde ich Ihnen Schiffszwieback und Wasser bringen. So gehört es sich.«

Er ging und brachte gleich darauf anderthalb Pfund davon und einen Krug Wasser, stellte alles neben den Gefangenen, ging und schloß die Tür wieder zu.

Als ich mit dem Gespenst wieder allein war, hörte ich ihn seufzen; ein mitleidiges Gefühl kam über mich, und ich brach das Schweigen: »Seufzen Sie nicht, Signore, Sie werden mit mir speisen; aber mich dünkt, Sie haben einen großen Fehler begangen, daß Sie ohne Geld hierhergekommen sind.«

»Ich habe wohl welches, aber so etwas muß man diesen Harpyien nicht sagen.«

»Schöne Klugheit, die Sie zu Wasser und Brot verurteilt! Kennen Sie den Grund Ihrer Verhaftung?«

»Jawohl, ich kenne ihn und werde Ihnen in kurzen Worten meine Geschichte erzählen:

Ich heiße Sgualdo Nobili. Mein Vater war ein Bauer. Er ließ

mich schreiben lernen und vererbte mir bei seinem Tode sein Häuschen und das bißchen Land, das dazu gehörte. Ich stamme aus dem Friaul; mein Dorf ist eine Tagereise von Udine entfernt. Ein Wildbach, der Corno, verwüstete oft meine kleine Besitzung; dies brachte mich zu dem Entschluß, sie zu verkaufen und mich in Venedig niederzulassen. Dies geschah vor zehn Jahren. Ich bekam für meinen Besitz achttausend Lire in schönen Zechinen, und da ich wußte, daß in unserer glücklichen Republik jedermann eine ehrenwerte Freiheit genießt, so war ich überzeugt, ich könnte es zu einem kleinen Wohlstand bringen, indem ich mein Kapital nutzbar machte. Ich fing nun an, auf Pfänder auszuleihen. Da ich wußte, daß ich sparsam, gescheit und geschäftsgewandt bin, so entschloß ich mich gerade zu diesem Gewerbe. Ich mietete ein Häuschen im Viertel Cannaregio und richtete es ein. Hier lebte ich allein und sehr ruhig und fand mich nach Verlauf von zwei Jahren im Besitz von zehntausend Lire außer meinem Kapital, obwohl ich gut gelebt und nicht weniger als tausend für meine Bedürfnisse ausgegeben hatte. Ich sah mich nun auf gutem Wege, um mit der Zeit ein anständiges Vermögen zu erwerben, wenn ich so fortführe. Eines Tages hatte ich einem Juden zwei Zechinen auf mehrere Bücher geliehen, und unter diesen fand ich eines, das ›Über die Weisheit‹[6] hieß und von Charron war. Ich bemerkte nun, wie glücklich man ist, wenn man lesen kann; denn dieses Buch, das Sie vielleicht nicht kennen, ist ganz allein soviel wert wie alle anderen Bücher, denn es enthält alles, was der Mensch zu wissen braucht. Es befreit ihn von allen Vorurteilen, die er in der Kindheit angenommen hat. Kennt man Charron, so gibt es keine Hölle mehr und kein Schreckbild eines künftigen Lebens; er öffnet die Augen, man erkennt den Weg zum Glück, man ist weise. Verschaffen Sie sich dieses Buch zum Lesen und lachen Sie die Dummköpfe aus, die Ihnen sagen, daß dieser Schatz verboten sei!«

Als ich diese eigentümliche Rede gehört hatte, wußte ich, woran ich mit dem Manne war. Den Charron hatte ich gelesen, aber es war mir unbekannt, daß er ins Italienische übersetzt war. Charron war ein großer Bewunderer von Montaigne[7]; er glaubte sein Vorbild noch zu übertreffen, aber seine Bemühung war vergebens. Er hat mehrere Themata, die bei dem großen Philosophen regellos durcheinandergeworfen sind, methodisch behandelt; aber als Priester und Theologe verdiente Charron die

Verurteilung, die ihn traf. Er ist übrigens nicht viel gelesen worden. Der dumme Italiener, der ihn übersetzt hat, wußte nicht einmal, daß man das Wort Weisheit mit ›sapienza‹ wiedergibt. Charron war so anmaßend, seinem Buch denselben Titel zu geben wie dem biblischen Buche Salomons; dies spricht nicht zugunsten seiner Bescheidenheit. Mein Gesellschafter fuhr folgendermaßen fort:

»Charron befreite mich von den Gewissensbedenken, die ich bis dahin noch gehabt hatte, und von den falschen Vorstellungen, die man nur mit großer Mühe abstreift. Ich betrieb nun mein Geschäft so, daß ich mich in sechs Jahren im Besitze von über neuntausend Zechinen sah. Sie dürfen sich hierüber nicht wundern, denn in dieser reichen Stadt bringen Spiel, Ausschweifung und Müßiggang alle Welt in unordentliche Vermögensverhältnisse. Es herrscht ein ständiger Geldmangel, und was die Narren verschwenden, benutzen die Klugen zu ihrem Vorteil.

Vor drei Jahren bat ein Graf Seriman mich, fünfhundert Zechinen von ihm anzunehmen, sie in meinem Geschäft zu verwenden und ihm die Hälfte des Gewinnes zu geben, den ich mit dieser Summe erzielen würde. Er verlangte nur eine einfache Quittung, durch die ich mich verpflichtete, ihm auf sein Verlangen die gleiche Summe zurückzugeben. Nach einem Jahre gab ich ihm fünfundsiebzig Zechinen, was einer Verzinsung von fünfzehn aufs Hundert gleichkommt. Er gab mir eine Quittung darüber, zeigte sich aber unzufrieden. Er hatte unrecht; denn da es mir nicht an Geld fehlte, hatte ich mich des seinigen nicht bedient, um damit Geschäfte zu machen. Nach dem zweiten Jahr handelte ich aus reinem Edelmut wieder ebenso; aber es kam zwischen uns zu beleidigenden Worten, und er verlangte von mir die Rückzahlung der fünfhundert Zechinen.

›Gern‹, sagte ich zu ihm, ›aber ich werde die hundertfünfzig davon abziehen, die Sie schon erhalten haben.‹ Dies machte ihn wütend, und er ließ mich mit einem Stragiudiziale[8] zur Bezahlung der ganzen Summe auffordern. Ein geschickter Anwalt übernahm meine Vertretung und wußte zwei Jahre lang das Verfahren günstig für mich zu erhalten. Vor drei Monaten bot man mir einen Vergleich an. Ich weigerte mich; da ich jedoch einen Gewaltstreich fürchtete, wandte ich mich an den Abbate Giustiniani, den Geschäftsträger des spanischen Gesandten, Herzogs di Montealegre; für eine kleine Extraentschädigung vermietete er mir ein Häuschen auf der Lista, das zum Botschafterpalast gehört, wo man also vor Überraschungen sicher ist. Ich war durchaus bereit, dem Grafen Seriman sein Geld wiederzugeben, aber ich beanspruchte, hundert Zechinen davon abziehen zu dürfen, die der Prozeß mich gekostet hatte. Vor acht Tagen kamen mein Anwalt und der des Grafen zu mir; ich zeigte ihnen zweihundertfünfzig Zechinen in meiner Börse und sagte ihnen, ich sei bereit, ihnen dieses Geld zu geben, aber nicht einen Soldo mehr. Sie entfernten sich, ohne ein Wort zu sagen, und sahen beide sehr unzufrieden aus; aber darum kümmerte ich mich nicht. Vor drei Tagen ließ Abbate Giustiniani mir sagen, der Botschafter habe es für gut befunden, den Staatsinquisitoren zu erlauben, bei mir eine Haussuchung vornehmen zu lassen. Ich hielt dies für unmöglich, da ich doch unter dem Schutz eines fremden Gesandten stand. Anstatt die Vorsichtsmaßregeln zu treffen, die sonst in solchen Fällen üblich sind, brachte ich nur mein Geld in Sicherheit und erwartete entschlossen den angekündigten Besuch. Mit Tagesanbruch kam der Messergrande zu mir und verlangte dreihundertfünfzig Zechinen. Auf meine Antwort, ich hätte keinen Soldo, verhaftete er mich, und so bin ich hier.«

Ich schauderte, aber weniger deswegen, weil ich mich in Gesellschaft eines solchen gemeinen Menschen sah, sondern weil ich erkannte, daß er mich für seinesgleichen hielt; denn wenn er einen anderen Begriff von mir gehabt hätte, so würde er mich ganz gewiß nicht mit seiner langen Geschichte beglückt haben. Ohne Zweifel nahm er doch an, daß ich ihm meinen Beifall zollen würde. Die törichten Reden, die ich während der drei Tage seines Aufenthaltes von ihm anhören mußte, während welcher er unaufhörlich von Charron sprach, bestätigten mir die Wahrheit des Sprichwortes: *Guardati da colui che non ha letto che un libro solo* [Hüte dich vor denen, die nur ein einziges Buch gelesen haben]. Das Buch Charrons hatte ihn zum Atheisten gemacht, und er rühmte sich dessen bei jeder Gelegenheit. Am Nachmittag kam Lorenzo und sagte ihm, er müsse mit ihm kommen, um mit dem Sekretär zu sprechen. Er zog sich in aller Eile an und nahm statt seiner Schuhe die meinigen, ohne daß ich es bemerkte. Eine halbe Stunde später kam er weinend zurück und zog aus seinen Schuhen zwei Börsen hervor, in denen sich dreihundertundfünfzig Zechinen befanden; diese brachte er, vom Schließer begleitet, dem Sekretär. Einige Augenblicke darauf kam er zurück, nahm seinen Mantel und ging. Lorenzo sagte mir, man habe ihn in Freiheit gesetzt. Ich dachte mir, und wohl mit Grund, der Sekretär habe ihn mit der Folter bedroht, um ihn zur Anerkennung und zur Bezahlung seiner Schuld zu bewegen. Wenn die Folter nur dazu angewendet würde, um solches zu bewirken, so wäre ich, der ich sie grundsätzlich verabscheue, der erste, der ihren Nutzen verteidigen würde.

Am ersten Januar 1756 erhielt ich meine Neujahrsgeschenke. Lorenzo brachte mir einen mit Fuchspelz gefütterten Schlafrock, eine wattierte seidene Decke und einen Fußsack aus Bärenfell. Ich empfing diese Geschenke voller Freude, denn es herrschte eine Kälte, die ebensoschwer zu ertragen war wie die Hitze, unter der ich im August hatte leiden müssen. Er sagte mir auch, der Sekretär teile mir mit, ich könnte monatlich über sechs Zechinen verfügen, um mir nach meinem Belieben Bücher zu kaufen und die Zeitung zu halten; dies wäre ein Geschenk des Signor Bragadin. Ich bat Lorenzo um einen Bleistift und schrieb auf ein Stück Papier: ›Ich danke für die Großmut des Tribunals und die Güte des Signor Bragadin.‹

Man muß sich selber in einer ähnlichen Lage befunden haben, um die Gefühle zu begreifen, die dieser Vorfall in meiner Seele erregte. Im ersten Gefühlsüberschwang verzieh ich meinen Verfolgern und hätte beinahe meinen Fluchtplan aufgegeben; so schwankend ist der Mensch, wenn das Unglück ihn zu Boden drückt und erniedrigt. Lorenzo sagte mir, Signor Bragadin habe die drei Inquisitoren aufgesucht, habe sich mit Tränen in den Augen vor ihnen auf die Knie geworfen und sie um die Gnade angefleht, mir dieses Zeichen seiner beständigen Liebe zukommen zu lassen, wenn ich noch am Leben sei. Die Inquisitoren seien gerührt gewesen und hätten es ihm nicht abschlagen können.

Ich schrieb sofort die Titel der Werke auf, die ich zu haben wünschte.

Als ich eines schönen Morgens meinen Spaziergang auf dem Dachboden machte, fielen meine Blicke auf den Riegel, von dem ich schon gesprochen habe, und ich sah, daß sich eine ausgezeichnete Angriffs- und Verteidigungswaffe daraus machen ließ. Ich nahm den Riegel, verbarg ihn unter meinem Schlafrock und brachte ihn glücklich in meinen Kerker. Sobald ich allein war, nahm ich das Stück schwarzen Marmor, das ich ebenfalls bereits erwähnte, und erkannte bald, daß dies ein ausgezeichneter Schleifstein war; denn nachdem ich den Riegel eine Zeitlang auf diesem Stein gerieben hatte, sah ich, daß er an der betreffenden Stelle völlig glatt abgeschliffen war.

Ich war ein vollkommener Neuling in solcher Arbeit, aber ich war begierig, sie zu beginnen, weil ich dadurch ein Werkzeug erlangen konnte, das, jedenfalls unter den Bleidächern, gänzlich verboten war. Vielleicht trieb mich auch die Eitelkeit, mir eine Waffe anzufertigen, ohne ein einziges der dazu notwendigen Werkzeuge zu besitzen. Die Schwierigkeiten waren nur ein neuer Ansporn für mich. Diese Schwierigkeiten waren allerdings nicht gering, denn ich mußte den Riegel fast im Dunkeln auf der Brüstung reiben, ich konnte den Stein nur mit meiner linken Hand festhalten und hatte keinen Tropfen Öl, um den Stein anzufeuchten und das Eisen, das ich zuspitzen wollte, leichter zu schleifen. Trotz alledem entschloß ich mich also zu der schweren Aufgabe. Statt des Öls diente mir mein Speichel, und ich arbeitete vierzehn Tage, um acht pyramidenförmige Facetten zu schleifen, die so zusammenliefen, daß sie eine vollkommene Spitze bildeten; die Facetten waren einen halben Zoll lang. Mit dieser Spitze bildete mein Riegel ein achtkantiges Stilett von so gleichmäßiger Arbeit, wie man sie von einem guten Messerschmied nicht besser hätte verlangen können. Aber man kann sich kaum die Mühe und Anstrengungen vorstellen, die ich zu erdulden hatte. Ich mußte alle Energie aufbieten, um die unangenehme Arbeit ohne anderes Werkzeug als einen fortwährend wegrutschenden Stein zu Ende zu bringen.

Es war eine Arbeit, *quam siculi non invenere tyranni* [wie sie die Tyrannen Siziliens nicht erfunden haben][9]. Mein rechter Arm war so steif geworden, daß ich ihn fast nicht bewegen konnte. Der Ballen der linken Hand war ganz zerfleischt und bildete eine große Wunde – eine Folge der zahlreichen Blasen, die mir die Härte des Steins und die Länge der Arbeit verursacht hatten. Man macht sich kaum einen Begriff, welche Schmerzen es mich kostete, sie fertig zu machen.

Ich war ganz stolz auf mein Werk, obgleich ich noch nicht daran gedacht hatte, auf welche Art ich es verwenden wollte. Meine erste Sorge war nun, das Werkzeug so zu verstecken, daß es selbst bei genauer Durchsuchung nicht zu finden wäre. Nachdem ich mir tausenderlei ausgedacht hatte, was alles nicht das

Rechte war, warf ich die Augen auf meinen Lehnstuhl, und es gelang mir, den Riegel so zu verbergen, daß er keinen Verdacht erregen konnte. So half mir die Vorsehung, den ersten Schritt zu einer Flucht zu tun, welche bewunderungswürdig, ja sogar wunderbar werden sollte. Ich gestehe, ich bin stolz darauf. Aber ich bin nicht eitel auf das Gelingen, denn das Glück hatte einen guten Anteil daran, sondern darauf bin ich stolz, daß ich die Sache für möglich hielt und daß ich den Mut hatte, trotz allen ungünstigen Aussichten das Unternehmen zu wagen; denn wenn meine Pläne gescheitert wären, so hätte sich meine Lage unendlich verschlechtert, und meine Rückkehr in die Freiheit wäre vielleicht für immer unmöglich geworden.

Aus meinem Riegel war ein Spieß geworden, der die Dicke eines Spazierstockes hatte und etwa zwanzig Zoll lang war. Nachdem ich drei oder vier Tage darüber nachgedacht hatte, wozu ich ihn gebrauchen könnte, schien es mir das einfachste zu sein, unter meinem Bett ein Loch in den Fußboden zu machen.

Ich war sicher, daß das Zimmer unter meinem Kerker kein anderes sein konnte als jenes, in dem ich damals Cavalli gesehen hatte. Ich wußte, daß dieses Zimmer jeden Morgen geöffnet wurde, und ich zweifelte nicht daran, daß ich durch ein Loch in der Decke leicht hinuntersteigen konnte, indem ich meine Betttücher aneinanderknüpfte und sie am Bettfuß befestigte. Ich hätte mich unter dem großen Tisch des Tribunals versteckt, wäre am Morgen sofort nach dem Öffnen der Tür hinausgelaufen und hätte mich in Sicherheit gebracht, bevor man mir gefolgt wäre. Allerdings war es möglich, daß in diesem Saal sich ein Sbirre als Wache aufhielt; aber von diesem mußte mein Spieß mich schnell befreien.

Der Fußboden konnte doppelt oder gar dreifach sein. Dies war eine große Ungelegenheit; denn meine Arbeit würde vielleicht ein oder zwei Monate dauern, und wie sollte ich die Gefängniswärter daran hindern, den Fußboden zu fegen? Wenn ich es ihnen verbot, so erregte ich Verdacht, um so mehr, als ich der Flöhe wegen von ihnen verlangt hatte, daß sie alle Tage ausfegten. Der Besen hätte ihnen sofort meine Arbeit verraten. Es galt, ein Mittel zu finden, um dieser Gefahr zu begegnen.

Ich verbot zunächst das Ausfegen, ohne einen Grund anzugeben. Nach acht bis zehn Tagen befragte Lorenzo mich darum. Ich schützte vor, daß der Staub mir Beschwerden mache; ich bekäme davon heftige Hustenanfälle, und es könnte mir einmal etwas Schlimmes zustoßen.

»Ich werde den Fußboden besprengen lassen.«

»Das wäre noch schlimmer, Lorenzo, denn von der Feuchtigkeit könnte ich einen Blutsturz bekommen.«

Dies verschaffte mir eine Woche lang Ruhe; nach Verlauf dieser Zeit aber befahl der Kerl auszufegen. Er ließ das Bett in die Dachkammer bringen und zündete eine Kerze an, damit sorgfältiger ausgefegt werde, wie er sagte. Ich merkte, daß der Mann irgendwie Verdacht geschöpft hatte, aber es gelang mir, anscheinend völlig gleichgültig zu bleiben. Ich gab meinen Plan durchaus nicht auf, sondern dachte im Gegenteil nur desto stärker daran. Am nächsten Morgen brachte ich mir eine Wunde am Finger bei und machte damit mein ganzes Taschentuch blutig. Ich erwartete Lorenzo in meinem Bett und sagte ihm, sobald er kam, ich hätte einen so heftigen Hustenanfall gehabt, daß mir irgendein Gefäß gesprungen wäre, und davon wäre all das Blut, das er sehe. Er solle mir einen Arzt kommen lassen.

Der Doktor kam, verordnete einen Aderlaß und schrieb ein Rezept. Ich sagte ihm, an meinem Unglück wäre Lorenzo schuld, weil er durchaus hätte fegen lassen wollen. Er machte ihm Vorwürfe darüber und erzählte uns, wie wenn ich ihn darum gebeten hätte, die Geschichte von einem jungen Perückenmacher, der kürzlich aus derselben Ursache gestorben sei. Er sagte, nichts sei so gefährlich, als Staub einzuatmen. Lorenzo schwor bei allen Heiligen, er habe nur ausfegen lassen, um mir einen Gefallen zu tun, und versprach, es solle nicht wieder vorkommen. Ich lachte bei mir selber, denn der Doktor hätte seine Sache nicht besser machen können, selbst wenn ich ihn ins Einvernehmen gezogen hätte. Die dabei anwesenden Büttel waren hochentzückt und nahmen sich fest vor, nur noch bei solchen Gefangenen auszufegen, die sie ärgerten oder schlecht behandelten.

Als der Arzt fort war, bat Lorenzo mich um Entschuldigung und versicherte mir, alle seine anderen Gefangenen befänden sich wohl, obgleich er regelmäßig bei ihnen ausfegen ließe. »Aber die Sache ist wichtig«, schloß er, »und ich werde sie darauf aufmerksam machen, denn ich betrachte sie alle als meine Kinder.«

Der Aderlaß tat mir wohl, denn er gab mir meinen Schlaf wieder und heilte mich von den krampfartigen Zuckungen, die mich zuweilen zu erschrecken begannen. Ich hatte wieder Appetit, und meine Kräfte nahmen täglich zu. Aber der Augenblick, mich ans Werk zu machen, war noch nicht gekommen; der Frost war zu stark, und meine Hände konnten nicht längere Zeit den Spieß halten, ohne steif zu werden. Mein Unternehmen erforderte viel Überlegung. Ich mußte alles vermeiden, was sich leicht voraussehen ließ. Ich mußte kühn und unerschrocken sein, um jeden Vorteil wahrzunehmen, den der Zufall mir darböte. Wer so vorgehen muß wie ich, befindet sich in einer sehr unglücklichen Lage; aber das Unangenehme und Schreckliche derselben vermindert sich um die Hälfte, sobald man alles gegen alles riskiert.

Die langen Winternächte waren fürchterlich für mich; denn ich mußte neunzehn tödlich lange Stunden im Finstern zubringen, und an den Nebeltagen, die in Venedig nicht selten sind, war das durch das Fenster einfallende Licht nicht stark genug, um dabei lesen zu können. Da kein fremder Gedanke meinen Geist beschäftigte, verfiel ich immer wieder auf meine Flucht; ein Gehirn aber, das stets sich mit dem gleichen Gegenstand beschäftigt, kann leicht an einer Monomanie erkranken. Der Besitz einer elenden Öllampe hätte mich glücklich gemacht; aber wie sollte ich es anfangen, um mir solche Freude zu verschaffen! O edles Vorrecht des Denkens! Wie glücklich fühlte ich mich, als ich das Mittel gefunden zu haben glaubte, diesen Schatz zu erlangen! Um diese Lampe zu machen, brauchte ich ihre einzelnen Bestandteile: ein Gefäß, Dochte, Öl, einen Feuerstein, einen Stahl, Zunder und Späne. Das Gefäß konnte ein Tiegel sein, und ich besaß den, worin man mir Spiegeleier zubereitete. Unter dem Vorwand, das gewöhnliche Öl mache mir Beschwerden, ließ ich mir Luccaöl für meinen Salat kaufen. Meine baumwollene Steppdecke konnte mir Dochte liefern. Zu Lorenzo sagte ich, ich hätte heftige Zahnschmerzen, er müsse mir Bimsstein besorgen; da er nicht wußte, was ich damit meinte, sagte ich ihm, ein Flintstein würde dieselben Dienste tun, wenn man ihn einen Tag in starkem Essig liegen ließe; ich würde ihn dann eine Zeitlang auf den Zahn legen, und das würde meine Schmerzen lindern. Lorenzo sagte mir, mein Essig sei ausgezeichnet und ich könne selbst einige Steine hineinlegen. Mit diesen Worten zog er drei oder vier aus der Tasche und warf sie mir zu. Eine starke Stahlschnalle, die ich am Gürtel meiner Hose hatte, konnte mir als Feuerstahl dienen. Jetzt blieb mir noch übrig, Schwefel und Zunder zu beschaffen, und um diese beiden Gegenstände zu erlangen, mußte ich alle meine Gedanken aufbieten. Endlich kam mir das Glück zu Hilfe. Ich hatte eine Art Röteln gehabt; nach der Heilung waren auf meinen Armen rote Flecke zurückgeblieben, die mir zuweilen ein Jucken verursachten. Ich sagte Lorenzo, er möchte den Arzt um ein Heilmittel bitten, und am nächsten Tage brachte er mir einen Zettel, den der Sekretär gelesen hatte. Der Doktor verordnete: ›Einen Tag Diät und vier Unzen Süßmandelöl, und die Haut wird heilen; oder eine Einreibung mit Salbe aus Schwefelblüte; aber dieses örtliche Heilmittel ist gefährlich.‹

»Aus der Gefahr mache ich mir nichts«, sagte ich zu Lorenzo. »Kauft mir diese Salbe oder bringt mir noch besser Schwefel; denn Butter habe ich hier, und ich werde mir die Salbe selber machen. Habt Ihr Holzspäne? So gebt sie mir.«

Zufällig hatte er solche in seinen Taschen. Er gab sie mir. Wie wenig braucht es doch, um einen Menschen, der im Unglück ist, Freude und Trost zu bereiten! Aber in meiner Lage waren freilich diese Späne keine Kleinigkeit; sie waren ein wahrer Schatz für mich.

Nun zerbrach ich mir mehrere Stunden lang den Kopf, um für das einzige, was mir noch fehlte, den Zunder, einen Ersatz zu schaffen, denn ich wußte nicht, unter welchem Vorwand ich ihn verlangen sollte. Da fiel mir ein, daß ich meinem Schneider gesagt hatte, er solle unter den Achseln meines Rockes Zunder einlegen, damit der Stoff nicht vom Schweiß verdorben würde.

Der ganz neue Rock hing vor mir. Mir klopfte das Herz. Der Schneider konnte vergessen haben, den Zunder einzulegen. Ich schwebte zwischen Furcht und Hoffnung. Ich brauchte nur einen Schritt zu machen, um mir Gewißheit zu verschaffen; aber dieser Schritt war entscheidend, und deshalb wagte ich nicht, ihn zu tun. Endlich ging ich auf den Rock zu, aber ich fühlte mich so hoher Gnade beinahe unwürdig, fiel auf die Knie und betete mit heißer Inbrunst zu Gott, der Schneider möchte meinen Befehl nicht vergessen haben. Nach diesem heißen Gebet nahm ich den Rock, schnitt das Futter auf und fand den Zunder. Ich war fast wahnsinnig vor Freude. Es war nicht mehr als natürlich, daß ich Gott dankte: denn voll Vertrauen zu ihm hatte ich den Mut gehabt, meinen Zunder zu suchen; so dankte ich ihm denn auch von ganzem Herzen.

Als ich ein wenig später über diesen Gnadenbeweis nachdachte, wünschte ich mir Glück, dem Antrieb meines dankbaren Herzens gefolgt zu sein, aber ich lachte mitleidig über meine Dummheit, daß ich den Herrn aller Dinge gebeten hatte, mich den Zunder finden zu lassen. Ich hätte dieses lächerliche Gebet nicht gesprochen, bevor ich unter die Bleidächer kam, und ich würde es auch heute nicht tun.

Die Beraubung der körperlichen Freiheit führt zur Entartung der geistigen Fähigkeiten. Man muß Gott bitten, etwas zu gewähren, was der Natur entspricht, nicht aber, die natürliche Ordnung durch Wunder auf den Kopf zu stellen. Wenn der Schneider den Zunder nicht unter die Achseln gelegt hätte, so konnte ich sicher sein, dort keinen zu finden; und wenn er ihn angebracht hatte, so konnte ich darauf rechnen, daß er auf keine Weise verschwunden war. Was wollte ich also vom Herrn der Natur?

Der Sinn meiner ersten Bitte läßt sich durch die Worte wiedergeben: ›Lieber Gott! mache, daß ich den Zunder unter den Achseln finde, einerlei, ob der Schneider ihn eingenäht hat oder nicht!‹

Ohne Zweifel könnten manche Theologen und viele gute Leute meine Bitte fromm finden, denn sie würde ihnen auf der Stärke des Glaubens zu beruhen scheinen, und damit würden sie recht haben. Aber ich selber habe ebenfalls recht, wenn ich sie abgeschmackt und sogar strafbar finde; denn wenn wir allen Ernstes Gott um etwas bitten, was außerhalb der Ordnung der natürlichen Dinge liegt, so heißt das, ihn zum Diener unserer Leidenschaften machen zu wollen. Wenn ich aber Gott dafür gedankt hatte, daß mein Schneider nicht vergeßlich gewesen war, so fand ich mich im Einklang mit meiner gesunden Philosophie.

Da ich nunmehr alle Bestandteile besaß, so hatte ich bald eine Lampe. Man stelle sich die Befriedigung vor, die ich darüber empfand, daß ich sozusagen aus Finsternis Licht geschaffen hatte, und die nicht weniger süße Genugtuung, die Befehle meiner niederträchtigen Verfolger zu übertreten. Es gab keine Nächte mehr für mich, aber auch keinen Salat; denn obgleich ich ihn sehr gerne aß, opferte ich ihn doch auch gern dem Bedürfnis, das Öl für meine Beleuchtung zu sparen. Ich setzte nun den Beginn des schwierigen Aufbrechens des Fußbodens auf den ersten Sonntag der Fastenzeit an; denn ich befürchtete zu sehr, daß der Karnevalstrubel mir Besuche verschaffen könnte. Meine Vorsicht war klug.

Am Faschingssonntag hörte ich mittags das Geräusch der Riegel und sah Lorenzo mit einem dicken Mann eintreten, in welchem ich den Juden Gabriel Schalon erkannte. Er war berühmt wegen seiner Geschicklichkeit, jungen Leuten Geld zu besorgen und sie dadurch in schlechte Händel zu bringen. Da wir uns kannten, begrüßten wir uns natürlich.

Seine Gesellschaft konnte mir nicht angenehm sein; aber man hatte mich natürlich nicht vorher gefragt. Er sagte Lorenzo, er solle in seine Wohnung gehen und ihm sein Essen, ein Bett und alles Notwendige holen; der Schließer antwortete ihm aber, das hätte noch Zeit bis zum andern Tage.

Dieser Jude war ein törichter Schwätzer, unwissend und dumm, außer in seinem Geschäft. Zunächst wünschte er mir Glück, daß man mich vor allen anderen bevorzugt habe, mit seiner Gesellschaft erfreut zu werden. Statt ihm zu antworten, bot ich ihm die Hälfte meines Essens an; er lehnte es ab, indem er mir sagte, er esse nur koscher und wolle lieber warten, um dafür zu Hause um so besser zu Abend zu essen.

»Wann denn?«

»Heute abend. Haben Sie nicht gehört? Als ich mein Bett verlangte, sagte er mir, davon würden wir morgen sprechen. Dies will offenbar bedeuten, daß ich keins nötig habe. Finden Sie es wahrscheinlich, daß man einen Mann wie mich ohne Essen lassen kann?«

»Mit mir hat man's so gemacht.«

»Das mag sein; aber zwischen uns ist doch ein gewisser Unterschied. Außerdem haben die Inquisitoren einen Mißgriff begangen, indem sie mich verhaften ließen. Ich bin überzeugt, sie sind schon in Verlegenheit, wie sie ihren Fehler wiedergutmachen sollen.«

»Sie werden Ihnen vielleicht eine Pension aussetzen; denn ein Mann von Ihrer Bedeutung muß gut behandelt werden.«

»Da haben Sie ganz recht; es gibt an der Börse keinen Makler, der dem Handel mehr Nutzen brächte als ich, und die fünf Savii[10] haben von den Ratschlägen, die ich ihnen gab, großen Nutzen gehabt. Meine Verhaftung ist ein ganz außerordentliches Ereignis, und der Zufall hat es so gefügt, daß dadurch auch Sie Ihr Glück gemacht haben.«

»Ach wirklich, wieso denn, bitte?«

»Es wird kein Monat vergehen, und ich werde Sie frei machen. Ich weiß, auf welche Art und mit wem ich darüber zu sprechen habe.«

»Ich rechne also auf Sie.«

»Das können Sie.«

Dieser blöde Gauner glaubte wirklich, er sei etwas. Er wollte mir erzählen, was man in der Stadt von mir sagte; da er aber nichts weiter wußte als albernes Geschwätz von Dummköpfen gleicher Art, so langweilte er mich, und um ihn nicht mehr anhören zu müssen, nahm ich ein Buch. Der Kerl besaß die Frechheit, mich zu bitten, ich möchte doch nicht lesen. Seine Leidenschaft war Sprechen; aber er sprach nur immer von sich selber.

Ich wagte in seiner Gegenwart nicht, meine Lampe anzuzünden. Als es Nacht wurde, entschloß er sich, etwas Brot und Zypernwein anzunehmen; dann mußte er sich's auf meinem Strohsack bequem machen, der von allen neuen Ankömmlingen als Bett benützt wurde.

Am nächsten Morgen bekam er ein Bett und Nahrungsmittel von zu Hause. Ich mußte diese elende Last acht bis neun Wochen lang erdulden; denn bevor er ihn in die Quattro schickte, verhörte der Sekretär ihn mehrere Male, um allerlei Gaunereien aufzuklären und ihn eine ganze Anzahl unerlaubter Verträge rückgängig machen zu lassen. Er gestand mir selber, daß er von Signor Domenico Micheli Renten gekauft hatte, die dem Käufer erst nach dem Tode von dessen Vater, des Ritters Antonio, gehören konnten. »Allerdings«, sagte er mir, »hat er sich einverstanden erklärt, fünfzig Prozent zu verlieren, aber man muß in Betracht ziehen, daß der Käufer hätte alles verlieren können, wenn der Sohn vor dem Vater gestorben wäre.«

Als ich endlich sah, daß der verdammte Geselle nicht ging, entschloß ich mich, meine Lampe wieder anzuzünden, nachdem ich mir von ihm hatte versprechen lassen, daß er schweigen würde. Er hielt sein Versprechen nur, solange er bei mir war, denn Lorenzo erfuhr es. Glücklicherweise legte er keinen Wert darauf.

Der Tölpel wurde mir wirklich zur Last, erstens, weil ich seinetwegen nicht für meine Flucht arbeiten konnte, zweitens, weil er mich am Lesen hinderte. Er war anspruchsvoll, unwissend, abergläubisch, prahlerisch, ängstlich und zuweilen verzweifelt. Er meinte, ich sollte mit lautem Geschrei in seine Klagen einstimmen, sooft er vor Angst Tränen vergoß, und er wiederholte unaufhörlich, die Haft richte seinen guten Ruf zugrunde. Hierüber beruhigte ich ihn mit einer Ironie, die er nicht verstand, indem ich ihm versicherte, sein Ruf stehe schon so lange fest, daß er von dieser neuen Schlappe nichts zu fürchten habe. Er hielt dies für ein Kompliment. Er wollte nicht zugeben, daß er habsüchtig sei; eines Tages jedoch zwang ich ihn hierzu, indem ich ihm das Geständnis entriß, daß er bereit sein würde, sein ganzes Leben unter den Bleidächern zu verbringen, wenn die Inquisitoren ihm für jeden Tag der Haft hundert Zechinen geben wollten.

Er war Talmudist wie alle heutigen Juden, und er wollte mich glauben machen, er sei gelehrt in seiner Religion und hänge sehr an ihr. Als Sohn eines Rabbiners besaß er große Kenntnisse im Zeremoniell seiner Religion; aber er glaubte, das Wesentliche der Religion bestehe in der Beobachtung der äußeren Form; eine Meinung, die ich bei den meisten Menschen gefunden habe.

Dieser Jude war außerordentlich fett; drei Viertel seines Lebens verbrachte er im Bett, und da er oft bei Tage schlief, lag er nachts wach und ärgerte sich, daß er nicht schlafen konnte, um so mehr, da er meine ruhigen Atemzüge hörte. Eines Tages weckte er mich auf, als ich im schönsten Schlummer lag.

»Was wollen Sie?« rief ich emporfahrend.

»Mein lieber Freund, ich kann nicht schlafen; haben Sie Mitleid mit mir und lassen Sie uns ein bißchen plaudern.«

»Und Sie nennen mich Ihren Freund? Abscheulicher Mensch! Ich glaube gern, daß Ihre Schlaflosigkeit eine wahre Qual für Sie ist; aber wenn Sie sich noch einmal einfallen lassen, mir das einzige Gut zu rauben, das ich habe, so stehe ich auf und erdrossele Sie!« rief ich in heller Wut.

»Bitte, verzeihen Sie mir und verlassen Sie sich darauf, es wird nicht wieder vorkommen.«

Vielleicht würde ich ihn nicht erwürgt haben; aber ganz gewiß hatte ich die größte Lust dazu. Ein Gefangener, der das Glück hat, im festen Schlafe zu liegen, ist während dieser Zeit kein Sklave mehr; im Schlafe fühlt er nicht die Last seiner Ketten. Ein Gefangener muß also den Unbescheidenen, der ihn aufweckt, als einen Henkersknecht ansehen, der ihn seiner Freiheit beraubt, um ihn wieder ins Elend zurückzustoßen; denn das Erwachen bringt ihn wieder zum Gefühl seines ganzen Unglücks. Dazu kommt noch, daß der schlafende Gefangene meistens träumt, daß er frei sei, gerade wie ein unglücklicher Hungernder im Traume sich an einer besetzten Tafel sitzen sieht. Ich wünschte mir Glück, daß ich meine große Arbeit nicht vor seiner Ankunft begonnen hatte, um so mehr, da er verlangte, daß ausgefegt würde. Als er es zum erstenmal verlangte, mußte ich über die Büttel lachen; sie sagten ihm nämlich, ich würde den Tod davon haben. Er bestand auf seiner Forderung, und da blieb mir denn nichts anderes übrig, als mich krank zu stellen; denn ich mußte in meinem eigenen Interesse entgegenkommend sein.

Am Mittwoch der heiligen Woche meldete Lorenzo uns, am Nachmittag werde der Sekretär uns den üblichen Osterbesuch machen, um diejenigen zu beruhigen, die das Sakrament des heiligen Abendmahls zu empfangen wünschten, und um zu erfahren, ob sie nichts gegen den Kerkermeister vorzubringen hätten.

»Also, Signori, wenn Sie sich über mich zu beschweren haben, so tun Sie es. Kleiden Sie sich vollständig an; denn dies verlangt die Etikette.«

Ich befahl Lorenzo, mir für den nächsten Tag einen Beichtvater kommen zu lassen.

Ich zog mich vollständig an, und der Jude folgte meinem Beispiel; doch nahm er im voraus Abschied von mir, so sicher glaubte er zu sein, der Sekretär würde ihm die Freiheit wiedergeben, sobald er mit ihm gesprochen hätte.

»Mein Vorgefühl«, sagte er zu mir, »ist von der Art derer, die mich noch niemals getäuscht haben.«

»Ich wünsche Ihnen dazu Glück, aber machen Sie die Rechnung nicht ohne den Wirt.«

Er verstand mich nicht.

Der Sekretär kam. Sobald unser Kerker aufgestoßen war, lief der Jude hinaus und warf sich auf beide Knie vor ihm nieder. Vier oder fünf Minuten lang hörte ich nur sein Weinen und Geschrei; denn der Sekretär sagte kein Wort zu ihm. Der Jude kam zurück, und Lorenzo sagte mir, ich solle herauskommen. Mit meinem acht Monate alten Bart und in einem Rock, der für Liebesabenteuer im Monat Juli gemacht worden war, mußte ich bei der herrschenden Kälte einen recht komischen Anblick darbieten. Ich schlotterte vor Frost, und dies war mir sehr unangenehm, denn ich fürchtete, der Sekretär könnte sich einbilden, daß ich vor Furcht zitterte. Da ich mich tief bücken mußte, um aus meinem Loch hinauszugelangen, so war die Verbeugung bereits gemacht. Ich richtete mich wieder auf, sah ihn mit ruhigem Gesicht an, ohne einen übel angebrachten Stolz zu zeigen, und wartete, daß er das Wort an mich richten würde. Der Sekretär schwieg ebenfalls, und so standen wir wie zwei Bildsäulen einander gegenüber. Als er nach zwei Minuten sah, daß ich nichts zu ihm sagte, grüßte der Sekretär mich mit einer leichten Neigung des Kopfes und ging. Ich kehrte in meinen Kerker zurück, zog mich so schnell wie möglich aus und legte mich in mein Bett, um mich wieder zu erwärmen. Der Jude war erstaunt, daß ich dem Sekretär nichts gesagt hatte, während doch in Wirklichkeit mein Schweigen viel mehr ausdrückte als sein feiges Geschrei. Ein Gefangener wie ich durfte nur vor seinem Richter den Mund auftun, um auf dessen Fragen zu antworten.

Am Gründonnerstag nahm ein Jesuit mir die Beichte ab, und zwei Tage darauf reichte ein Priester von San Marco mir das heilige Abendmahl. Meine Beichte schien dem Jesuiten zu wortkarg zu sein, und er hielt es für angebracht, Ermahnungen an mich zu richten, bevor er mich ledig sprach.

»Beten Sie zu Gott?« fragte er mich.

»Vom Morgen bis zum Abend und vom Abend bis zum Morgen! Denn in der Lage, worin ich mich befinde, kann alles, was in mir vorgeht, mein Denken, meine Ungeduld und sogar jede Verirrung meines Geistes in den Augen der göttlichen Weisheit, die allein mein Herz sieht, nichts anderes als ein Gebet sein.«

Der Jesuit lächelte leise und antwortete mit einer mehr metaphysischen als moralischen Betrachtung, die mit meiner Bemerkung gar nichts zu tun hatte. Ich würde ihn in allen Punkten widerlegt haben, hätte er mich nicht durch eine Prophezeiung erstaunt, welche großen Eindruck auf mich machte. Er sagte: »Da Sie von uns die Religion gelernt haben, so üben Sie sie wie wir, beten Sie wie wir und erfahren Sie, daß Sie erst am Tage des Heiligen, dessen Namen Sie tragen, von hier loskommen werden!«

Nach diesen Worten erteilte er mir die Absolution und verließ mich. Es ist unglaublich, welchen Eindruck der Mann mir hinterließ; ich wehrte mich dagegen; aber es war mir unmöglich, mich von dem Gedanken frei zu machen. Ich machte mich ans Werk und nahm im Kalender alle Heiligen durch.

Der Jesuit war der Gewissensrat des alten Senators Flaminio Corner, der damals Staatsinquisitor war. Der alte Herr war ein berühmter Schriftsteller, großer Politiker, sehr fromm und Verfasser von Erbauungsbüchern und asketischen Schriften in lateinischer Sprache. Sein Ruf war ohne Makel.

Da ich also erfahren hatte, daß ich am Tage meines Schutzheiligen mein Gefängnis verlassen sollte, und da ich annehmen durfte, daß der Jesuit, der es mir mitgeteilt hatte, es aus sicherer Quelle wußte, so freute ich mich vor allem, einen Schutzheiligen zu haben. Aber wer ist es? fragte ich mich. Das hätte mir selbst der Jesuit nicht sagen können. Santiago de Compostela, dessen Namen ich trug, konnte es nicht sein; denn gerade am Tage dieses Heiligen hatte der Messergrande meine Tür zerbrochen. Ich nahm den Kalender her und fand als nächsten Heiligen Georg, der ja in einigem Rufe steht, an den ich aber niemals gedacht hatte. Ich hielt mich also an den heiligen Markus, dessen Fest auf den Fünfundzwanzigsten des Monats fiel und dessen Schutz ich als Venezianer beanspruchen konnte. An ihn richtete ich nun meine Gebete, aber vergebens; denn sein Fest ging vorüber, und ich war immer noch eingesperrt. Nun wählte ich mir den heiligen Jakobus, den Bruder Jesu Christi, der vor dem heiligen Philippus kommt, aber wiederum sah ich mich getäuscht. Dann wandte ich mich an den heiligen Antonius, der, wie man in Padua sagt, täglich dreizehn Wunder tut. Für mich tat er kein einziges. So ging ich von einem zum anderen und gewöhnte mich unmerklich daran, auf den Schutz der Heiligen nur in der Weise zu hoffen, wie man auf alles hofft, das man wünscht. Ich glaubte nicht mehr daran und setzte zuletzt ein wahres Zutrauen nur in meinen heiligen Spieß und in die Kraft meiner Arme. Indessen hat die Verheißung des Jesuiten sich doch erfüllt, denn ich verließ die Bleikammern am Allerheiligentage, und ganz gewiß mußte, wenn ich einen Heiligen für mich hatte, dieser sich unter denen befinden, zu deren Ehre das Fest gefeiert wird.

Zwei oder drei Wochen nach Ostern befreite man mich von meinem lästigen Israeliten; anstatt nach Hause zu kommen, wurde der arme Teufel auf zwei Jahre in die Quattro geschickt; als er wieder loskam, ließ er sich in Triest nieder, wo er seine Tage beschloß.

Sobald ich mich allein sah, ging ich eifrig ans Werk. Ich mußte mich beeilen, weil ich immer zu befürchten hatte, daß man mir irgendeinen neuen Gast schickte, der ebenso lästig war wie der Jude und das Ausfegen verlangte. Ich schob mein Bett zur Seite, zündete meine Lampe an und warf mich platt auf den Fußboden; meinen Spieß hatte ich in der Hand, und ein Tuch lag neben mir, um die Splitter des Fußbodens aufzunehmen. Ich mußte die Bretter dadurch zerstören, daß ich die Spitze meines Werkzeugs hineinbohrte. Die Stücke, die ich losbrach, waren anfangs mir so groß wie ein Weizenkorn, bald aber wurden sie größer.

Das Brett war aus Lärchenholz und sechzehn Zoll breit[11]. Ich begann meine Arbeit an der Stelle, wo das Brett sich an ein anderes anfügte, und da kein Nagel oder eiserner Beschlag vorhanden war, so ging die Arbeit ganz glatt. Nach sechsstündiger Arbeit knotete ich mein Tuch zusammen und legte es auf die Seite, um es am nächsten Morgen hinter den Papierhaufen auszuleeren, der sich auf dem Dachboden befand. Die Splitter bildeten einen vier- oder fünfmal größeren Haufen als das Loch, woraus ich sie hervorgeholt hatte. Die Krümmung mochte etwa dreißig Grad betragen und ihr Durchmesser zirka zehn Zoll[12]. Ich rückte mein Bett wieder an seine Stelle, und als ich am nächsten Tage mein Tuch ausleerte, vergewisserte ich mich, daß meine Splitter nicht gesehen werden konnten.

Am nächsten Tage hatte ich das erste Brett, das zwei Zoll dick war, durchbrochen; aber unter demselben fand ich ein zweites, das mir von derselben Beschaffenheit zu sein schien. In meiner Furcht, neue Besuche zu erhalten, verdoppelte ich meine Anstrengungen und war in drei Wochen mit drei Brettern fertig, aus denen der Fußboden bestand. Nun aber glaubte ich mich verloren, denn ich stieß auf eine Schicht von Marmorstücken, die man in Venedig *terrazzo marmorin* nennt. Es ist der gewöhnliche Fußboden aller venezianischen Häuser, ausgenommen in den Wohnungen der Armen; denn selbst die vornehmsten Herren ziehen den Terrazzo dem schönsten Parkett vor. Ich war betroffen, als ich sah, daß mein Spieß nicht in diese zusammengekittete Masse eindrang. Dieses Hindernis hätte mich beinahe gänzlich entmutigt. Da fiel mir ein, daß, nach Titus Livius, Hannibal sich einen Weg durch die Alpen gebahnt, indem er die Felsen durch Hacken oder andere Werkzeuge zerbrechen ließ, nachdem er sie vorher mit Essig erweicht hatte. Ich glaubte, daß Hannibal dies nicht durch *aceto* [Essig] vollbracht hätte, sondern durch *asceta*, was im paduanischen Latein recht wohl dasselbe wie *ascia* [Axt] bedeuten konnte; wer kann übrigens dafür bürgen, daß ein Abschreiber keine Fehler macht? Nichts destoweniger goß ich eine Flasche starken Weinessig, den ich besaß, in mein Loch hinein; und sei es nun die Wirkung des Essigs gewesen, sei es, daß ich ausgeruht war und mehr Kraft und Geduld zur Arbeit mitbrachte – genug, ich sah bald, daß ich die neue Schwierigkeit überwinden würde. Ich mußte nicht die Marmorstücke zerbrechen, sondern vielmehr mit der Spitze meines Werkzeugs den Zement, der sie verband, zerkleinern. Bald bemerkte ich zu meiner großen Freude, daß die Hauptschwierigkeit nur an der Oberfläche lag. In drei Tagen war das ganze Mosaik zerstört, ohne daß die Spitze meines Spießes den geringsten Schaden gelitten hatte.

Unter der Steinschicht fand ich wieder ein Brett, aber dies hatte ich erwartet. Es mußte meiner Meinung nach das letzte sein, das heißt: das erste, von unten an gerechnet, in der Decke, die sich über dem Saal befand. Ich nahm es mit einiger Schwierigkeit in Angriff; denn da mein Loch schon zehn Zoll tief war, war die Handhabung meines Spießes recht unbequem. Tausendmal empfahl ich mich der Barmherzigkeit Gottes. Die Freigeister, welche behaupten, das Gebet sei nichts wert, wissen nicht, was sie sagen. Ich aber weiß aus Erfahrung, daß ich immer viel stärker war, nachdem ich zu Gott gebetet hatte. Dies genügt, um die Nützlichkeit des Gebetes zu beweisen, mag nun die Vermehrung der Kraft unmittelbar von Gott herrühren oder nur von dem Vertrauen, das man zu ihm hat.

Am 25. Juni feiert allein auf der ganzen Welt die Republik Venedig die wunderbare Erscheinung des heiligen Markus unter der symbolischen Gestalt eines geflügelten Löwen in der Kapelle des Dogen. Man ist überzeugt, diese Erscheinung habe gegen Ende des elften Jahrhunderts stattgefunden; sie zeigte der hohen Weisheit des zu jener erleuchteten Zeit herrschenden Senates an, daß es angebracht war, den heiligen Theodor, der nicht mehr Einfluß genug hätte, den Venezianern bei ihren Vergrößerungsplänen zu helfen, nunmehr auf die Seite zu schieben und dafür den Schüler des heiligen Paulus oder, nach Eusebius, des heiligen Petrus zu erwählen. An diesem Tage lag ich gegen drei Uhr nachmittags völlig nackt und schweißüberströmt glatt auf dem Bauch und arbeitete an der Fertigstellung meines Loches; neben mir stand meine angezündete Lampe, um mir bei der Arbeit zu leuchten. Plötzlich hörte ich zu meinem tödlichen Entsetzen den Riegel des ersten Korridors kreischen und dessen Tür sich öffnen. Entsetzlicher Augenblick! Ich blies die Lampe aus, ließ meinen Spieß im Loch, warf das Tuch mit den Holzsplittern hinein und brachte schnell, so gut ich es konnte, mein Bett in Ordnung, indem ich Strohsack und Matratze darüber hinwarf. Dann sank ich wie tot auf mein übriges Bettzeug hin. In demselben Augenblick öffnete sich die Tür meines Kerkers. Wäre er zwei Minuten früher gekommen, so hätte Lorenzo mich überrascht. Er wäre beinahe auf mich getreten; als ich aber einen Schmerzensschrei ausstieß, trat er zurück und rief:

»Mein Gott, Signore, Sie tun mir wirklich leid; man erstickt ja hier wie in einem Backofen. Stehen Sie auf, und danken Sie Gott, der Ihnen ausgezeichnete Gesellschaft schickt! Nur herein, herein, Illustrissimo Signore!« [hochverehrter Herr] sagte er zu dem Unglücklichen, der ihm folgte. Ohne auf meine Nacktheit Rücksicht zu nehmen, ließ der Kerl den ›Illustrissimo‹ eintreten, der bei meinem Anblick entsetzt zurückwich, während ich vergeblich nach meinem Hemd suchte.

Der Neue glaubte, in die Hölle gekommen zu sein, und rief: »Wo bin ich? In was für ein Loch steckt man mich, großer Gott! Welche Hitze! Welcher Gestank! Wer ist hier drinnen?«

Lorenzo ließ ihn hinausgehen und bat mich, ein Hemd anzuziehen und einen Augenblick auf den Dachboden einzutreten. Dann sagte er dem neuen Gefangenen, er habe Befehl, ihm ein Bett und alles Notwendige zu besorgen, und lasse uns bis zu seiner Rückkehr auf dem Dachboden; unterdessen werde der schlechte Geruch, der nur von Öl herrühre, sich aus dem Gefängnis verziehen. Welche Überraschung für mich, ihn diese letzten Worte sagen zu hören! In der Übereilung hatte ich versäumt, den Docht auszudrücken, nachdem ich die Lampe ausgeblasen hatte. Da Lorenzo mich nicht darüber befragte, so nahm ich an, er müsse alles wissen, und nur der unglückselige Jude hätte mich verraten. Wie freute ich mich, daß er ihm nicht noch mehr hatte sagen können!

In diesem Augenblick fühlte ich den Abscheu schwinden, den ich bisher gegen Lorenzo empfand.

Nachdem ich ein Hemd angezogen und meinen Schlafrock übergeworfen, ging ich hinaus und fand meinen neuen Gefährten beschäftigt, mit Bleistift aufzuschreiben, was der Schließer ihm bringen sollte. Kaum war sein Blick auf mich gefallen, so rief er aus: »Ah, Casanova!«

Ich erkannte sofort den Abbate Graf Fenaroli aus Brescia, einen Mann von etwa fünfzig Jahren, liebenswürdig, reich und in der guten Gesellschaft beliebt. Er umarmte mich, und als ich ihm sagte, ich hätte eher ganz Venedig hier oben zu sehen erwartet als ihn, konnte er seine Tränen nicht zurückhalten, und auch ich weinte vor Rührung.

Sobald wir allein waren, sagte ich ihm, ich würde ihm, wenn sein Bett gebracht würde, den Alkoven anbieten, aber ich bäte ihn, diesen nicht anzunehmen. Ferner bat ich ihn, er möchte nicht verlangen, daß ausgefegt würde; den Grund würde ich ihm später mitteilen. Er versprach mir, er werde alles aufs strengste geheimhalten, und sagte mir, er schätze sich glücklich, daß man ihn zu mir geführt habe. Er erzählte mir ferner: Da niemand das Verbrechen kenne, wegen dessen ich unter den Bleidächern sei, so wolle ein jeder es erraten. Die einen behaupteten, ich sei das Oberhaupt einer neuen Religion; andere, Signora Memmo habe den Inquisitoren eingeredet, ich verführe ihre Söhne zum Atheismus; noch andere behaupteten, Antonio Condulmer habe als Staatsinquisitor mich wegen Störung des öffentlichen Friedens einsperren lassen, weil ich die Theaterstücke des Abbate Chiari ausgepfiffen habe und mit dem Gedanken umgegangen sei, eigens nach Padua zu reisen, um ihn zu töten.

Alle diese Anschuldigungen waren bis zu einem gewissen Grade begründet und erhielten dadurch einen Anstrich von Wahrscheinlichkeit; im Grunde aber waren sie alle vollständig falsch. Ich machte mir zuwenig aus der Religion, um mir mit der Begründung einer neuen den Kopf zu zerbrechen. Die geistvollen Söhne der Signora Memmo waren eher dazu angetan zu verführen, als verführt zu werden, und der Signor Condulmer hätte viel zu tun gehabt, wenn er alle Leute hätte einsperren lassen, die den Abbate Chiari auspfiffen. Diesem Abbate aber und Exjesuiten hatte ich verziehen, denn der berühmte Pater Origo, ebenfalls Exjesuit, hatte mich gelehrt, mich dadurch an Chiari zu rächen, daß ich in allen Gesellschaften Gutes von ihm sagte, wodurch die boshaften Zuhörer dazu angeregt wurden, tausend Spöttereien gegen ihn vorzubringen; so fand ich mich gerächt, ohne mir selber Mühe zu machen.

Gegen Abend brachte man ein gutes Bett, schöne Wäsche, wohlriechende Wasser, ein gutes Abendessen und ausgezeichnete Weine. Der Abbate bezahlte den gewöhnlichen Tribut, das heißt, er aß nichts. Dafür speiste ich ausgezeichnet für zwei. Sobald Lorenzo uns guten Abend gewünscht und bis zum nächsten Tage wieder eingeschlossen hatte, holte ich meine Lampe hervor, die ich leer fand, denn das Tuch hatte alles Öl aufgesaugt. Ich mußte darüber herzlich lachen, indem ich mir die Verwirrung vorstellte, die dadurch hätte hervorgerufen werden können, daß durch den Docht das Tuch angezündet worden und dadurch eine Feuersbrunst ausgebrochen wäre. Ich teilte meine Gedanken meinem Gefährten mit, der darüber ebenfalls lachte; hierauf zündete ich meinen Lichtspender wieder an, und wir verbrachten die Nacht in sehr angenehmen Gesprächen. Folgendes war die Geschichte seiner Verhaftung:

»Gestern nachmittag um fünf Uhr stiegen Signora Alessandri, Graf Paolo Martinengo und ich in eine Gondel. Wir fuhren über Fusina nach Padua, um dort die Oper zu sehen und dann sofort nach Venedig zurückzukehren. Während des zweiten Aktes trieb mich mein böser Geist, einen Augenblick in den Spielsaal zu gehen, wo ich das Unglück hatte, den österreichischen Gesandten Graf Rosenberg mit abgenommener Maske zu sehen. Zehn Schritte von ihm stand Signora Ruzzini, deren Mann als Gesandter der Republik nach Wien gehen soll. Ich begrüßte beide und wollte mich entfernen, als der Gesandte laut zu mir sagte: ›Sie sind recht glücklich, daß Sie einer so liebenswürdigen Dame den Hof machen können. In solchen Augenblicken macht die Stellung, die ich hier einnehme, das schönste Land für mich zu einer Galeere. Bitte, sagen Sie ihr, die Gesetze, die mich hier hindern, mit ihr zu sprechen, seien in Wien nicht in Geltung; dort würde ich sie nächstes Jahr sehen und ihr dann den Krieg erklären!‹ Signora Ruzzini sah, daß von ihr gesprochen wurde, und fragte mich, was der Graf gesagt habe; ich erzählte es ihr Wort für Wort. ›Antworten Sie ihm‹, sagte sie zu mir, ›ich nehme die Kriegserklärung an, und wir werden sehen, wer von uns beiden am besten fechten kann.‹ Ich glaubte, kein Verbrechen zu begehen, indem ich diese Antwort überbrachte, die doch im Grunde nur ein Kompliment war. Nach der Oper nahmen wir ein leichtes Abendessen zu uns; dann fuhren wir zurück und kamen um Mitternacht hier an. Ich wollte gerade zu Bett gehen, als ein Bote mir einen Brief überbrachte. Dieser enthielt den Befehl, mich um vier Uhr mittags in der Bussola einzufinden, da der Circospetto Segretario des Rates der Zehn, Signor Businello, mit mir zu sprechen habe. Erstaunt über einen solchen Befehl, der stets von schlimmer Vorbedeutung ist, und ärgerlich, ihm gehorchen zu müssen, begab ich mich zur bestimmten Stunde an den bezeichneten Ort; der Sekretär würdigte mich nicht eines einzigen Wortes und befahl, mich hierherzubringen.«[13]

Gewiß war der vom Grafen Fenaroli begangene Fehltritt nichts weniger als ein Verbrechen; aber es gibt Gesetze, die man in aller Unschuld übertreten kann und deren Übertretung trotzdem strafbar ist. Ich wünschte ihm Glück dazu, daß ihm sein Verbrechen bekannt sei, und sagte ihm, man werde ihn nach achttägiger Haft entlassen und ihn zugleich bitten, sechs Monate in Brescia zu verbringen. »Ich glaube nicht«, sagte er zu mir, »daß man mich acht Tage hierläßt.« Ich ließ ihn in seinem Glauben; aber meine Vorhersage erfüllte sich. Ich beschloß, ihm gute Gesellschaft zu leisten, um seine Erbitterung über die Verhaftung zu lindern, und ich versetzte mich so vollständig in seine Lage, daß ich meine eigene völlig vergaß.

Am nächsten Tage gleich nach Sonnenaufgang brachte Lorenzo Kaffee und einen Korb mit allem, was zu einem guten Mittagessen nötig ist. Der Abbate war sehr überrascht, denn er begriff nicht, wie man von ihm annehmen konnte, daß er zu solcher Stunde Lust zum Essen habe. Man ließ uns eine Stunde auf dem Dachboden spazierengehen; hierauf schloß man uns wieder ein, und damit waren wir für den Tag erledigt. Die Flöhe, die uns peinigten, veranlaßten ihn, mich zu fragen, warum ich nicht ausfegen ließe. Unmöglich konnte ich ihn glauben lassen, daß ich an solcher Unsauberkeit Gefallen fände oder daß meine Haut härter sei als die seinige. Ich sagte ihm alles. Er war betrübt, mich gewissermaßen gezwungen zu haben, ihm ein so wichtiges Geständnis zu machen; aber er ermutigte mich, meine Arbeit eifrig fortzusetzen und sie womöglich noch an demselben Tage zu beendigen. Er wolle mir helfen, mich in den unteren Saal hinabzulassen, und wolle hierauf den Strick wieder hochziehen; indessen wolle er seine eigene Angelegenheit nicht durch eine Flucht verschlimmern. Ich zeigte ihm das Modell einer Vorrichtung, mittels derer ich sicher war, das Bettuch, das mir als Strick dienen sollte, nach dem Gebrauch zu mir herunterzuziehen; das war ein kleines Stäbchen, an dessen einem Ende ein langer Bindfaden befestigt war. Mein Strick sollte an meiner Bettstelle nur mittels dieses Stäbchens befestigt sein; der Bindfaden hing bis zum Fußboden des Inquisitorensaales hinunter; sobald ich unten wäre, würde ich mit einem Ruck das Stäbchen frei machen, und die Bettücher fielen zu Boden. Er überzeugte sich von der sicheren Wirkung und wünschte mir Glück dazu. Diese Vorsichtsmaßregel war unerläßlich; denn wenn die Bettücher hängengeblieben wären, hätte ich durch sie sofort verraten werden müssen. Lorenzo wäre es augenblicklich gewahr geworden, wenn er durch den Saal zu den Gefängnissen ging. Dann hätte er mich sofort gesucht, gefunden und angehalten.

Mein edler Gefährte ließ sich von mir überzeugen, daß ich meine Arbeit aufschieben mußte; denn ich wollte vor einer Überraschung auf der Hut sein, da ich noch mehrere Tage brauchte, um das Loch fertig zu machen, das dem Schließer Lorenzo das Leben kosten würde. Konnte wohl der Gedanke mich zurückhalten, daß ich meine Freiheit auf Kosten eines solchen Menschen erkaufte? Ich hätte ebenso gehandelt, auch wenn meine Flucht allen Sbirren der Republik und sogar den Staatsinquisitoren selber das Leben gekostet hätte. Sogar das Heiligste von allem, das Vaterland, wird ein Nichts dem Menschen, den es unterdrückt!

Meine gute Laune hielt meinem Gefährten nicht alle Anfälle von Schwermut fern. Er liebte Signora Alessandri, vormals Sängerin und jetzige Geliebte oder Gattin seines Freundes Martinengo, und er wurde ohne Zweifel erhört; aber je glücklicher ein Liebhaber ist, desto unglücklicher wird er, wenn man ihn von der Geliebten fernhält. Er seufzte, er vergoß Tränen, und oft rief er aus, er liebe eine Frau, die ein Muster aller Tugenden sei. Ich beklagte ihn, und es fiel mir nicht ein, ihm zum Trost zu sagen, daß die Liebe nur eine Kleinigkeit sei. Dieser Trost, den oft die Toren Liebenden geben, ist kein Trost; es ist nicht einmal wahr, daß die Liebe nur eine Kleinigkeit ist.

Die acht Tage, die ich ihm prophezeit hatte, vergingen sehr schnell. Ich verlor den lieben Gefährten, aber ich hielt mich nicht damit auf, ihm nachzutrauern: er bekam seine Freiheit wieder, und das war für mich Grund genug, mich zu freuen. Ich dachte nicht daran, ihn zur Verschwiegenheit zu ermahnen; der geringste Zweifel in dieser Hinsicht hätte seine schöne Seele beleidigt. Während der acht Tage, die er bei mir verbrachte nährte er sich nur von Suppe, Früchten und Kanarienwein, sein gutes Essen verzehrte ich, und dies machte ihm viel Freude. Beim Abschied schworen wir uns die innigste Freundschaft.

Am nächsten Tage legte Lorenzo mir Rechnung über mein Geld für den Monat Juni ab. Es war ein Rest von vier Zechinen zu meinen Gunsten vorhanden, und er wurde gerührt, als ich ihm sagte, daß ich sie seiner Frau schenke. Ich sagte ihm nicht, daß es Mietgeld für die Lampe sei, aber er konnte sich dies wohl denken.

Ich nahm nun meine Arbeit wieder auf und setzte sie ohne Unterlaß fort; am 23. August sah ich sie fertig. Daß es so lange dauerte, daran war ein sehr natürliches Ereignis schuld: das letzte Brett durchbohrte ich mit der größten Vorsicht, indem ich ganz allmählich einen Splitter nach dem andern abhob, bis das Brett sehr dünn geworden war; als ich bis an die Oberfläche vorgedrungen war, legte ich mein Auge an ein kleines Loch, durch welches ich das Zimmer der Inquisitoren sehen mußte. Ich sah es auch wirklich, bemerkte aber zur gleichen Zeit einen Balken von etwa acht Zoll Dicke. Was ich immer gefürchtet hatte, war geschehen: ich war auf einen der Deckenbalken gestoßen. Dies zwang mich, meine Öffnung nach der entgegengesetzten Seite zu erweitern; denn durch den Balken wäre der Durchgang so eng geworden, daß meine ziemlich kräftige Gestalt niemals hindurchgekonnt hätte. Ich vergrößerte also das Loch um ein Viertel, wobei ich zwischen Furcht und Hoffnung schwebte; denn es hätte wohl sein können, daß der Raum zwischen diesem bis zum nächsten Deckenbalken nicht ausreichte. Als ich mit der Erweiterung fertig war, erlaubte ein zweites kleines Loch mir, festzustellen, daß Gott mein Werk gesegnet hatte. Die kleinen Löcher stopfte ich sorgfältig wieder zu, damit nichts in den Saal hinunterfalle und kein Strahl meiner Lampe von dort aus gesehen werden könne; denn dadurch wäre ich entdeckt worden und verloren gewesen.

Ich setzte meine Entweichung auf die Nacht vor dem Augustinustage[14] fest, weil ich wußte, daß aus Anlaß dieses Festes der Große Rat sich versammelte und daß infolgedessen niemand sich in der Bussola befinden würde, die unmittelbar an das Zimmer stieß, durch das ich auf meiner Flucht hindurchmußte. Die Ausführung sollte also am 27. stattfinden; aber am Mittag des 25. August stieß mir ein Unglück zu, dessen Erinnerung mich noch jetzt schaudern macht, obgleich seitdem so viele Jahre verflossen sind.

Genau um zwölf Uhr hörte ich das Geräusch der Riegel, und ich glaubte zu sterben; mich befiel ein so heftiges Herzklopfen, daß ich fürchtete, mein letzter Augenblick sei gekommen. Halb bewußtlos warf ich mich in meinen Lehnstuhl und wartete. Lorenzo betrat den Dachboden und rief mir mit fröhlicher Stimme durch mein Gitterfenster zu: »Ich wünsche Ihnen Glück zu der guten Nachricht, die ich bringe.« Ich glaubte, er wollte mir melden, daß ich frei wäre, denn an etwas anderes dachte ich nicht. Ich zitterte bei dem Gedanken; denn ich glaubte, daß durch die Entdeckung des Lochs meine Begnadigung rückgängig gemacht werden könnte.

Lorenzo trat ein und sagte mir, ich solle mitkommen.

»Wartet, ich werde mich anziehen.«

»Das ist nicht nötig; denn Sie brauchen nur von diesem schlechten Gefängnis nach einem andern, ganz neuen zu gehen, wo Sie durch zwei Fenster eine Aussicht über halb Venedig haben und wo Sie aufrecht stehen können.«

Ich fühlte mich einer Ohnmacht nahe und sagte zu ihm: »Gebt mir Essig und sagt dem Sekretär, ich danke dem Tribunal für diese Gnade, aber ich bitte, mich hier zu lassen.«

»Sie machen mich lachen, Signore! Sind Sie verrückt geworden? Man will Sie aus der Hölle befreien und Sie ins Paradies bringen, und Sie weigern sich! Vorwärts, vorwärts! Der Befehl muß befolgt werden; stehen Sie auf! Ich werde Ihnen den Arm geben und werde durch die Büttel Ihre Sachen und Ihre Bücher nachbringen lassen.«

Da ich sah, daß jeder Widerstand vergeblich war, stand ich auf. Ich fühlte eine große Erleichterung, als ich hörte, daß einem der Sbirren befohlen wurde, mir meinen Lehnstuhl nachzutragen: also folgte mir mein Spieß und mit ihm die Hoffnung. Gar zu gern hätte ich auch mein schönes Loch mitnehmen mögen, das mir so viele Mühe gekostet und worauf ich so viele Hoffnungen gesetzt hatte, die nun alle verloren waren. Ich kann wohl sagen: Als ich diesen schrecklichen Ort der Schmerzen verließ, blieb meine ganze Seele dort zurück.

Auf Lorenzos Schultern gestützt, der durch seine dummen Späße mich zu erheitern glaubte, durchschritt ich zwei enge Korridore. Dann ging es drei Stufen hinab, und ich betrat einen sehr hellen Saal; in dessen linker Ecke am Ende führte eine kleine Türe in einen anderen, zwei Fuß breiten und ungefähr zwölf Fuß langen Korridor, und in der Ecke war mein neues Gefängnis. Dieses hatte ein vergittertes Fenster nach dem Korridor hinaus, der durch zwei ebenfalls vergitterte Fenster sein Licht erhielt, und durch diese hatte man eine herrliche Aussicht bis zum Lido.

Ich war in diesem traurigen Augenblick nicht in der Stimmung, mich daran zu erfreuen. Indessen sah ich später mit Vergnügen, daß durch dieses Fenster, wenn es offen war, ein sanfter und frischer Wind eindrang, der die unerträgliche Hitze milderte. Dies war ein wahrer Balsam für den Unglücklichen, der hier oben atmen mußte, besonders während der heißen Jahreszeit.

Wie der Leser sich denken kann, fanden alle diese Beobachtungen erst später statt. Als ich mein neues Gefängnis betreten hatte, ließ Lorenzo meinen Lehnstuhl hineinstellen; dann entfernte er sich mit den Worten, den Rest meiner Sachen werde er mir bringen lassen.

Der Stoizismus des Zenon[15] und die Ataraxia des Pyrrhon[16] beschäftigen den Geist mit sonderbaren Vorstellungen. Sie werden gepriesen und belacht, bewundert und verspottet. Nur mit Vorbehalt halten die Gelehrten sie für möglich. Aber nach meiner Meinung kann jeder Urteiler über moralisch Mögliches und Unmögliches immer nur von sich selbst sprechen; denn wenn man redlich ist, kann man eine innere Kraft nicht anerkennen, deren Keim man nicht in sich selber fühlt. Und so finde ich in mir selbst, daß der Mensch durch eine mühe- und kunstvoll erworbene Kraft vielleicht Wehklagen über den Schmerz unterdrücken und sich gegen seine ersten Anfälle wehren kann. Aber dies ist auch alles. Das *abstine et sustine* [verzichte und dulde][17] kennzeichnet einen guten Philosophen. Aber die körperlichen Schmerzen, die ein Stoiker empfindet, werden denen eines Epikureers nichts nachgeben. Die Schmerzen brennen heftiger den, der sie verbirgt, als den, der sich durch Klagen eine wirkliche Erleichterung verschafft. Der Mensch, der bei einem für ihn entscheidenden Ereignis gleichgültig erscheinen will, trägt nur den leeren Schein des Gleichmuts zur Schau, falls er nicht etwa blödsinnig oder verrückt ist. Der sich völliger Ruhe rühmt, der lügt – und Sokrates möge mir diese Bemerkung nicht übelnehmen. Ich will Zenon alles glauben, sobald er mir zeigt, daß er das Geheimnis gefunden hat, der Natur das Erbleichen und Erröten, das Lachen und Weinen zu verwehren.

Unbeweglich wie eine Bildsäule saß ich in meinem Lehnstuhl und erwartete das Gewitter. Und doch hatte ich keine Furcht. Mich lähmte nur der niederschmetternde Gedanke, daß alle Mühe und Pläne verloren waren. Trotzdem empfand ich keine Reue, sondern nur Bedauern. Nicht an die Zukunft zu denken, war der einzige Trost, den ich mir verschaffen konnte.

Indem ich meine Gedanken zu Gott erhob, konnte ich nicht

umhin, das neue Unglück, das mich traf, als eine Strafe anzusehen, die Gott selber mir sandte, weil ich nicht geflohen war, sobald die Mittel dazu bereit waren. Indessen, wenn ich auch aner-
kannte, daß ich drei Tage früher hätte entfliehen können, so
mußte ich doch die Strafe zu hart finden; denn ich hatte mein
Unternehmen nur aus Vorsicht aufgeschoben, und dies schien
mir eher eine Belohnung zu verdienen; denn wenn ich meiner
eigenen Ungeduld gefolgt wäre, so hätte ich allen Gefahren ge-
trotzt. Aus Gründen der Vernunft hatte ich meine Flucht auf
den 27. August verschoben; um gegen diese Vernunft zu handeln, hätte es einer Offenbarung bedurft, und so verrückt hatte
mich das Buch der Maria de Agreda noch nicht gemacht.

In diesem Zustand voll ängstlicher Erwartung und Verzweiflung befand ich mich, als zwei Sbirren mir mein Bett brachten. Sie entfernten sich sofort wieder, um das übrige zu holen; aber es vergingen mehr als zwei Stunden, bevor ich jemanden wiedersah, obgleich die Tür meines neuen Gefängnisses offengeblieben war. Diese Verzögerung war nicht natürlich, und ich machte mir eine Menge Gedanken darüber; doch konnte ich zu einer festen Meinung nicht kommen. Ich wußte nur, daß ich alles zu befürchten hatte, und diese Gewißheit befähigte mich, alles aufzubieten, um in einen Zustand von Ruhe zu gelangen, der mich zum Widerstand gegen jedes Mißgeschick wappnete.

Außer den Bleikammern und den Quattro besitzen die Staatsinquisitoren noch neunzehn andere fürchterliche Gefängnisse. Sie befinden sich im Dogenpalast selber, unter der Erde, und sind entsetzliche Löcher für solche Unglückliche, die man nicht zum Tode verurteilen will, obgleich ihre Verbrechen sie einer solchen Strafe würdig erscheinen lassen.

Alle Richter und Herrscher der Erde haben stets gewissen Verbrechern eine große Gnade zu erweisen geglaubt, indem sie ihnen das Leben lassen, während ihre Handlungen den Tod verdient hätten. Aber oft tritt an die Stelle des augenblicklichen Todesschmerzes eine Lage, die nur ein unaufhörliches Leiden und darum schlimmer als der Tod ist. Vom religiösen und philosophischen Standpunkt aus kann man diese Strafumwandlungen nur dann als eine Gnade betrachten, wenn auch der Unglückliche, dem sie zuteil werden, sie als solche ansieht; aber der Verbrecher wird sehr selten befragt, und so artet die angebliche Gnade oft in eine wahre Ungerechtigkeit aus. Diese unterirdischen Gefängnisse sind wahre Gräber; aber man nennt sie die *pozzi*, weil in ihnen stets das Meerwasser zwei Fuß hoch steht; dieses dringt durch dasselbe Gitter ein, wodurch sie ein wenig

Licht empfangen. Das Gitterfenster ist nur einen Quadratfuß hoch. Wenn der unglückliche Gefangene, der in diesen schmutzigen Kloaken zu leben verdammt ist, nicht beständig ein Salzwasserbad nehmen will, muß er den ganzen Tag auf einem Gestell sitzen, worauf ein Strohsack liegt und das ihm auch als Speiseschrank dient. Am Morgen gibt man ihm einen Krug Wasser, eine dünne Suppe und eine Portion Schiffszwieback, die er sofort essen muß, wenn sie nicht die Beute der großen Wasserratten werden soll, von denen diese entsetzlichen Höhlen wimmeln. Für gewöhnlich sind die Unglücklichen, die man in dieses schreckliche Gefängnis sperrt, auf Lebenszeit verurteilt, und zuweilen kommt es vor, daß einer ein hohes Alter erreicht. Ein Verbrecher, der dieser Tage starb, während ich unter den Bleidächern war, hatte siebenunddreißig Jahre dort unten verbracht, und er war vierundvierzig Jahre alt gewesen, als er gefangengesetzt wurde. Da er überzeugt sein mußte, den Tod verdient zu haben, so hat er vielleicht die Umwandlung der Strafe als eine Gnade angesehen; denn es gibt Menschen, die nur den Tod fürchten. Er hieß Beguelin und war aus Frankreich gebürtig. Er hatte während des letzten Türkenkrieges im Jahre 1716 als Hauptmann bei den Truppen der Republik gedient und stand unter dem Befehl des Marschalls Graf von der Schulenburg, der den Großwesir nötigte, die Belagerung von Korfu aufzuheben. Beguelin diente dem Marschall als Spion: als Türke verkleidet, ging er in das Lager der Moslems; zugleich aber bediente er auch den Großwesir. Er wurde dieser doppelten Spionage überführt, und gewiß erwies man ihm eine Gnade, indem man ihn in die Pozzi schickte, dort zu sterben. Er hat da unten nur hungern und sich langweilen können; aber mit seinem gemeinen Charakter hat er sich vielleicht oft das Wort wiederholt: *dum vita superest bene est* [Wenn nur das Leben bleibt, ist alles gut][1].

Ich sah im Spielberg[2] in Mähren noch viel fürchterlichere Kerker; in diese brachte man aus Barmherzigkeit Verbrecher, die zum Tode verurteilt waren, und niemals hat es einer ein Jahr lang darin aushalten können, da man dort einen Tod stirbt, wie ihn *siculi non invenere tyranni* [die Tyrannen Siziliens nicht erfunden haben][3].

Während ich diese zwei tödlich langen Stunden wartete, kamen mir die düstersten Gedanken, und ich stellte mir alles mögliche Unglück vor. Natürlich bildete ich mir auch ein, man würde mich in eins dieser schrecklichen Löcher werfen, in denen der Unglückliche sich nur von trügerischen Hoffnungen nährt und ebenso unvernünftigen panischen Schrecken erliegt. Das Tribunal, das über die höchsten Höhen und über die tiefsten Tiefen des Palazzo verfügt, war wohl imstande, jemanden, der dem Fegefeuer zu entrinnen versucht hatte, nunmehr in die Hölle zu schicken.

Endlich hörte ich einige Schritte, und bald sah ich Lorenzo vor mir. Sein Gesicht war ganz verzerrt vor Zorn; er schäumte vor Wut und fluchte auf Gott und alle Heiligen. Er befahl mir, ihm die Hacke und die Werkzeuge herauszugeben, mittels deren ich den Fußboden durchbrochen hatte, und ihm den Sbirren zu nennen, der sie mir verschafft hätte. Ich antwortete ihm ganz kaltblütig und ohne mich zu rühren, ich wisse nicht, wovon er spreche. Auf diese Antwort hin befahl er, mich zu durchsuchen; ich stand aber mit entschlossenem Gesicht auf, zog mich selber ganz nackt aus und rief dem Halunken drohend zu: »Tut, was eures Amtes ist! Aber keiner unterstehe sich, mich anzurühren!«

Man durchsuchte meine Matratze, schüttete den Strohsack aus, befühlte die Polster meines Lehnstuhls und sah sogar in meinem stinkenden Fäßchen nach; man fand nichts.

»Sie wollen mir nicht sagen, wo die Werkzeuge sind, mit denen Sie das Loch gemacht haben; aber man wird Mittel finden, Sie zum Sprechen zu bringen!«

»Wenn es wahr ist, daß ich irgendwo ein Loch gemacht habe, so werde ich sagen, daß Ihr selber mir die Werkzeuge dazu gegeben habt und daß ich Euch alles zurückgegeben habe.«

Diese Drohung rief bei den Bütteln, die bei ihm waren und die er wahrscheinlich durch irgendwelche Bemerkungen verärgert hatte, ein beifälliges Lächeln hervor. Er stampfte mit dem Fuß auf, raufte sich die Haare und lief wie ein Besessener zur Tür hinaus. Seine Leute kamen wieder und brachten mir alle meine Sachen, mit Ausnahme meines Steines und meiner Lampe. Nachdem er mein Gefängnis geschlossen hatte, machte er die beiden Fenster zu, durch die ich ein wenig frische Luft empfing. So fand ich mich in einen engen Raum eingesperrt, wo ich von nirgendsher auch nur ein bißchen Luft erhalten konnte. Dies nahm ich mir aber nicht sehr zu Herzen, denn ich gestehe, daß ich der Meinung war, noch gut davongekommen zu sein. Lorenzo war ein alter erfahrener Gefängniswärter; trotzdem kam er glücklicherweise nicht auf den Gedanken, meinen Lehnstuhl umzudrehen. So besaß ich denn weiterhin meinen Spieß und dankte dafür der Vorsehung; denn ich glaubte, ihn immer noch als das Werkzeug des Glücks betrachten zu dürfen, das mir früher oder später meine Freiheit verschaffen würde.

Ich konnte die ganze Nacht kein Auge schließen, teils wegen der Hitze, teils wegen der gehabten Aufregung. Mit Tagesanbruch kam Lorenzo und brachte mir ungenießbaren Wein, dazu Wasser, das kein Mensch trinken konnte. Dementsprechend war auch alles übrige: der Salat war vertrocknet, das Fleisch stank, und das Brot war sehr hart. Er ließ mein Zimmer nicht reinigen, und als ich ihn bat, die Fenster zu öffnen, stellte er sich taub; aber ein Sbirre klopfte mit einer Eisenstange überall gegen die Wände und auf den Fußboden, ganz besonders unter dem Bett. Ich sah das alles mit unerschütterlichem Gesicht mit an; dabei entging es mir nicht, daß der Sbirre nicht gegen die Decke klopfte, und ich sagte zu mir selber, auf diesem Wege würde ich die Hölle hier verlassen. Um jedoch diesen Plan ausführen zu können, mußte ich abwarten, daß Umstände einträten, die nicht von mir abhingen; denn ich durfte nichts machen, was Lorenzos Blicken ausgesetzt war. Die Zelle war ganz neu; die kleinste Schramme wäre sofort von meinen Wächtern bemerkt worden.

Ich verbrachte einen fürchterlichen Tag, denn die Hitze war erstickend wie in einem Backofen, und außerdem waren die mir verabreichten Nahrungsmittel völlig ungenießbar. Das Schwitzen und der Mangel an Nahrung machten mich so schwach, daß ich weder lesen noch umhergehen konnte. Am nächsten Tage bekam ich ebensolches Essen; vor dem fauligen Gestank des Kalbfleisches, das der Kerl mir brachte, wich ich entsetzt zurück. »Hast du«, rief ich, »Befehl erhalten, mich an Hunger und Hitze sterben zu lassen?« Er antwortete nicht und schloß meinen Kerker wieder zu. Am dritten Tage die gleiche Behandlung. Ich verlangte Bleistift und Papier, um dem Sekretär zu schreiben; keine Antwort.

Verzweifelt aß ich meine Suppe und etwas Brot, in Zypernwein getunkt. Ich beschloß Kräfte zu sammeln, um mich am nächsten Tag an Lorenzo rächen zu können. Ich wollte ihm meinen Spieß durch die Kehle stoßen. In meiner Wut schien mir kein anderer Entschluß möglich zu sein. Die Nacht beruhigte mich, und als am andern Morgen der Wächter erschien, begnügte ich mich damit, ihm zu sagen, ich würde ihn töten, sobald ich wieder frei wäre. Er lachte nur über meine Drohung und ging wiederum hinaus, ohne den Mund aufzutun.

Ich begann zu glauben, er handle so auf Befehl des Sekretärs, dem er wahrscheinlich alles gemeldet hatte. Ich wußte nicht, was ich machen sollte: meine Geduld kämpfte mit meiner Verzweiflung. Meine Lage war fürchterlich, ich fühlte mich an Erschöpfung zugrunde gehen. Am achten Tage endlich übermannte mich die Wut: mit Donnerstimme nannte ich ihn in Gegenwart der Sbirren einen niederträchtigen Henker und befahl ihm, mir Rechnung über mein Geld abzulegen. Er antwortete mir kurz angebunden, ich würde die Abrechnung am nächsten Tage bekommen. Als er gehen wollte, ergriff ich den Kübel und tat, wie wenn ich ihn auf den Korridor ausgießen wollte. Er kam mir jedoch zuvor und befahl einem der Sbirren, mir den Kübel abzunehmen. Um den Geruch zu vertreiben, der sich unterdessen im Korridor verbreitet hatte, öffnete er ein Fenster, das er aber wieder schloß, sobald die Sache besorgt war, und ich blieb trotz meinem Geschrei in der Pestluft. Ich glaubte, daß ich diesen ekelhaften, aber unumgänglich notwendigen Dienst gerade den Beleidigungen verdankte, die ich ihm gesagt hatte, und beschloß daher, ihn am nächsten Tage noch schlechter zu behandeln. Aber meine Wut legte sich, sobald ich ihn sah, denn bevor er mir meine Rechnung vorlegte, übergab er mir einen Korb voll Zitronen, den Signor Bragadin mir geschickt hatte, und eine große Flasche mit Wasser, das gut zu sein schien; dazu ein sehr appetitliches gebratenes Huhn. Außerdem öffnete einer von den Sbirren die beiden Fenster. Als er mir meine Rechnung vorlegte, warf ich nur einen Blick auf die Gesamtsumme und sagte ihm, er solle den Rest seiner Frau geben mit Ausnahme einer Zechine. Diese befahl ich ihm den Sbirren zu geben, die mit ihm meine Aufwartung besorgten. Diese kleine Freigebigkeit gewann mir die Herzen der armen Teufel, die sich sehr eifrig bei mir bedankten.

Sobald Lorenzo mit mir allein war, fing er an zu sprechen: »Sie haben mir bereits gesagt, daß Sie von mir selber die Werkzeuge erhalten haben, die Sie brauchten, um das Riesenloch zu machen. Danach bin ich also nicht mehr neugierig; aber würden Sie wohl die Gnade haben, mir zu sagen, wer Ihnen die notwendigen Bestandteile verschafft hat, um eine Lampe zu machen?«

»Ihr selber.«

»Oho; da bin ich verblüfft! Was Sie da sagen, ist sehr kühn, aber nicht gescheit.«

»Ich lüge nicht. Ihr selber habt mir mit Euren Händen alles gegeben, was ich brauchte: Öl, Feuerstein, Holzspäne, das übrige besaß ich schon.«

»Sie haben recht; aber könnten Sie mich ebenso leicht auch davon überzeugen, daß ich Ihnen die Werkzeuge geliefert habe, um das Loch zu machen?«

»Ganz gewiß; denn ich habe alles nur von Euch erhalten.«

»Barmherzigkeit! Was höre ich da? Sagen Sie mir doch, wann ich Ihnen eine Hacke gegeben habe!«

»Ich werde Euch alles sagen, und ich werde die Wahrheit sagen, aber es wird nur in Gegenwart des Sekretärs geschehen.«

»Ich will gar nichts mehr wissen, ich glaube Ihnen alles. Ich bitte Sie, schweigen Sie! Bedenken Sie, ich bin ein armer Mann und habe Kinder.« Er hielt sich mit beiden Händen den Kopf und ging hinaus.

Ich wünschte mir von ganzem Herzen Glück, daß ich ein Mittel gefunden hatte, den Spitzbuben in Furcht zu setzen, der durch mich nach dem Willen des Schicksals sein Leben verlieren sollte. Ich sah, daß sein eigenes Interesse ihn nötigte, seinen Herren kein Wort von dem Vorgefallenen zu sagen.

Ich hatte Lorenzo befohlen, mir die Werke des Marchese Maffei[4] zu kaufen. Diese Ausgabe wurmte ihn, aber er wagte mir dies nicht offen heraus zu sagen, sondern fragte mich, warum ich denn immer noch neue Bücher brauchte, da ich schon so viele besäße.

»Ich habe alle gelesen und brauche neue.«

»Ich werde Ihnen von einem der Gefangenen Bücher leihen lassen, wenn Sie ihm dafür die Ihrigen leihen wollen. Auf diese Weise sparen Sie Ihr Geld.«

»Es sind vielleicht Romane, und die liebe ich nicht.«

»Es sind wissenschaftliche Bücher; wenn Sie vielleicht glauben, Sie seien der einzige kluge Kopf hier oben, so irren Sie sich.«

»Nun, mir soll es recht sein; wir werden sehen. Da habt Ihr ein Buch, das ich auf gut Glück verleihe. Bringt mir dafür ein anderes.«

Ich hatte ihm das ›Rationarium‹ von Pétau[5] gegeben; vier Minuten später brachte er mir dafür den ersten Band von Wolff[6].

Dies war mir recht angenehm; ich sagte ihm, ich wolle auf den Maffei verzichten, und darüber freute er sich sehr.

Mich erfreute weniger das Lesen dieser gelehrten Bücher als die günstige Gelegenheit, eine Korrespondenz mit einem anderen anknüpfen zu können, der mir bei meinem Fluchtplan, den ich bereits im Kopf entworfen hatte, behilflich sein konnte. Sobald Lorenzo hinaus war, schlug ich das Buch auf und war außerordentlich erfreut, als ich auf einem Blatte eine Umschreibung des Senecaschen Wortes *calamitosus est animus futuri anxius* [Wer sich wegen künftigen Unglücks Sorgen macht, ist zu beklagen][7], in sechs guten Versen fand. Ich machte sofort ebenfalls sechs, und um diese niederschreiben zu können, ersann ich folgendes Mittel: Ich hatte den Nagel meines kleinen Fingers wachsen lassen, um ihn als Ohrlöffel benützen zu können; ich schnitt ihn spitz zu, so daß er als Feder dienen konnte. Tinte hatte ich nicht, und ich wollte mich schon in den Finger stechen, um mit meinem Blut zu schreiben, als mir plötzlich einfiel, daß ich statt Tinte auch Maulbeerensaft benutzen könnte, und solchen hatte ich. Außer den sechs Versen schrieb ich das Verzeichnis der Bücher auf, die ich besaß, und legte es in den Rücken des gleichen Buches. Man muß wissen, daß in Italien die Bücher gewöhnlich in Pergament gebunden sind, und zwar so, daß beim Öffnen der Rücken eine Tasche bildet. Unter den Rückentitel schrieb ich: *latet* [Es ist etwas versteckt]. Ich war ungeduldig, eine Antwort zu erhalten; als daher Lorenzo am anderen Morgen erschien, sagte ich ihm, ich hätte das Buch gelesen und bäte die Person, mir ein anderes zu schicken. Einen Augenblick darauf hatte ich den zweiten Band in Händen.

Kaum war ich allein, so schlug ich den Band auf und fand darin auf einem losen Blatt folgende Worte in lateinischer Sprache: ›Wir sind zu zweien in demselben Gefängnis, und es macht uns den größten Spaß, zu sehen, daß die Unwissenheit eines habsüchtigen Kerkermeisters uns ein Vorrecht verschafft, das an diesem Ort beispiellos ist. Ich, der Schreiber dieser Zeilen, bin Marin Balbi[8], venezianischer Nobile und Mitglied des Ordens der Somasker; mein Gefährte ist der Graf Andrea Asquin[9] aus Udine, der Hauptstadt des Friaul. Ich teile Ihnen in seinem Namen mit, daß alle Bücher, die er besitzt und deren Verzeichnis Sie im Rücken des Buches finden werden, Ihnen zu Diensten stehen; aber wir machen Sie darauf aufmerksam, Signore, daß wir außerordentlich vorsichtig sein müssen, um unseren Verkehr vor Lorenzo geheimzuhalten.‹

Es war nicht eben zu verwundern, daß wir in der Lage, worin wir uns befanden, auf den gleichen Gedanken verfielen, nämlich, uns gegenseitig das Verzeichnis unseres kleinen Büchervorrats mitzuteilen; und daß wir dafür den Rücken des Buches wählten: diesen Gedanken gab uns der gesunde Menschenverstand ein; aber ich fand es eigentümlich, daß er auf einem losen Blatt Vorsicht empfahl. Es schien unmöglich zu sein, daß Lorenzo nicht das Buch öffnete; dann hätte er das Blatt gesehen, und da er es nicht lesen konnte, hätte er es in die Tasche gesteckt, um sich von irgendeinem den Inhalt auf italienisch sagen zu lassen. So wäre alles schon im ersten Anfang entdeckt worden. Dies ließ mich darauf schließen, daß mein Korrespondent ein recht unbesonnener Mensch sein mußte.

Nachdem ich das Bücherverzeichnis gelesen hatte, schrieb ich, wer ich wäre, wie man mich verhaftet hätte, daß ich nicht wüßte, für welches Verbrechen man mich strafte, und daß ich hoffte, mich bald frei zu sehen. Balbi schrieb mir einen sechzehn Seiten langen Brief; der Graf Asquin schrieb nichts. Der Mönch erzählte mir all sein Mißgeschick: Seit vier Jahren saß er gefangen, und zwar weil er die Gunst von drei jungen Mädchen genossen hatte; er hatte von ihnen drei Kinder gehabt, die er aus Gutmütigkeit auf seinen Namen hatte taufen lassen. Sein Pater Superior hatte ihn das erstemal mit einer Strafpredigt seines Oberen davonkommen lassen. Das zweitemal hatte man ihm eine scharfe Strafe angedroht, und das drittemal endlich hatte man ihn einsperren lassen. Der Pater Superior seines Klosters schickte ihm jeden Morgen sein Essen. Er sagte mir in seinem Brief, der Superior und das Tribunal seien Tyrannen, denn sie hätten keine Gewalt über sein Gewissen; er sei überzeugt gewesen, daß die drei Kinder von ihm seien, darum habe er als anständiger Mann sie nicht des Vorteils berauben dürfen, den ihnen vielleicht sein Name bringen könnte. Weiter sagte er mir, er habe nicht umhingekonnt, seine Kinder öffentlich anzuerkennen, damit sie nicht verleumderischerweise anderen Vätern zugeschrieben würden, denn dies hätte dem guten Ruf der drei anständigen Mädchen geschadet, von denen er diese Kinder gehabt habe; außerdem hätte er nicht die Stimme der Natur ersticken können, die zugunsten der unschuldigen Geschöpfe gesprochen habe. Er schloß mit den Worten: ›Es ist keine Gefahr vorhanden, daß mein Superior in denselben Fehler verfällt; denn seine Zärtlichkeit betätigt sich nur seinen Schülern gegenüber.‹

Der Brief genügte, um den Mann kennenzulernen. Ein sonderbarer Kauz, sinnlich, in falschen Vorstellungen befangen, boshaft, dumm, unvorsichtig, undankbar – so zeigte er sich schon in diesem ersten Brief; denn nachdem er mir gesagt hatte, er würde sich ohne den siebzigjährigen Grafen Asquin, welcher Bücher und Geld besäße, sehr unglücklich befinden, schrieb er zwei ganze Seiten voll, um mir Böses von ihm zu sagen und mir die Fehler und Lächerlichkeiten des alten Mannes zu schildern. Als freier Mann würde ich einem Menschen von diesem Charakter nicht geantwortet haben; aber unter den Bleidächern mußte ich mir alles zunutze machen. Ich fand im Rücken des Buches Bleistift, Federn und Papier, so daß ich nunmehr ganz bequem schreiben konnte.

Er schrieb mir auch genaue Mitteilungen über alle Gefangenen, die sich damals unter den Bleidächern befanden oder während seiner vierjährigen Haft dort gewesen waren. Er sagte mir, der Büttel Niccolo kaufe ihm im geheimen alles, was er wünsche, nenne ihm die Namen der Gefangenen und erzähle ihm, was er von ihnen wisse. Zum Beweise berichtete er mir alles, was er über mein Loch erfahren hatte: Man habe mich aus meinem Gefängnis herausgenommen, um den Patrizier Priuli Gran Can dort unterzubringen. Lorenzo habe zwei Stunden dazu gebraucht, den von mir angerichteten Schaden wieder auszubessern; er habe dem Tischler, dem Schlosser und allen Wächtern bei Todesstrafe verboten, ein Wort davon zu sagen. ›Noch einen Tag‹, hatte Niccolo gesagt, ›und Casanova wäre auf sinnreiche Art entflohen, Lorenzo aber wäre an den Galgen gekommen; denn obwohl er sich beim Anblick des Loches sehr erstaunt stellte, sei es doch nicht zweifelhaft, daß nur er die erforderlichen Werkzeuge geliefert haben könne, um eine so schwierige Arbeit auszuführen. Niccolo hat mir ferner gesagt‹, fuhr mein Korrespondent fort, ›daß Signor Bragadin ihm tausend Zechinen versprochen hat, wenn er Ihnen bei einer Flucht behilflich sein kann. Lorenzo aber weiß dies und hofft, sich die Belohnung ohne Gefahr verdienen zu können, indem er durch seine Frau Ihre Befreiung bei Signor Diedo erwirkt. Von den

Wächtern wagt keiner über den Vorfall zu sprechen, weil jeder befürchtet, Lorenzo würde, gelänge es einem, sich auszureden, sich dadurch rächen, daß er ihn wegjagen ließe.‹ Der Mönch bat mich, ihm die ganze Geschichte ausführlich zu erzählen und ihm zu sagen, wie ich mir die Werkzeuge verschafft hätte; auf seine Verschwiegenheit könne ich rechnen.

An seiner Neugier zweifelte ich nicht, wohl aber sehr an seiner Verschwiegenheit, zumal schon aus seiner Bitte hervorging, daß er ein höchst indiskreter Mensch war. Indessen glaubte ich, ihn gut behandeln zu müssen, denn er schien mir der Mann zu sein, alle meine Anordnungen auszuführen, um mir bei der Wiedererlangung meiner Freiheit zu helfen. Daher antwortete ich ihm. Plötzlich aber kam mir ein Verdacht, der mich veranlaßte, das von mir Geschriebene vorläufig nicht abzuschicken. Es fiel mir nämlich ein, dieser Briefwechsel könnte vielleicht ein Kniff von Lorenzo sein, um auf diese Weise zu erfahren, von wem ich die Werkzeuge erhalten und wo ich sie gelassen hätte. Um seinen Wunsch zu erfüllen, ohne mich bloßzustellen, schrieb ich ihm, ich hätte das Loch mit Hilfe eines starken Messers gemacht, das ich besäße und das ich oben auf das Gesimse des Korridorfensters gelegt hätte. Mehr als drei Tage vergingen; ich war beruhigt, denn Lorenzo unterließ es, auf dem Gesimse nachzusuchen, was er unfehlbar getan haben würde, wenn er den Brief aufgefangen hätte. Übrigens schrieb Pater Balbi mir, er wisse, daß ich wohl ein solches Messer besitzen könne; denn Lorenzo habe ihm erzählt, daß man mich vor der Einsperrung nicht durchsucht habe. Lorenzo hätte keinen Befehl dazu empfangen; und dieser Umstand würde ihn vielleicht gerettet haben, wenn mir meine Flucht gelungen wäre; denn er behauptete: wenn er jemanden aus den Händen des Messergrande erhielte, müßte er annehmen, daß er bereits durchsucht wäre. Der Messergrande seinerseits würde gesagt haben: er hätte mich aus meinem Bett steigen sehen und wäre daher sicher gewesen, daß ich keine Waffen bei mir haben konnte. Durch diesen Widerstreit wären sie vielleicht alle beide mit heiler Haut davongekommen. Zum Schluß bat der Mönch mich, ich möchte ihm durch Niccolo, dem ich vertrauen könnte, mein Messer schicken.

Die Leichtfertigkeit des Mönches schien mir unbegreiflich. Ich schrieb ihm, ich hätte durchaus keine Neigung, mich dem Niccolo anzuvertrauen, und mein Geheimnis wäre so wichtig, daß ich es nicht zu Papier bringen könnte. Seine Briefe machten mir immerhin Spaß. In einem teilte er mir mit, warum Graf Asquin unter den Bleidächern war. Es war eigentümlich, daß man ihn trotz seinem unbeholfenen körperlichen Zustand dort behielt, denn er war ungeheuer dick und konnte sich kaum bewegen, da ein gebrochenes Bein schlecht wieder angeheilt war. Der Graf, der nicht reich war, übte in Udine den Advokatenberuf aus; kraft dieses Berufes verteidigte er im Stadtrat den Bauernstand gegen den Adel, der ihm mit gewohnter Anmaßung das Stimmrecht in den Provinzialversammlungen bestreiten wollte. Die Ansprüche der Bauern störten angeblich den öffentlichen Frieden, und um sie durch das Recht des Stärkeren zur Vernunft zu bringen, wandten die Adeligen sich an die Staatsinquisitoren, und diese befahlen dem gräflichen Advokaten, die Vertretung seiner Klienten niederzulegen. Der Graf antwortete, das Stadtrecht ermächtige ihn, die Verfassung zu verteidigen, und verweigerte den Gehorsam. Die Inquisitoren ließen ihn trotz des Stadtrechts verhaften, und seit fünf Jahren atmete er die heilsame Luft der Bleigefängnisse. Er bekam wie ich täglich fünfzig Soldi, durfte aber selbst über sein Geld verfügen. Der Mönch, der niemals einen Soldo hatte, sagte mir viel Böses über den Geiz seines Kameraden. Er teilte mir ferner mit, daß in dem Gefängnis jenseits des Saales zwei Edelleute aus den Sieben Gemeinden säßen, die sich ebenfalls wegen Ungehorsams in Haft befänden; einer von diesen wäre wahnsinnig geworden und würde in Ketten gehalten. Endlich schrieb er mir noch, daß in einem anderen Gefängnis zwei Notare säßen.

Zu der Zeit hatte man einen Marchese aus Verona, aus der Familie Pindemonte, eingesperrt, weil er dem Befehl, sich vorzustellen, nicht gehorcht hatte. Dieser vornehme Herr genoß große Vorrechte; man hatte seinen Dienern sogar erlaubt, ihm seine Briefe selbst zu übergeben. Er blieb dort nur acht Tage.

Nachdem mein Verdacht gänzlich geschwunden war, hielt ich folgendes Selbstgespräch:

Ich will um jeden Preis mir die Freiheit verschaffen. Der Spieß, den ich besitze, ist ausgezeichnet; aber es ist mir unmöglich, mich seiner zu bedienen, weil jeden Morgen mein ganzes Gefängnis, mit Ausnahme der Decke, mit einer Eisenstange abgeklopft wird. Will ich also aus meinem Gefängnisse herauskommen, so muß es auf dem Wege durch die Decke geschehen.

Dazu brauche ich aber ein Loch, und ein solches kann ich von unten her nicht durchbrechen, und in einem Tage läßt sich diese Arbeit nicht machen. Ich brauche einen Gehilfen, und dieser kann dann mit mir entfliehen.

Die Wahl konnte mich nicht in Verlegenheit bringen, denn sie konnte nur auf den Mönch fallen. Er war achtunddreißig Jahre alt, und wenn er auch nicht eben übermäßig klug war, so dachte ich doch, die Freiheitsliebe, das erste Bedürfnis des Menschen, verliehe ihm soviel Entschlossenheit, daß er meine Befehle ausführen würde. Zunächst mußte ich mich entschließen, ihm alles anzuvertrauen, dann aber galt es, ein Mittel auszudenken, um ihm meinen Spieß zuzustellen. Dies waren zwei schwierige Punkte.

Vor allen Dingen fragte ich ihn, ob er die Freiheit zu erlangen wünsche und ob er bereit sei, alles zu unternehmen, um sie sich mit mir zu verschaffen. Er antwortete mir, sein Kamerad und er seien zu allem bereit, um ihre Ketten zu brechen; aber er fügte hinzu, es sei zwecklos, sich mit unausführbaren Fluchtplänen den Kopf zu zerbrechen. Er füllte vier lange Seiten mit einer Aufzählung der Gründe, die nach seinem armen Verstand die Ausführung unmöglich machten; der unglückliche Mensch sah nicht die geringste Aussicht auf Erfolg. Ich antwortete ihm, die allgemeinen Schwierigkeiten beschäftigten mich nicht; beim Entwerfen meines Planes hätte ich nur an die besonderen Schwierigkeiten gedacht, und diese würden sich überwinden lassen. Zum Schluß gab ich ihm mein Ehrenwort, ihn frei zu machen, wenn er sich verpflichten wollte, alle meine Anweisungen buchstäblich auszuführen.

Das versprach er mir.

Ich teilte ihm nun mit, daß ich einen zwanzig Zoll langen Spieß besäße; mit diesem müßte er die Decke seines Gefängnisses durchbrechen und hierauf ein Loch in der Mauer machen, die uns voneinander trennte. Durch dieses Loch würde er auf den Boden über meinem Gefängnis gelangen; er müßte die Decke durchbrechen und mir dann helfen, durch das Loch hindurchzukommen.

›Wenn wir so weit sind, ist Ihre Arbeit getan und die meinige beginnt: ich werde Sie und den Grafen Asquin befreien.‹

Er antwortete mir: Wenn er mich aus meiner Zelle befreit hätte, so wäre ich gleichwohl immer noch im Gefängnis und unsere Lage würde sich von der jetzigen nur dadurch unterscheiden, daß wir etwas mehr Platz hätten; wir würden ganz einfach uns auf den Dachböden befinden, und diese wären durch drei starke Türen verschlossen.

›Dies weiß ich alles, ehrwürdiger Vater‹, antwortete ich ihm; ›aber wir werden auch nicht durch die Türen entfliehen. Mein Plan ist fertig, und ich bin des Erfolges gewiß. Ich verlange von Ihnen nur, daß Sie alles genau ausführen und sich aller Einwendungen enthalten. Denken Sie nur darüber nach, wie ich Ihnen am besten unser Befreiungswerkzeug zustellen kann, ohne daß der Überbringer Verdacht schöpft. Lassen Sie einstweilen durch den Kerkermeister vierzig oder fünfzig Heiligenbilder kaufen, die so groß sind, daß Sie damit die ganze Oberfläche Ihres Gefängnisses tapezieren können. Diese religiösen Bilder werden bei Lorenzo keinen Verdacht erwecken. Ihnen werden sie dazu dienen, das Loch zu verkleben, das Sie durch die Decke brechen müssen. Sie werden dazu mehrere Tage nötig haben, Lorenzo wird aber morgens nicht sehen können, was Sie am Tage vorher gemacht haben, denn Sie werden es mit einem Bilde zudecken. Wenn Sie mich fragen, warum ich es nicht selber mache, so antworte ich Ihnen: ich kann es nicht, weil unser Kerkermeister Verdacht auf mich hat; und dieser Grund wird Ihnen ohne Zweifel triftig erscheinen.‹

Obwohl ich den Mönch gebeten hatte, über ein Mittel nachzudenken, wie ich ihm am besten den Spieß schicken könnte, so beschäftigte ich mich doch unaufhörlich auch selber damit, ein solches zu finden. Und da kam mir ein glücklicher Gedanke, den ich sofort erfaßte. Ich sagte Lorenzo, er solle mir eine gerade erschienene Foliobibel kaufen; es war die Vulgata mit der Übersetzung der Septuaginta. Ich hoffte, meinen Spieß im Rücken des großen Bandes verbergen und so dem Mönch schicken zu können; aber als ich das Buch bekam, sah ich, daß mein Spieß um zwei Zoll zu lang war.

Mein Korrespondent hatte mir schon geschrieben, sein Gefängnis sei mit den Bildern austapeziert; ich hatte ihm meine Idee mit der Bibel mitgeteilt, und daß mir die Länge des Spießes Schwierigkeiten mache. Glücklich, auch einmal seinen Geist leuchten lassen zu können, verspottete er mich wegen der Dürre meiner Phantasie und schrieb mir: ich brauche doch einfach nur den Spieß in meinen Fuchspelz eingewickelt zu schicken. Lorenzo habe ihnen von dem schönen Pelz erzählt, und es werde gar keinen Verdacht erregen, wenn Graf Asquin den Wunsch äußere, sich ihn einmal anzusehen, weil er einen gleichen kaufen wolle. ›Sie brauchen ihn mir nur zusammengefaltet zu schicken; Lorenzo wird ihn nicht öffnen.‹

Ich war vom Gegenteil fest überzeugt, schon deshalb, weil ein zusammengelegter Pelz viel unbequemer zu tragen ist. Um ihn jedoch nicht zu entmutigen und ihn zugleich zu überzeugen, daß ich nicht so leichtsinnig sei wie er, schrieb ich ihm, er solle den Pelz nur holen lassen. Lorenzo bat mich darum, ich gab ihm den Pelz zusammengelegt, aber ohne den Spieß, und eine Viertelstunde darauf brachte er ihn mir zurück mit dem Bescheid, die Herren hätten ihn sehr schön gefunden.

Der Mönch schrieb mir einen sehr wehleidigen Brief, worin er sich schuldig bekannte, mir einen schlechten Rat gegeben zu haben, aber er meinte, ich hätte diesen nicht befolgen sollen. Der Spieß wäre verloren, denn Lorenzo hätte den Pelz offen über dem Arm getragen. Durch dieses Unglück wäre aber jede Hoffnung vernichtet. Ich tröstete ihn, indem ich ihn über seinen Irrtum aufklärte und ihn bat, in Zukunft weniger kühn in seinen Ratschlägen zu sein. Es mußte etwas geschehen, und ich entschloß mich daher, meinen Spieß doch unter dem Schutz der Bibel zu schicken. Dabei war allerdings eine Vorrichtung nötig, um den Träger des Riesenbuches daran zu hindern, den Spieß zu entdecken. Ich machte nun folgendes:

Ich sagte Lorenzo, zur Feier des Tages des heiligen Michael[10] wolle ich Makkaroni[11] in Butter mit Käse essen; um dem Herrn, der mir freundlicherweise seine Bücher leihe, eine Anerkennung seiner Liebenswürdigkeit zu geben, wolle ich auch ihm eine große Schüssel Makkaroni schicken, und zwar wolle ich diese selber zubereiten. Lorenzo sagte mir, der würdige Graf wünsche das große Buch zu lesen, das drei Zechinen gekostet habe; dies sei zwischen uns verabredet worden.

»Sehr schön; ich werde es ihm zusammen mit den Makkaroni schicken; bringt mir nur die größte Schüssel, die Ihr im Hause habt, denn ich will die Sache im großen veranstalten.«

Er versprach mir, er wolle mich nach Wunsch bedienen. Ich wickelte meinen Spieß in Papier und brachte ihn so im Rücken der Bibel unter, daß er auf beiden Seiten genau gleich weit hervorragte. Wenn ich nun auf die Bibel eine große Schüssel Makkaroni mit viel zerlassener Butter stellte, war ich sicher, daß Lorenzo die Enden des Spießes nicht würde sehen können; denn er mußte seine Blicke auf den Rand der Schüssel heften, um keine Butter über das Buch zu gießen. Ich setzte den Pater Balbi von allem in Kenntnis, indem ich ihm besonders empfahl, beim Abnehmen des Buches nicht ungeschickt zu sein, und vor allen Dingen, die beiden Gegenstände gleichzeitig zu nehmen und nicht etwa eins nach dem anderen.

Am Tage des heiligen Michael kam Lorenzo früher als gewöhnlich mit einer Wärmpfanne voll von ganz heißen Makkaroni und mit allen erforderlichen Zutaten, um sie zurechtzumachen. Ich ließ ein großes Stück Butter zergehen, legte die Makkaroni auf die Schüssel und goß diese bis an den Rand mit Butter voll. Die Schüssel war riesig groß, viel größer als das Buch, worauf ich sie gestellt hatte. Dies alles vollzog sich an der Tür meines Gefängnisses; Lorenzo stand draußen auf dem Korridor.

Sobald alles fertig war, hob ich sorgfältig Bibel und Schüssel hoch, und zwar so, daß der Rücken des Buches dem Träger zugewandt war. Dann sagte ich Lorenzo, er solle seine Arme ausstrecken, solle sich in acht nehmen, daß keine Butter auf das Buch laufe, und solle das Ganze schnell hintragen. Während ich ihm die beträchtliche Last auf die Arme legte, sah ich ihm fest auf die Augen und bemerkte mit dem größten Vergnügen, daß er seine Blicke nicht von der Butter abwandte, die er zu verschütten fürchtete. Er sagte mir, es wäre doch besser, erst die Schüssel hinzutragen; er würde dann zurückkommen und auch das Buch holen; aber ich antwortete ihm, dadurch würde das Geschenk an Wert verlieren, und es müßte alles zusammen gehen. Hierauf beklagte er sich, ich hätte zuviel Butter an die Makkaroni getan, und er sagte mir, indem er eine komische Grimasse schnitt: wenn er Butter verschütte, so wäre er für den Schaden nicht verantwortlich.

Sobald ich die Bibel auf den Armen des Kerls sah, fühlte ich mich des Erfolges gewiß; denn die Enden des Spießes waren nicht zu bemerken, wenn der Träger nicht eine starke Bewegung nach der Seite machte, und ich sah keinen Grund, warum er seine Augen von der Schüssel, die er doch im Gleichgewicht halten mußte, hätte abwenden sollen. Ich folgte ihm mit den Augen, bis ich ihn in den Vorraum des anderen Gefängnisses eintreten sah.

Der Mönch schneuzte sich dreimal und gab mir dadurch das verabredete Zeichen, daß alles glücklich vonstatten gegangen war. Dies wurde mir von Lorenzo gleich darauf bestätigt.

Pater Balbi ging nun sofort an die Arbeit und machte in acht Tagen ein hinreichend großes Loch; dieses verbarg er hinter einem Heiligenbild, das er mit Brotkrume anheftete. Am 8. Oktober schrieb er mir, er habe die ganze Nacht an der Mauer gearbeitet, die unsere beiden Gefängnisse trennte, habe aber nur einen einzigen Stein herausbrechen können. Er übertrieb zwar die Schwierigkeit, die Ziegel loszubrechen, die durch einen sehr festen Zement verkittet waren; aber er versprach mir, die Arbeit fortzusetzen, obwohl wir dadurch unsere Lage nur verschlimmern würden. Ich antwortete ihm, ich sei des Gegenteiles gewiß, er solle mir dies glauben und ausharren.

Leider war ich ganz und gar nicht sicher; aber ich mußte so handeln oder alles aufgeben. Ich wollte heraus aus der Hölle, in der mich die entsetzlichste Tyrannei gefangenhielt; weiter wußte ich nichts. Nur vorwärts! hieß es für mich; ich war entschlossen, meinen Plan durchzusetzen und erst abzulassen, wenn ich auf unüberwindliche Schwierigkeiten stieße. Ich hatte in dem großen Buch der Erfahrung gelesen und hatte daraus gelernt, daß man bei großen Unternehmungen nicht zuviel bedenken darf, sondern daß man sie frisch ausführen und dabei auch darauf zählen muß, daß bei jedem menschlichen Vorhaben das Glück das letzte Wort spricht. Hätte ich dem Pater Balbi diese hohen Geheimnisse der Moralphilosophie mitgeteilt, so hätte er mich für verrückt erklärt.

Seine Arbeit war nur in der ersten Nacht schwierig, je weiter er vordrang, desto leichter wurde sie, und schließlich hatte er sechsunddreißig Ziegel ausgehoben.

Am 16. Oktober um zehn Uhr morgens hörte ich in dem Augenblick, als ich gerade damit beschäftigt war, eine Horazische Ode zu übertragen, über meinem Kopf ein Stampfen und drei leise Schläge. Dies war das verabredete Zeichen, um uns zu vergewissern, daß wir nicht geirrt hatten. Er arbeitete bis zum Abend und schrieb mir am nächsten Tage: wenn meine Decke nur zwei Bretter dick wäre, würde er am selben Tage mit der Arbeit fertig sein. Er gab mir die Versicherung, darauf zu achten, daß das Loch kreisrund würde, wie ich gewünscht hatte, und die Decke nicht zu beschädigen. Dies war vor allen Dingen notwendig, denn das kleinste Loch in der Decke würde uns verraten haben. Er schrieb mir, er werde das Loch so machen, daß zur Vollendung der Arbeit dann nur eine Viertelstunde nötig sein werde. Ich setzte fest, daß ich am übernächsten Tage mein Gefängnis verlassen wolle, um es niemals wieder zu betreten; denn ich war sicher, daß ich, gemeinsam mit einem Kameraden, in drei oder vier Stunden ein Loch durch das Dach des Dogenpalastes brechen könnte, von dort aus mußte ich dann alle Mittel benutzen, die mir der Zufall darbieten würde, um auf die ebene Erde zu gelangen. Aber ich war noch nicht so weit; mein böses Geschick hielt noch mehr als eine Schwierigkeit für mich bereit, die es zu überwinden galt.

An demselben Tage, einem Montag, um zwei Uhr nachmittags hörte ich, während Pater Balbi an der Arbeit war, die Tür des neben meinem Gefängnis liegenden Saales sich öffnen. Ich fühlte all mein Blut zu Eis erstarren; doch hatte ich noch Geistesgegenwart genug, um durch zwei Schläge das verabredete Alarmzeichen zu geben, auf das hin Pater Balbi schnell durch das Loch in der Wand kriechen, in seinen Kerker zurückkehren und alles in Ordnung bringen sollte. Weniger als eine Minute später schloß Lorenzo mein Gefängnis auf und bat mich um Verzeihung, daß er mir ein sehr schlechtes Subjekt zur Gesellschaft brächte. Dies war ein Mann von vierzig bis fünfzig Jahren: klein, mager, häßlich, schlecht gekleidet und mit einer schwarzen runden Perücke auf dem Kopf. Während ich ihn betrachtete, wurden ihm von zwei Sbirren die Fesseln abgenommen. Ich konnte nicht daran zweifeln, daß der Mann ein Halunke war; denn Lorenzo hatte ihn in seiner Gegenwart als solchen bezeichnet, ohne daß diese Worte einen sichtbaren Eindruck auf ihn machten. Ich antwortete ihm: »Es steht dem Tribunal vollständig frei, zu tun, was es will.« Lorenzo ließ ihm einen Strohsack bringen und sagte ihm, das Tribunal bewillige ihm zehn Soldi für den Tag; hierauf schloß er uns zusammen ein.

Ganz untröstlich über diesen bösen Streich des Schicksals, sah ich mir den Schuft an, den schon sein gemeines Gesicht als solchen verriet. Ich war gerade im Begriff, ihn zum Sprechen zu bringen, als er von selber anfing, indem er sich dafür bedankte, daß ich ihm hätte einen Strohsack geben lassen. Da ich die Absicht hatte, ihn für mich zu gewinnen, sagte ich ihm, er könne mit mir essen; er küßte mir die Hand und fragte mich, ob er trotzdem die zehn Soldi bekommen könnte, die das Tribunal ihm angewiesen hätte; ich bejahte dies. Hierauf warf er sich auf die Knie, zog einen riesigen Rosenkranz aus der Tasche und sah sich in allen Ecken des Gefängnisses um.

»Was sucht Ihr?«

»Sie werden mir verzeihen, Signore – aber ich suche irgendein Bild der Heiligen Jungfrau, denn ich bin Christ. Wenn doch nur ein armseliges, kleines Kruzifix hier wäre; denn ich habe es niemals so nötig gehabt, mich dem heiligen Franz von Assisi zu empfehlen, dessen Namen ich unwürdigerweise trage.«

Ich konnte mir kaum das Lachen verhalten; nicht wegen seiner christlichen Frömmigkeit – denn in Gewissens- und Glaubenssachen hat kein Mensch das Recht, sich einzumischen –, sondern wegen seiner eigentümlichen Ausdrucksweise. Ich sah, daß er mich für einen Juden hielt. Und um ihn von seinem Irrtum zu befreien, gab ich ihm schnell das Offizium der Heiligen Jungfrau. Er küßte ihr darauf befindliches Bild, gab mir das Buch zurück und sagte in bescheidenem Tone, sein Vater, der Galeerenaufseher gewesen sei, habe es verabsäumt, ihn lesen lernen zu lassen. Er fügte hinzu, er sei Anhänger des heiligen Rosenkranzes, und erzählte mir eine Menge von Wundergeschichten, die ich mit einer Engelsgeduld anhörte. Er bat mich, ihm zu gestatten, daß er seinen Rosenkranz bete und dabei das Bild der Jungfrau ansehe. Als er damit fertig war, fragte ich ihn, ob er zu Mittag gegessen habe; er antwortete, er sei halbtot vor Hunger. Ich gab ihm alles, was ich hatte, und er verschlang es förmlich. Dazu trank er allen meinen Wein aus, und als er betrunken war, fing er an zu weinen und allen möglichen Unsinn zu schwatzen. Ich fragte ihn nach der Ursache seines Unglücks, und er erzählte mir folgendes:

»Meine einzige Leidenschaft war stets der Ruhm Gottes und unserer heiligen Republik und pünktliche Befolgung ihrer Gesetze. Ich beobachtete ständig aufmerksam die Übeltaten der Schelme, deren Gewerbe es ist, Leute zu betrügen, die Gebote des Staates zu übertreten und ihre Handlungen im verborgenen zu begehen. Darum habe ich unablässig danach getrachtet, ihre Geheimnisse zu entdecken, und habe stets alles, was ich entdecken konnte, getreulich dem Messergrande hinterbracht. Allerdings hat man mich stets dafür bezahlt; aber das Geld, das man mir gab, machte mir niemals soviel Freude wie die Genugtuung, die ich darüber empfand, etwas zum Ruhme des allerseligsten San Marco beitragen zu können. Stets lachte ich über das Vorurteil der Leute, die im Gewerbe eines Spitzels eine Schande sehen wollen. Dieser Name hat einen schlechten Klang nur in den Ohren solcher, die die Regierung nicht lieben; denn der Spitzel ist Freund des Staatswohles, eine Geißel der Verbrecher und ein treuer Untertan seines Fürsten. Wenn es galt, meinen Eifer auf die Probe zu stellen, hat das Gefühl der Freundschaft, das bei anderen Leuten vielleicht mitspricht, auf mich niemals den geringsten Einfluß geübt, noch weniger die sogenannte Dankbarkeit. Oft habe ich Verschwiegenheit geschworen, um irgend jemandem ein wichtiges Geheimnis zu entlokken, das ich dann gewissenhaft sofort hinterbracht habe. Dies konnte ich mit gutem Gewissen tun; denn mein Beichtvater, ein frommer Jesuit, hatte mir versichert, ich könnte das Geheimnis angeben, nicht nur deshalb, weil ich nicht die Absicht gehabt hätte, es zu bewahren, sondern auch, weil kein Eid bindend wäre, wenn es sich um das öffentliche Wohl handelte. Ich fühlte, ich würde in meinem Eifer meinen eigenen Vater verraten und die Stimme der Natur zum Schweigen gebracht haben. Vor drei Wochen bemerkte ich, daß auf der kleinen Insel Isola, wo ich wohnte, zwischen vier oder fünf angesehenen Personen des Städtchens ein verdächtiger Verkehr stattfand. Ich wußte, daß sie mit der Regierung unzufrieden waren, weil die Vornehmsten unter ihnen wegen einer entdeckten und beschlagnahmten Schmuggelware eine Gefängnisstrafe erlitten hatten. Der erste Kaplan, ein gebürtiger Untertan der regierenden Kaiserin, gehörte mit zur Verschwörung. Sie trafen sich abends im Wirtshaus in einem Zimmer, worin auch ein Bett stand; dort zechten und plauderten sie, bis sie nach Hause gingen. Entschlossen, die von ihnen geplante Verschwörung zu entdecken, faßte ich Mut und versteckte mich eines Tages, als ich sicher war, von keinem Menschen gesehen werden zu können, unter dem Bett. Gegen Abend kamen meine Leute und begannen sofort ihr Gespräch. Sie sagten unter anderem, die Stadt Isola gehöre nicht zur Gerichtsbarkeit von San Marco, sondern vielmehr zu der des Freihafens Triest; denn sie könne keinesfalls als zum venezianischen Istrien gehörend angesehen werden. Der Kaplan sagte zum Leiter der Verschwörung, einem gewissen Pietro Paolo, wenn er und die anderen eine Schrift unterzeichnen wollten, so würde er persönlich zum kaiserlichen Botschafter gehen, und die Kaiserin würde nicht nur die Stadt in Besitz nehmen, sondern obendrein ihnen eine Belohnung bewilligen. Alle erklärten sich bereit, und der Kaplan erbot sich, am nächsten Tage die Schrift mitzubringen und dann sofort nach Venedig abzureisen, um sie dem Botschafter zu übergeben.

Ich beschloß, diesen niederträchtigen Plan zu vereiteln, obgleich einer der Verschworenen mein Taufpate war und infolge dieser geistlichen Verwandtschaft mir näherstand, wie wenn er mein leiblicher Bruder gewesen wäre.

Als die Verschwörer fortgegangen waren, hatte ich Zeit genug, mich in Sicherheit zu bringen. Ich hielt es nicht für notwendig, mich noch ein zweites Mal unter dem Bett zu verstecken und dadurch einer Gefahr auszusetzen, denn ich hatte genug entdeckt. Ich segelte noch in derselben Nacht ab und kam am nächsten Vormittag an. Ich ließ mir die Namen der sechs Rebellen aufschreiben, brachte sie dem Sekretär des Tribunals und erzählte ihm alles, was ich gehört hatte. Er befahl mir, am nächsten Morgen in aller Frühe zum Messergrande zu gehen; dieser würde mir einen Menschen mitgeben, mit dem ich nach Isola zurückfahren sollte; ich müßte ihm den Kaplan zeigen, der wahrscheinlich noch nicht abgereist sein würde. Hierauf sollte ich mich um nichts mehr kümmern.

Ich führte seinen Befehl aus und zeigte dem mir vom Messergrande mitgegebenen Mann den Kaplan; dann ging ich meinen Geschäften nach.

Nach dem Essen ließ mein Taufpate mich rufen, um sich rasieren zu lassen, denn ich bin Barbier; und als ich meine Arbeit getan hatte, gab er mir ein Glas ausgezeichneten Refosco mit einigen Scheiben Wurst und vesperte mit mir in guter Freundschaft. Da fiel es mir auf die Seele, daß er mein Taufpate war; unter echten Tränen ergriff ich seinen Arm und riet ihm, den Umgang mit dem Kaplan zu meiden und vor allen Dingen die bewußte Schrift nicht zu unterzeichnen. Er sagte mir, er sei mit dem Kaplan nicht mehr befreundet als mit irgendeinem anderen, und schwor, auch wisse er nicht, von was für einer Schrift ich spräche, worauf ich ihm lachend sagte, ich hätte nur gescherzt. Ich ärgerte mich, einer augenblicklichen Rührung nachgegeben und dadurch einen so großen Fehler begangen zu haben. Am anderen Tage waren weder der Mann noch der Kaplan zu sehen; acht Tage darauf fuhr ich nach Venedig und suchte den Messergrande auf, der mich ohne Umstände einsperren ließ; und so bin ich nun hier bei Ihnen, teurer Meister. Ich danke dem heiligen Franz, daß ich mich in der Gesellschaft eines guten Christen befinde, der hier aus Gründen sitzt, die ich nicht zu wissen brauche, denn ich bin nicht neugierig. Mein Name ist Soradaci, und meine Frau ist eine Legrenzi, Tochter eines Sekretärs des Rates der Zehn, die sich über das Vorurteil hinweggesetzt und mich der ganzen Welt zum Trotz geheiratet hat. Sie wird in Verzweiflung sein, da sie nicht weiß, was aus mir geworden ist; ich hoffe aber, nur wenige Tage hier oben zu sein, denn ich kann hier wohl nur sein, weil der Sekretär mich in seiner Bequemlichkeit hat einsperren lassen, um mich nach seinem Gutdünken jederzeit verhören zu können.«

Ich schauderte bei dem Gedanken, mit welchem Ungeheuer ich zusammen war, aber ich fühlte zugleich, daß ich mich in einer heiklen Lage befand und ihn schonen mußte. Darum heuchelte ich wie ein Jesuit gefühlvolle Teilnahme, beklagte ihn, pries seine Vaterlandsliebe und prophezeite ihm, er werde in wenigen Tagen wieder frei sein. Ein paar Augenblicke später schlief er ein, und ich machte mir seinen Schlaf zunutze, um dem Pater Balbi alles zu schreiben und ihm klarzumachen, daß wir unbedingt unsere Arbeit unterbrechen müßten, um sie erst bei günstigerer Gelegenheit wiederaufzunehmen. Am nächsten Tage befahl ich Lorenzo, mir ein hölzernes Kruzifix, ein Bild der Heiligen Jungfrau zu kaufen und mir zwei Flaschen Weihwasser mitzubringen. Soradaci verlangte von ihm seine zehn Soldi, und Lorenzo gab ihm mit verächtlicher Miene zwanzig. Ich trug ihm auf, mir in Zukunft viermal soviel Wein zu kaufen, dazu Knoblauch und Salz, Leckerbissen für meinen greulichen Kameraden. Als der Kerkermeister fort war, zog ich geschickt Balbis neuesten Brief aus dem Buch. Er schilderte mir darin sein Entsetzen. Er war mehr tot als lebendig in sein Gefängnis zurückgekehrt und hatte das Loch mit dem Heiligenbild verdeckt. Er wiederholte immer von neuem, welches Glück wir gehabt hätten, daß Lorenzo den Soradaci zu mir gebracht hätte. ›Denn‹, schrieb er, ›wenn er ihn in unser Gefängnis gebracht hätte, würde er mich nicht gefunden haben, und er hätte das Loch entdeckt.‹

Aus Soradacis Erzählung ging für mich unzweifelhaft hervor, daß man ihn verhören würde; denn es schien mir klar zu sein, daß der Sekretär ihn nur deshalb einsperrte, weil er ihn im Verdacht der Verleumdung hatte. Ich entschloß mich nun, ihm zwei Briefe anzuvertrauen, die mir, wenn sie bestellt wurden, weder nützen noch schaden konnten, die aber zu meinen Gunsten wirken mußten, wenn der Verräter, woran ich nicht zweifelte, sie dem Sekretär auslieferte, um ihm einen Beweis seiner Treue abzulegen.

Ich verbrachte zwei Stunden damit, diese beiden Briefe mit Bleistift zu schreiben. Am nächsten Tage brachte Lorenzo mir das Kruzifix, das Bild der Jungfrau und das Weihwasser. Ich gab meinem Halunken tüchtig zu essen und sagte ihm dann:

»Ich erwarte von Euch einen Dienst, wovon mein Glück abhängt; ich rechne auf Eure Freundschaft und auf Euren Mut; hier sind zwei Briefe, die ich Euch zu bestellen bitte, sobald Ihr in Freiheit seid. Mein Glück hängt von Eurer Treue ab; Ihr müßt diese Briefe verstecken, denn wenn man sie bei Eurer Freilassung in Eurem Besitz fände, wären wir alle beide verloren. Ihr müßt mir bei diesem Kruzifix und bei diesem Heiligenbild schwören, daß Ihr mich nicht verraten werdet.«

»Ich bin bereit, Signore, alles zu schwören, was Sie verlangen; ich bin Ihnen zu sehr zu Dank verpflichtet, als daß ich Sie verraten könnte.«

Hierauf vergoß er reichlich Tränen, jammerte und wehklagte, er wäre ein unglücklicher Mensch, daß ich ihn im Verdacht haben könnte, einen Herrn verraten zu wollen, für den er sein Leben hingeben würde. Ich wußte, was ich davon zu halten hatte, aber ich spielte meine Komödie weiter. Ich gab ihm ein Hemd und eine Mütze, entblößte meinen Kopf und besprengte unsern Kerker und ihn selber lange mit Weihwasser. Dann ließ ich ihn unter sinnlosen Beschwörungen, die aber gerade darum seine Seele in Schrecken setzen mußten, einen furchtbaren Eid schwören. Nachdem er sich mittels dieser possenhaften Zeremonie endlich verpflichtet hatte, meine Briefe an ihre Adresse zu bestellen, gab ich sie ihm. Er selber schlug vor, sie in das Rückenfutter seiner Weste einzunähen; ich ließ ihn gewähren.

Ich war fest überzeugt, daß er bei der ersten Gelegenheit dem Sekretär meine Briefe ausliefern würde; darum hatte ich sie mit aller Kunst so abgefaßt, daß ihr Stil nicht meine List verraten konnte; sie konnte mir nur die Achtung des Tribunals und vielleicht dessen Gnade eintragen. Der eine war an Signor Bragadin überschrieben, der andere an Abbate Grimani. Ich sagte ihnen, sie möchten sich nicht über mein Schicksal beunruhigen, denn ich hätte allen Grund zur Hoffnung auf baldige Befreiung; wenn ich herauskäme, würden sie finden, daß die Strafe nur zu meinem Besten gewesen wäre; denn in ganz Venedig wäre kein Mensch, der der Besserung mehr bedürftig gewesen wäre als ich.

Ich bat Signor Bragadin, mir Pelzstiefel für den Winter zu schicken, denn mein jetziges Gefängnis wäre so hoch, daß ich aufrecht stehen und darin herumgehen könne.

Ich hütete mich wohl, den Soradaci ahnen zu lassen, daß meine Briefe so unschuldiger Natur waren; denn dann hätte er Lust bekommen können, eine anständige Handlung zu begehen und sie an ihre Adresse zu bestellen, und das wünschte ich durchaus nicht.

NEUNTES KAPITEL

Seit zwei oder drei Tagen hatte Soradaci meine Briefe, als eines Nachmittags Lorenzo ihn holte, um ihn vor den Sekretär zu führen. Da er mehrere Stunden ausblieb, hoffte ich schon, ihn nicht wiederzusehen, aber zu meiner großen Überraschung brachte man mir ihn gegen Abend zurück. Als Lorenzo wieder fortgegangen war, sagte der Kerl zu mir, der Sekretär habe ihn im Verdacht, den Kaplan gewarnt zu haben; denn der Priester sei niemals beim Gesandten gewesen, und man habe kein Schriftstück bei ihm gefunden. Nach einem sehr langen Verhör habe man ihn in einen engen Kerker gebracht und ihn mehrere Stunden dort gelassen; dann habe man ihn abermals gefesselt und so vor den Sekretär geführt, dieser habe von ihm verlangt, er solle gestehen, daß er in Isola zu jemandem gesagt habe, der Priester werde nicht wiederkommen; dies habe er jedoch nicht gestehen können, denn so etwas habe er zu keinem Menschen gesagt. Der Sekretär sei der Sache müde geworden, habe geklingelt, und er sei von den Sbirren wieder zu mir gebracht worden.

Diese Erzählung betrübte mich tief; denn ich sah klar und deutlich, daß der Unselige lange bei mir bleiben würde. Da ich Balbi von dem bösen Mißgeschick in Kenntnis setzen mußte, schrieb ich ihm während der Nacht; und da ich dies mehr als einmal tun mußte, gelang es mir schließlich durch die Übung, ziemlich richtig im Dunkeln zu schreiben.

Am anderen Tage wollte ich mich überzeugen, daß ich mich in meinem Verdacht nicht getäuscht hatte. Ich sagte dem Spitzel, er solle mir den Brief herausgeben, den ich an Signor Bragadin geschrieben hätte; ich müßte noch etwas hinzufügen. »Ihr könnt ihn dann sofort wieder einnähen.«

»Das ist gefährlich, denn der Schließer könnte während dieser Zeit kommen, und dann wären wir verloren.«

»Das macht nichts; gebt mir meine Briefe heraus.«

Plötzlich warf das Scheusal sich mir zu Füßen und schwor mir, bei seiner zweiten Vorführung vor den gestrengen Sekretär habe ihn ein heftiges Zittern befallen, und er habe auf seinem Rücken, genau an der Stelle, wo die Briefe eingenäht gewesen seien, einen unerträglichen Druck verspürt. Der Sekretär habe ihn gefragt, warum er so zittere, und er habe nicht die Kraft gehabt, ihm die Wahrheit zu verhehlen. Dann habe der Sekretär geklingelt, Lorenzo sei hereingekommen, habe ihm die Fesseln abgenommen, die Jacke ausgezogen und das Futter aufgetrennt. Der Sekretär habe die beiden Briefe gelesen und in eine Schublade seines Schreibtisches gelegt. Der Sekretär habe ihm gesagt, wenn er die Briefe bestellt hätte, so würde man es erfahren haben, und das hätte ihn das Leben kosten können.

Ich tat, als würde mir schlecht, bedeckte mein Gesicht mit den Händen, warf mich neben dem Bett vor dem Bilde der Jungfrau auf die Knie und verlangte von ihr in feierlichem Tone Rache an dem Schurken, der den heiligsten Eid gebrochen und mich verraten hatte. Hierauf legte ich mich auf mein Bett, drehte das Gesicht zur Wand und besaß die Ausdauer, den ganzen Tag in dieser Stellung zu bleiben, ohne mich zu rühren, ohne auch nur ein Wort zu sprechen und ohne auf das Weinen, das Geschrei und die Unschuldsbeteuerungen des Halunken zu achten. Ich spielte ausgezeichnet meine Rolle in einer Komödie, deren Plan ich vollständig in meinem Kopf hatte. Während der Nacht schrieb ich Balbi, er solle Punkt zwei Uhr mittags kommen, keine Minute früher oder später, und in seiner Arbeit fortfahren, aber nur vier Stunden arbeiten, nicht eine Minute länger. ›Unsere Freiheit hängt von Ihrer genauesten Pünktlichkeit ab, und Sie haben nichts zu befürchten.‹

Wir hatten den 25. Oktober, und es nahte der Zeitpunkt, da ich meinen Plan ausführen oder ihn unwiderruflich aufgeben mußte. Die Staatsinquisitoren und der Sekretär verbrachten jedes Jahr die ersten drei Tage des Novembers an irgendeinem Ort der ›Terra ferma‹. Lorenzo machte sich die Abwesenheit seiner Herren zunutze, betrank sich jeden Abend, schlief länger als sonst und erschien erst spät unter den Bleidächern.

Dies wußte ich, und die Vorsicht verlangte, daß ich diesen Zeitpunkt zu meiner Flucht wählte; denn ich konnte überzeugt sein, daß meine Flucht erst spät am Morgen bemerkt wurde. Daß ich meinen Entschluß faßte, obgleich ich an der Verruchtheit meines Mitgefangenen nicht mehr zweifeln konnte, hatte noch einen anderen Grund, der mir wichtig genug erscheint, um ihn meinen Lesern nicht vorzuenthalten.

Der größte Trost für einen Menschen, der sich in Not befindet, ist die Hoffnung, bald daraus befreit zu werden. Er sehnt das Ende seines Unglücks herbei und glaubt es durch seine Gebete zu beschleunigen; er würde alles mögliche tun, um genau die Stunde zu erfahren, die das Ende seiner Qual bedeutet. Leider kann niemand wissen, in welchem Augenblick ein Ereignis eintreten wird, das von dem Willen eines anderen abhängt, es sei denn, daß dieser andere selbst es ihm sagt. Der leidende Mensch wird ungeduldig und schwach und neigt unwillkürlich zum Aberglauben. Gott, sagt er zu sich, muß den Augenblick wissen, der meiner Not ein Ende machen wird; Gott kann erlauben, daß dieser Augenblick mir offenbart wird, einerlei, auf welche Weise. Wenn er erst einmal auf solche Gedanken verfallen ist, zögert er nicht mehr, das Schicksal zu befragen. Er wählt dazu ein Verfahren, das ihm seine Phantasie eingibt, und es kommt nicht darauf an, ob er mehr oder weniger fest an die Offenbarungen des von ihm gewählten Orakels glaubt. In diesem Geiste handeln auch die Leute, die sich heute noch an die Kabbala wenden oder die gewünschte Erleuchtung in einem Text der Bibel oder Vers des Vergil suchen; das hat die ›sortes virgilianae‹, von denen so viele Schriftsteller uns berichten, so berühmt gemacht.

Da ich nicht wußte, durch welche Methode ich das Schicksal zwingen könnte, durch die Bibel das mir bestimmte Los, das heißt, den Augenblick der Wiedererlangung des unvergleichlichen Gutes der Freiheit zu erfahren, so entschloß ich mich, das göttliche Gedicht des Orlando Furioso von Messer Lodovico Ariosto zu befragen, das ich hundertmal gelesen. Ich wußte ihn auswendig, und selbst unter den Bleidächern entzückte er mich. Abgöttisch verehrte ich den Genius des großen Dichters, und er war nach meiner Meinung viel mehr als Vergil geeignet, mir mein Glück zu prophezeien.

In diesem Sinne schrieb ich eine Frage auf, die an die vermeintliche Allwissenheit gerichtet war. Ich fragte sie, in welchem Gesange des Ariosto ich den Tag meiner Befreiung prophezeit finden würde. Ich bildete aus den Zahlen, die sich aus den Worten der Frage ergaben, eine umgekehrte Pyramide.

Indem ich von jedem Zahlenpaar die Zahl Neun abzog, fand ich die Endzahl Neun. Dies bedeutete also, daß die von mir gesuchte Prophezeiung sich im neunten Gesange befinden sollte. Dieselbe Methode befolgte ich, um Stanze und Vers festzustellen, und erhielt die Zahl Sieben für die Stanze und die Zahl Eins für den Vers.

Ich nahm das Gedicht zur Hand, und das Herz klopfte mir so, wie wenn ich völlig an das Orakel geglaubt hätte. Ich öffnete das Buch, suchte und fand die Stelle: *Tra il fin d'ottobre è il capo di novembre* [Zwischen Ende Oktober und Anfang November][3]. Das genaue Zutreffen dieses Verses erschien mir wunderbar. Ich will nicht sagen, daß ich ganz fest daran glaubte, aber der Leser wird begreifen, daß ich alles aufbot, um das Orakel wahr zu machen. Das Eigentümliche an der Sache ist, daß zwischen dem Ende des Oktobers und dem Anfang des Novembers nur der Augenblick der Mitternacht liegt. Und genau mit dem Glockenschlage der Mitternacht vom 31. Oktober auf den 1. November verließ ich mein Gefängnis, wie der Leser bald sehen wird.

Übrigens bitte ich den Leser, mich trotz dieser Auseinandersetzung nicht für abergläubischer halten zu wollen als irgendeinen anderen; er würde sich täuschen. Ich erzähle die Sache, weil sie wahr und weil sie außerordentlich ist und weil mir meine Flucht vielleicht nicht gelungen sein würde, wenn ich ihr keinen Wert beigemessen hätte. Der Fall lehrt jeden, der es noch nicht weiß, daß ohne die vorangegangenen Prophezeiungen mehrere wichtige Ereignisse niemals stattgefunden haben würden. Das Ereignis leistet der Prophezeiung den Dienst, die Prophezeiung wahr zu machen; tritt das Ereignis nicht ein, so wird die Weissagung hinfällig. Ich verweise den Leser auf die Weltgeschichte, wo er viele Ereignisse finden wird, die niemals eingetreten wären, wenn sie nicht vorhergesagt gewesen wären. Ich bitte, mir diese Abschweifung freundlichst zu verzeihen.

Den ganzen Morgen bis zum Mittag verbrachte ich damit, auf den Geist des boshaften dummen Viehs einzuwirken, um seine schwache Vernunft in Verwirrung zu bringen, ihn durch wunderbare Vorstellungen zu verblüffen und ihn unschädlich für mich zu machen.

Sobald Lorenzo uns allein gelassen hatte, sagte ich Soradaci, er solle seine Suppe essen. Der Schuft lag auf seinem Strohsack und hatte zu Lorenzo gesagt, er sei krank. Er hätte es nicht gewagt, zu mir zu kommen, wenn ich ihn nicht gerufen hätte. Er stand auf, warf sich der Länge nach vor meine Füße, küßte diese und sagte unter heißen Tränen, wenn ich ihm nicht verzieh, würde er an demselben Tage sterben müssen, denn er spüre schon die Rache der Heiligen Jungfrau, die ich auf ihn herabbeschworen hätte. Er hätte schneidende Schmerzen in den Eingeweiden, und sein Mund wäre voll von Geschwüren. Er zeigte mir diese, und ich sah, daß es Mundschwämmchen waren; ob er sie schon am Tage vorher gehabt hatte, weiß ich nicht. Ich gab mir keine große Mühe, zu untersuchen, ob er mir die Wahrheit sagte; es lag in meinem Interesse, mich so zu stellen, als ob ich ihm glaubte, und ihn auf Gnade hoffen zu lassen. Der Verräter hatte vielleicht die Absicht, mich zu betrügen; und da ich selbst entschlossen war, ihn zu täuschen, so kam es darauf an, wer von uns beiden der Geschicktere sei. Ich hatte einen Angriff gegen ihn vorbereitet, gegen den er sich schwerlich verteidigen konnte.

Eine verzückte Miene annehmend, sagte ich zu ihm: »Setze dich und iß deine Suppe. Nachher werde ich dir dein Glück verkünden. Denn wisse, heute bei Tagesanbruch ist mir die Heilige Jungfrau des Rosenkranzes erschienen und hat mir befohlen, dir zu verzeihen. Du wirst nicht sterben, sondern wirst mit mir das Gefängnis verlassen.«

Ganz verblüfft aß er kniend – denn er hatte keinen Stuhl – seine Suppe. Dann setzte er sich auf seinen Strohsack, um mich anzuhören. Ich sagte ihm ungefähr folgendes:

»Der Kummer über deinen entsetzlichen Verrat bereitete mir eine schlaflose Nacht; denn meine Briefe müssen mich dazu verdammen, bis an mein Lebensende im Kerker zu bleiben. Erfüllt von diesem Gefühl, das eines Christen unwürdig ist – denn Gott befiehlt uns, zu vergeben –, lag ich in meinem Bett; endlich versank ich vor Müdigkeit in Schlaf, und während dieses glücklichen Schlummers habe ich eine wirkliche Vision gehabt. Ich habe die Heilige Jungfrau gesehen, diese Mutter Gottes, deren Bild du dort an der Wand siehst. Ich sah sie lebend vor mir stehen, und sie öffnete den Mund und sprach folgende Worte zu mir:

›Soradaci ist Anhänger meines heiligen Rosenkranzes – er steht unter meinem Schutz, ich will, daß du ihm vergibst; dann wird der Fluch, den er auf sich gelenkt hat, seine Wirkung verlieren. Zur Belohnung für deine Großmut werde ich einem meiner Engel befehlen, menschliche Gestalt anzunehmen und vom Himmel herabzusteigen, um die Decke deines Gefängnisses zu durchbrechen und dich in fünf oder sechs Tagen frei zu machen. Dieser Engel wird heute mittag Punkt zwei Uhr seine Arbeit beginnen und wird eine halbe Stunde vor Sonnenuntergang aufhören, denn er muß noch bei hellem Tage in den Himmel zurückkehren. Wenn du, begleitet von meinem Engel, das Gefängnis verläßt, wirst du Soradaci mitnehmen und wirst für ihn sorgen, doch unter der Bedingung, daß er sein Spitzelgewerbe aufgibt. Du wirst ihm alles sagen.‹ Mit diesen Worten verschwand die Heilige Jungfrau, und ich erwachte.«

Während ich im Tone eines Verzückten und mit dem ernstesten Gesicht diese Worte sprach, beobachtete ich die Züge des Verräters. Er saß da wie versteinert. Ich nahm nun mein Gebetbuch, besprengte das ganze Gefängnis mit Weihwasser und stellte mich, wie wenn ich zu Gott betete, wobei ich von Zeit zu Zeit das Bild der Jungfrau küßte. Eine Stunde darauf fragte mich der Kerl, der bis dahin nicht den Mund aufgetan hatte, ganz plötzlich, wann der Engel vom Himmel herunterkommen würde und ob wir das Geräusch hören würden, das er beim Durchbrechen unseres Kerkers machen müßte.

»Ich bin sicher, er wird um zwei Uhr kommen; wir werden ihn arbeiten hören, und er wird zu der von der Heiligen Jungfrau gesagten Zeit sich entfernen.«

»Sie haben vielleicht nur geträumt.«

»Ganz gewiß nicht. Fühlst du dich imstande, mir zu schwören, daß du die Spitzelei aufgeben wirst?«

Statt mir zu antworten, drehte er sich um und schlief ein. Er erwachte erst nach zwei Stunden und fragte mich sofort, ob er den von mir verlangten Eid noch aufschieben könnte.

»Du kannst ihn aufschieben, bis der Engel kommt, um mich zu befreien; aber wenn du dann nicht unter deinem Eide deinem niederträchtigen Gewerbe entsagst, das dich hierhergebracht und dich noch an den Galgen bringen wird, so werde ich dich hierlassen. So lautet der Befehl der Mutter Gottes, die dir ihren Schutz entzogen hat.«

Ich las auf seinem häßlichen Gesicht die Befriedigung, die er empfand; denn er war überzeugt, daß der Engel nicht kommen würde. Er schien mich zu bedauern. Mit Ungeduld erwartete ich den Glockenschlag; denn diese Komödie machte mir ungeheuren Spaß, und ich war überzeugt, daß die Ankunft des Engels seine kümmerliche Vernunft gänzlich über den Haufen werfen würde. Mein Plan konnte nicht fehlschlagen, Lorenzo hätte denn vergessen müssen, das Buch abzuliefern, und das war nicht möglich.

Eine Stunde vor dem verabredeten Zeitpunkt sagte ich ihm, wir wollten zusammen essen. Ich trank nur Wasser, Soradaci aber trank allen Wein und aß zum Nachtisch den ganzen Knoblauch, den ich hatte, für ihn die größte Leckerei. Dadurch wurde seine Aufregung nicht wenig vermehrt. Im Augenblick, da ich die Uhr schlagen hörte, warf ich mich auf die Knie und befahl ihm mit schrecklicher Stimme, es ebenso zu machen. Er sah mich mit einem irren Blick an, aber er gehorchte. Als ich das leise Geräusch hörte, das der Mönch beim Durchkriechen durch das Mauerloch machte, rief ich: »Der Engel kommt!«

Ich warf mich platt auf den Bauch und gab ihm einen kräftigen Faustschlag, so daß er dieselbe Stellung einnahm. Das Zersplittern des Brettes machte ein starkes Geräusch. Eine Viertelstunde lang besaß ich die Geduld, in meiner unbequemen Stellung liegenzubleiben. Unter anderen Umständen würde ich herzlich gelacht haben, wie der Halunke so unbeweglich dalag. Aber ich lachte nicht, denn ich vergaß keinen Augenblick meine löbliche Absicht, den Menschen ganz und gar verrückt oder wenigstens verdreht zu machen. Seine verworfene Seele konnte nur dadurch zur Menschlichkeit zurückgeführt werden, daß ich sie mit Schrecken überströmte. Endlich stand ich auf, doch kniete ich sofort wieder hin, indem ich ihm erlaubte, dieselbe Stellung einzunehmen. Dann ließ ich ihn drei und eine halbe Stunde lang den Rosenkranz herunterbeten. Von Zeit zu Zeit schlief er dabei ein, mehr durch die unbequeme Stellung als durch das eintönige Murmeln der Gebete ermüdet. Nicht ein einziges Mal wagte er es, mich zu stören. Zuweilen erkühnte er sich, einen verstohlenen Blick auf die Decke zu werfen oder mit verblüfftem Gesicht dem Bilde der Jungfrau zuzuwinken. Dies alles war überwältigend komisch. Als ich die Uhr die sechste Stunde schlagen hörte, sagte ich in halb feierlichem, halb frommem Ton zu ihm: »Wirf dich nieder; der Engel wird jetzt gehen.« Balbi kehrte in sein Gefängnis zurück, und wir hörten nichts mehr.

Ich stand auf, sah den Elenden fest an und bemerkte auf seinem Gesicht Verwirrung und Schrecken; darüber war ich entzückt. Ich sprach ein paar Worte mit ihm, um zu sehen, wie es mit seiner Vernunft bestellt wäre. Er vergoß Ströme von Tränen, und was er sagte, war so verworren und unzusammenhängend, daß es sich nicht beschreiben läßt. Er sprach von seinen Sünden, von seiner großen Frömmigkeit, von seinem Eifer für den heiligen Markus, von seinen Pflichten gegen die Republik, und diesen Verdiensten schrieb er die Gnade zu, die ihm von Maria widerfahren war. Mit salbungsvoller Miene mußte ich eine lange Geschichte von Wundern des Rosenkranzes anhören, welche seine Frau, deren Beichtvater ein Dominikaner war, ihm erzählt hatte. Schließlich sagte er mir, er sehe nur nicht ein, was ein unwissender Mensch wie er mir nützen könnte.

»Du wirst in meinem Dienst stehen und wirst alles erhalten, was du nötig hast, ohne daß du das gefährliche Gewerbe eines Spitzels zu betreiben brauchst.«

»Aber dann werden wir nicht mehr in Venedig bleiben können?«

»Nein, natürlich nicht, der Engel wird uns in ein Land führen, das nicht dem heiligen Markus gehört. Bist du bereit, mir zu schwören, daß du dein schändliches Gewerbe aufgeben wirst? Und, wenn du schwörst, wirst du nicht etwa zum zweiten Mal meineidig werden?«

»Wenn ich schwöre, werde ich sicherlich meinem Schwur treu sein, das ist ganz gewiß. Aber geben Sie zu, daß ohne meinen Eidbruch die Heilige Jungfrau Ihnen nicht die hohe Gnade erwiesen hätte. Meine Untreue ist Ursache Ihres Glücks, Sie müssen mich also lieben und sich meines Verrates freuen.«

»Liebst du Judas, der Jesus Christus verraten hat?«

»Nein.«

»Du siehst also: man verabscheut den Verräter und betet zugleich die Vorsehung an, die aus Bösem Gutes zu schaffen weiß. Bis jetzt bist du nur ein Schurke gewesen; du hast Gott und seine jungfräuliche Mutter beleidigt, und ich werde deinen Eid nur annehmen, wenn du deine Sünde büßen willst.«

»Welche Sünde habe ich begangen?«

»Du hast durch Stolz gesündigt, Soradaci, weil du dachtest, ich sei dir Dank schuldig dafür, daß du mich verraten hast, indem du meine Briefe dem Sekretär abliefertest.«

»Wie werde ich diese Sünde büßen können?«

»Das werde ich dir sagen: Wenn morgen Lorenzo kommt, bleibst du auf deinem Strohsack liegen, das Gesicht zur Wand gedreht, ohne auch nur die kleinste Bewegung zu machen und ohne Lorenzo einen Blick zuzuwerfen. Wenn er zu dir spricht, antwortest du ihm, ohne ihn anzusehen, du habest nicht schlafen können und müssest dich ausruhen. Versprichst du mir dies ohne Vorbehalt?«

»Ich verspreche Ihnen, alles, was Sie mir sagen, genau auszuführen.«

»Schwöre es mir vor diesem heiligen Bilde! Schnell!«

»Ich verspreche dir, allerheiligste Mutter Gottes, daß ich Lorenzo nicht ansehen und daß ich mich nicht auf meinem Strohsack rühren werde.«

»Und ich, heiligste Jungfrau, ich schwöre dir bei dem Herzen deines göttlichen Sohnes: Wenn ich Soradaci die kleinste Bewegung machen und Lorenzo anblicken sehe, werde ich mich sofort auf ihn werfen und ihn erbarmungslos zu deiner Ehre und zu deinem Ruhm erdrosseln.«

Ich rechnete mindestens ebensosehr auf die Wirkung dieser Drohung als auf seinen Eid. Um mir jedoch eine möglichst große Gewißheit zu verschaffen, fragte ich ihn, ob er gegen diesen Schwur etwas einzuwenden hätte. Nachdem er einen Augenblick überlegt hatte, antwortete er mir: Nein, er sei vollkommen einverstanden. Hiermit war ich sehr zufrieden. Ich gab ihm nun zu essen und befahl ihm hierauf, sich niederzulegen, weil ich Schlaf nötig hätte.

Sobald er eingeschlafen war, schrieb ich zwei Stunden lang an Balbi. Ich erzählte ihm die ganze Geschichte und sagte ihm, wenn die Arbeit weit genug vorgeschritten sei, so brauche er nur noch einmal zu kommen, um die Decke zu durchbrechen. Ich teilte ihm mit, daß wir in der Nacht vom 31. Oktober auf den 1. November entfliehen müßten und daß wir im ganzen vier sein würden. Diesen Brief schrieb ich am 28. Oktober.

Am nächsten Tage schrieb der Mönch mir, der kleine Verbindungsweg sei fertig, und er brauche nur noch die letzte Schicht über meinem Gefängnis einzuschlagen; dies sei in vier Minuten geschehen. Soradaci hielt seinen Schwur; er tat, als ob er schliefe, und Lorenzo sprach ihn nicht einmal an. Ich verlor ihn nicht einen Augenblick aus dem Auge, und ich glaube, ich würde ihn erdrosselt haben, wenn er die geringste Bewegung mit dem Kopf gemacht hätte; denn um mich zu verraten, brauchte er nur Lorenzo zuzublinzeln. Der ganze Rest des Tages wurde Gesprächen über die erhabensten Gegenstände geweiht. Ich sprach so feierlich, wie ich nur konnte, und in den übertriebensten Ausdrücken, und es war für mich ein Genuß, zu sehen, wie er immer fanatischer wurde. Außer diesen mystischen Reden rief ich auch noch die Dienste des Weines zu Hilfe. Von Zeit zu Zeit ließ ich ihn große Mengen trinken, bis ihn endlich der Rausch und die Müdigkeit übermannten und er in Schlaf sank.

Obgleich seinem Kopf jedes metaphysische Denken fremd war und er seine Denkfähigkeit stets nur dazu gebraucht hatte, um Listen eines Spitzels zu ersinnen, brachte er mich doch einen Augenblick in Verlegenheit, als er mir sagte, er begreife nicht, warum ein Engel so viele Arbeit nötig habe, um uns unseren Kerker zu öffnen. Ich erhob meine Blicke zum Himmel oder vielmehr zur Decke meines traurigen Gefängnisses und sagte ihm: »Gottes Wege sind den Sterblichen unbekannt; außerdem arbeitet der Abgesandte des Himmels nicht als Engel, denn alsdann würde ein Hauch seines Mundes ihm genügen; er arbeitet als Mensch, dessen Gestalt er ohne Zweifel deshalb angenommen hat, weil wir nicht würdig sind, ihn in seiner himmlischen Gestalt zu erleben.«

»Übrigens sehe ich voraus«, sagte ich nun, »daß der Engel, um uns für deinen boshaften Gedanken, der die Heilige Jungfrau beleidigt hat, zu bestrafen, heute nicht kommen wird. Unglückseliger! Du denkst niemals wie ein frommer und gottesfürchtiger Ehrenmann, sondern stets wie ein verruchter Sünder, der es mit dem Messergrande und seinen Sbirren zu tun hat.«

Ich hatte ihn zur Verzweiflung bringen wollen, und dies war mir gelungen. Er weinte heiße Tränen, und sein Schluchzen erstickte ihn fast, als er zwei Uhr schlagen hörte und der Engel nicht kam. Statt ihn zu beruhigen, suchte ich seine Verzweiflung noch zu vermehren, indem ich bittere Klagen ausstieß. Am nächsten Tage war er seinem Schwur gehorsam; denn als Lorenzo ihn nach seinem Befinden fragte, antwortete er, ohne den Kopf herumzudrehen. Auch am folgenden Tage betrug er sich ebenso und ebenfalls am Morgen des 31. Oktober, als ich Lorenzo zum letzten Male sah. Ich gab ihm das Buch für Balbi, und ich hatte dem Mönch geschrieben, er solle um elf Uhr kommen und die Decke durchbrechen. Ich fürchtete jetzt nicht mehr, daß noch etwas dazwischenkommen könnte; denn wie ich von Lorenzo gehört hatte, waren die Inquisitoren und der Sekretär bereits aufs Land gefahren. Ich hatte nicht mehr die Ankunft eines neuen Gefangenen zu befürchten, und ich brauchte meinen niederträchtigen Halunken nicht mehr zu schonen.

Es könnte wohl sein, daß meine Erinnerungen einem jener Prinzipienreiter in die Hände fallen, die sich mit kaltem Blut über alles mögliche erhitzen. Ein solcher könnte mich wohl wegen des Mißbrauchs verdammen, den ich mit den heiligen Mysterien trieb, und besonders deshalb, weil ich dem boshaften Dummkopf weismachte, die Heilige Jungfrau sei mir erschienen.

Da ich den Zweck verfolge, die Geschichte meiner Flucht mit allen Nebenumständen zu berichten, so habe ich mich für verpflichtet gehalten, nichts von dem auszulassen, was zum Gelingen meines Planes beigetragen hat. Ich will nicht sagen, daß diese Erzählung eine Beichte darstellen soll, denn ich fühle mich durchaus von keiner Reue belastet; aber ich bin auch ebenso weit entfernt, mich mit meinem Vorgehen zu rühmen, denn nur widerwillig bediene ich mich des Betruges, und wenn ich zwischen diesen Mitteln und einem anderen, edleren hätte wählen können, so würde ich nicht einen Augenblick geschwankt haben; das wird man mir wohl glauben. Übrigens würde ich, um meine Freiheit wiederzuerlangen, noch heutigen Tages das gleiche tun und vielleicht noch viel mehr.

Die Natur trieb mich, mir meine Freiheit wieder zu verschaffen, und die Religion konnte mir nicht befehlen, Sklave zu bleiben. Ich hatte keine Zeit zu verlieren, und es galt, einem Spitzel die Fähigkeit zu nehmen, mir zu schaden, indem er Lorenzo verriet, daß die Decke meines Gefängnisses durchbrochen wurde. Ich mußte ihn um so mehr fürchten, da er mich bereits einmal verraten hatte. Was mußte ich zu diesem Ende tun? Ich hatte nur zwei Mittel: Entweder mußte ich handeln, wie ich es tat, indem ich die Seele dieses Halunken durch Schrecken lähmte; oder ich mußte ihn erdrosseln, wie jeder vernünftige und mutige, aber grausamere Mann es getan haben würde. Dies wäre für mich viel leichter und vollkommen gefahrlos gewesen; denn ich würde gesagt haben, er sei eines natürlichen Todes

gestorben, und ganz gewiß machte man sich unter den Bleidächern zuwenig aus dem Leben eines solchen Menschen, um
erst lange zu untersuchen, ob ich die Wahrheit gesagt hätte oder
nicht. Wird unter meinen Lesern irgendeiner sein, der der Meinung ist, ich hätte besser daran getan, ihn zu erdrosseln? Wenn
auch nur ein einziger unter ihnen dieser Meinung ist, so bitte
ich Gott, ihn zu erleuchten; seine Religion wird niemals die meinige sein. Ich glaube, meine Pflicht getan zu haben, und der
Sieg, der meine Mühe krönte, kann wohl als ein Beweis angesehen werden, daß die Vorsehung die von mir angewandten Mittel
nicht mißbilligte. Der Eid, den ich mir von dem Schurken
schwören ließ, war ohne Bedeutung, denn der Mann hatte sich
nichts dabei gedacht; mein Schwur dagegen, daß ich immer für
ihn sorgen wolle, wurde mir von ihm selber abgenommen, und
so brauche ich nicht zu untersuchen, ob ich ihn gehalten haben
würde, was ich allerdings nicht glaube. Er hatte nicht den Mut,
mir zu folgen und mit mir zu fliehen. Ein Schuft wie Soradaci ist
selten mutig. Übrigens konnte ich natürlich gewiß sein, daß
seine Erregung nur bis zum Erscheinen des Paters Balbi dauern
würde, der durchaus nicht wie ein Engel aussah. *Non merta fé
chi non la serba altrui* [Treue verdient nicht, wer anderen sie
nicht hält][4]. Zum Schluß will ich nur noch meine Überzeugung
aussprechen, daß der einzelne viel mehr recht hat, wenn er alles
seiner Selbsterhaltung opfert, als ein Herrscher, wenn er für die
Erhaltung des Staates sorgt.

Als Lorenzo fort war, sagte ich Soradaci, der Engel würde um
elf Uhr eine Öffnung in die Decke unseres Kerkers machen. »Er
wird eine Schere mitbringen, und du wirst mir und dem Engel
den Bart abschneiden.«

»Hat denn der Engel einen Bart?«

»Ja, du wirst es sehen. Hierauf werden wir hinausgehen und
das Dach des Palazzo durchbrechen; von da steigen wir auf den
Markusplatz hinunter und gehen nach Deutschland.«

Er antwortete nicht. Zu Mittag aß er allein, denn mir war
Geist und Herz zu voll, um essen zu können. Ich hatte nicht
einmal schlafen können.

Die Stunde schlug – der Engel kam. Soradaci wollte sich auf
den Boden werfen, aber ich sagte ihm, dies sei nicht nötig. In
drei Minuten war das Loch fertig, das letzte Stück des Brettes
fiel mir vor die Füße, und Pater Balbi warf sich mir in die Arme.

»Jetzt ist Ihre Arbeit fertig«, rief ich, »und die meinige beginnt.«

Wir umarmten uns, und er gab mir den Spieß und eine Schere. Ich sagte Soradaci, er solle uns den Bart schneiden, und ich konnte das Lachen nicht zurückhalten, als ich sah, wie der Dummkopf mit offenem Munde dastand und den seltsamen Engel betrachtete, der wie ein Teufel aussah.

Ich war ungeduldig, die Örtlichkeit zu untersuchen, und sagte dem Mönch, er möchte bei Soradaci bleiben; denn ich wollte diesen nicht allein lassen. Dann ging ich. Ich fand das Loch in der Mauer eng, aber ich zwängte mich hindurch. Nun war ich über dem Gefängnis des Grafen; ich ließ mich hinunter und umarmte herzlich den ehrwürdigen Greis. Ich sah, daß er seiner Gestalt wegen nicht imstande war, eine Flucht über ein abschüssiges und ganz mit Bleiplatten gedecktes Dach mitzumachen. Er fragte mich nach meinem Plan und sagte mir, nach seiner Meinung wäre ich wohl etwas leichtsinnig vorgegangen.

»Ich will nur vorwärts, bis ich die Freiheit oder den Tod finde.«

Er schüttelte mir die Hand und sagte: »Wenn Sie daran denken, das Dach zu durchbrechen, sich einen Weg über die Bleiplatten zu suchen und von dort aus hinabzusteigen, so sehe ich keine Möglichkeit des Gelingens, wenn Sie nicht Flügel haben, und ich habe nicht den Mut, Sie zu begleiten; ich werde hierbleiben und für Sie zu Gott beten.«

Ich ging wieder hinaus, um das große Dach zu untersuchen. Indem ich soweit wie möglich in den äußersten seitlichen Winkel hineinkroch, setzte ich mich schließlich auf das Dachgebälk, womit die Böden aller großen Palazzi ausgefüllt sind. Ich prüfte die Bretter mit der Spitze meines Spießes und hatte das Glück, sie halb vermodert zu finden. Bei jedem Stoß meines Spießes zerfiel in Staub, was ich berührte. Als ich sah, daß ich in weniger als einer Stunde ein hinreichend großes Loch machen konnte, begab ich mich in mein Gefängnis zurück und verbrachte dort vier Stunden damit, Tücher, Decken, Matratzen und Strohsack zu zerschneiden, um Stricke daraus zu machen. Alle Knoten machte ich selber und vergewisserte mich ihrer Festigkeit, denn ein einziger schlecht zugezogener Knoten hätte uns das Leben kosten können. Schließlich sah ich mich im Besitz von Stricken, deren Gesamtlänge hundert Armlängen[5] betrug.

Bei großen Unternehmungen gibt es gewisse Umstände, von denen alles abhängt und in denen der Anführer, der Erfolg haben will, sich auf keinen anderen Menschen verläßt. Als die Stricke fertig waren, packte ich meinen Rock, meinen seidenen Mantel, einige Hemden, Strümpfe und Taschentücher zusammen, und wir begaben uns alle drei in den Kerker des Grafen. Der gute alte Herr wünschte Soradaci Glück dazu, daß er in mein Gefängnis gesteckt worden wäre und nun so bald seine Freiheit zurückerlangen würde. Soradacis verdutztes Gesicht machte mich lachen. Ich tat mir keinen Zwang mehr an, denn ich hatte die Maske des Tartüff⁶ abgeworfen, die mir entsetzlich unbequem gewesen war, die ich aber doch des Halunken wegen hatte anlegen müssen. Er war nun offensichtlich überzeugt, daß ich ihn betrogen hatte; aber er begriff von der ganzen Sache nichts, denn er konnte nicht erraten, wie ich mit dem angeblichen Engel verkehrt hatte, so, daß ich ihn zur bestimmten Stunde kommen und gehen lassen konnte. Er hörte aufmerksam dem Grafen zu, der uns sagte, wir würden alle ins Verderben rennen, und als echter Feigling wälzte er schon in seinem Kopf den Plan, sich von der gefährlichen Reise loszusagen. Ich sagte dem Mönch, er möchte sein Paket machen; inzwischen würde ich das Loch zum Dach hinaus beginnen.

Um acht Uhr abends hatte ich mein Loch fertig, ohne einer anderen Hilfe bedurft zu haben. Ich hatte die Bretter zu Staub zerstoßen, und die Öffnung war doppelt so groß, wie nötig gewesen wäre. Die ganze Bleiplatte lag vor mir. Diese konnte ich nicht allein hochheben, weil sie vernietet war. Der Mönch half mir; indem ich den Spieß zwischen die Dachrinne und die Platte stieß, gelang es mir, die letztere loszumachen. Dann stemmten wir unsere Schultern gegen sie und bogen sie so weit auf, daß wir hinauskriechen konnten. Ich steckte den Kopf durch das Loch und sah voll Schmerz, daß der Mond, der im ersten Viertel stand, eine große Helligkeit verbreitete. Dieses Mißgeschick mußte mit Geduld ertragen werden; wir mußten bis Mitternacht warten, bis der Mond verschwinden würde, um die andere Erdseite zu beleuchten; denn in einer so herrlichen Nacht war die ganze gute Gesellschaft auf dem Markusplatz, und darum konnten wir uns nicht auf dem Dache dem Mondschein aussetzen. Unsere Schatten wären auf den Markusplatz gefallen. Alle Augen hätten sich auf uns gerichtet, und das seltsame Schauspiel hätte unfehlbar die allgemeine Neugier erregt, besonders aber die des Messergrande und seiner Sbirren, die die einzigen Wächter über Venedig während der Nacht sind. Unser schöner Plan wäre gar bald durch ihren unangenehmen Eifer gestört worden. Ich entschied mich also, daß wir erst nach dem Untergang des Mondes das Dach betreten würden. Ich rief Gottes Hilfe an, aber ich verlangte keine Wunder. Den Launen des Glückes preisgegeben, mußte ich ihm möglichst wenig Angriffspunkte darbieten; wenn mein Plan scheitern sollte, so mußte ich wenigstens vor dem Vorwurf sicher sein, Fehler begangen zu haben. Der Mond mußte nach elf Uhr untergehen, und die Sonne erhob sich erst um halb acht; so blieben uns bis zur Morgendämmerung sieben Stunden vollständiger Dunkelheit, in denen wir handeln konnten. Wir hatten zwar eine harte Arbeit vor uns, aber in sieben Stunden mußten wir unser Ziel erreichen können.

Ich sagte dem Pater Balbi, wir könnten drei Stunden mit dem Grafen Asquin verplaudern. Er möchte ihm vorher mitteilen, daß ich dreißig Zechinen nötig hätte, die ich ihn mir zu leihen bäte, da sie für mich vielleicht ebenso wichtig werden könnten, wie es für das bisher Vollbrachte mein Spieß gewesen wäre. Er richtete meinen Auftrag aus und kam nach vier Minuten mit dem Bescheid zurück, ich möchte selber gehen, der Graf wünsche mit mir ohne Zeugen zu sprechen. Der arme alte Herr sagte mir sehr freundlich: um zu fliehen, brauche ich kein Geld; er besitze auch keins; er hätte eine zahlreiche Familie, und wenn ich umkäme, wäre das Geld, das er mir gegeben hätte, verloren. Kurz und gut, er sagte noch eine Menge überflüssige Dinge gleicher Art, um damit seinen Geiz oder seine Abneigung gegen das Verleihen des Geldes zu bemänteln. Meine Antwort dauerte eine halbe Stunde. Ich führte ausgezeichnete Gründe an; aber diese sind stets machtlos gewesen, solange die Welt besteht; denn die schönsten rhetorischen Wendungen prallen von dem Stahlpanzer der zähesten aller Leidenschaften ab. Hier war nun der Fall des *nolenti baculus* [Wer nicht will, muß den Prügel haben]; aber ich war nicht grausam genug, gegen einen unglücklichen Greis Gewalt anzuwenden. Schließlich sagte ich ihm: wenn er mit mir fliehen wolle, würde ich ihn auf meinen Schultern tragen, wie Aeneas den Anchises, wenn er aber zurückbleiben wolle, um Gott um sein Geleit für uns zu bitten, so wäre sein Gebet inkonsequent; denn er würde zu Gott beten, eine

Sache gelingen zu lassen, zu der er selber nicht einmal durch die einfachsten Mittel hätte beitragen wollen.

Er antwortete mir, indem er Tränen vergoß. Ich wurde gerührt. Er fragte mich, ob zwei Zechinen mir genügen könnten; ich erwiderte ihm, mir müsse alles genügen. Er gab mir die zwei Zechinen, indem er mich bat, sie ihm jedoch zurückzugeben, wenn ich eine Runde über das Dach gemacht und gesehen hätte, daß es das vernünftigste für mich wäre, in mein Gefängnis zurückzukehren. Ich versprach es ihm, ein wenig überrascht, daß er von mir annehmen konnte, ich würde mich zur Umkehr entschließen. Er kannte mich nicht; ich war fest entschlossen, lieber zu sterben, als an einen Ort zurückzukehren, den ich alsdann lebend nicht mehr verlassen hätte.

Ich rief meine Kameraden, und wir legten unser ganzes Gepäck neben das Loch, nachdem ich die hundert Armlängen Stricke auf zwei Pakete verteilt hatte. Dann plauderten wir zwei Stunden lang und erinnerten uns nicht ohne Vergnügen an die verschiedenen Wechselfälle unseres Unternehmens. Die erste Probe, die Pater Balbi mir von seinem edlen Charakter gab, bestand darin, daß er mir zehnmal wiederholte, ich hätte ihm mein Wort gebrochen; denn ich hätte ihm versichert, mein Plan wäre fertig und sicher; dies wäre aber durchaus nicht der Fall: er sagte mir sehr frech, wenn er das vorausgesehen hätte, würde er mich nicht aus meinem Kerker befreit haben. Der Graf sagte mir ebenfalls mit dem ganzen Ernst seiner siebzig Jahre: es sei das klügste von mir, von meiner waghalsigen Unternehmung zurückzutreten, denn gelingen könne es mir unmöglich; dagegen sei augenscheinlich größere Gefahr vorhanden, daß wir dabei unser Leben verlieren würden. Was er mir sagte, war eine richtige Advokatenrede; ich erriet gleich, daß die wahre Ursache seines Eifers die zwei Zechinen waren, die ich ihm hätte zurückgeben müssen, wenn es ihm gelungen wäre, mich zum Bleiben zu überreden.

»Das mit Bleiplatten bedeckte Dach«, sagte er, »ist so abschüssig, daß Sie nicht darauf werden gehen können, denn Sie werden kaum imstande sein, sich aufrecht zu halten; das Dach ist allerdings mit sieben oder acht Dachluken versehen, aber diese sind sämtlich mit eisernen Stäben vergittert, und sie sind unzugänglich, weil sie alle weit vom Rande entfernt sind und weil man vor ihnen nicht festen Fuß fassen kann. Die Stricke, die Sie besitzen, werden Ihnen nichts nützen, weil Sie keine Stelle finden werden, um sie zu befestigen. Und selbst, wenn Sie eine solche Stelle finden sollten, so wäre Ihnen damit nicht geholfen; denn aus einer solchen Höhe kann ein Mensch nicht herabsteigen, weil er sich nicht festhalten kann, bis er unten ist. Sie müßten sich also den Strick um den Leib binden, und einer von Ihnen dreien müßte seine beiden Kameraden, einen nach dem andern, hinunterlassen wie einen Eimer oder ein Bündel Holz. Derjenige aber, der dies täte, müßte bleiben und in seinen Kerker zurückkehren. Wer von euch dreien fühlt sich wohl zu solchem barmherzigen, aber gefährlichen Werk bereit? Und selbst angenommen, einer von Ihnen wäre ein solcher Held, so sagen Sie mir doch, auf welcher Seite wollen Sie sich hinunterlassen? Jedenfalls nicht zu der Piazzetta mit den Säulen hin, denn da würde man Sie sehen; nach der Kirche zu ist es unmöglich, denn da würden Sie eingeschlossen sein; an die Seite zum Hof ist gar nicht zu denken, denn da würden Sie den Arsenalotti, die ständig die Runde machen, in die Hände fallen. Sie können also nur an der Kanalseite hinuntersteigen. Und haben Sie dort eine Gondel, die auf Sie wartet, oder ein Schiff? Nein. Sie werden also genötigt sein, ins Wasser zu springen und bis Santa Apollonia zu schwimmen; dort werden Sie in kläglichem Zustande ankommen und nicht wissen, wohin Sie weiterfliehen sollen. Bedenken Sie auch, daß Sie auf den Bleiplatten leicht ausrutschen können; und wenn Sie in den Kanal fallen, so sind Sie verloren, selbst wenn Sie schwimmen können wie die Haifische; denn infolge der Höhe des Gebäudes und der geringen Tiefe des Wassers kann der Sturz nur tödlich ablaufen. Sie werden zerschmettert werden, denn drei oder vier Fuß Wasser sind keine genügende Menge Flüssigkeit, um die Wirkung der Schwere aufzuheben, wenn Ihre Körper aus so großer Höhe herabfallen. Sie würden sich noch glücklich schätzen können, wenn Sie nur mit zerbrochenen Armen und Beinen unten ankämen.«

Diese Rede, die unter den Umständen jedenfalls sehr unvorsichtig war, brachte mein Blut in heiße Wallung; indessen hatte ich den Mut, ihn mit einer Geduld anzuhören, die sonst nicht meine Sache war. Die rücksichtslosen Vorwürfe des Mönches empörten mich, und ich hatte große Lust, sie schroff zurückzuweisen; aber ich fühlte, daß ich in einer kniffligen Lage war und leicht mein eigenes Werk zerstören konnte; denn ich hatte es mit einem Feigling zu tun, der imstande war, mir zu antworten: er sei nicht so verzweifelt, um es auf Leben und Tod ankommen zu lassen; ich möge also nur allein gehen. Wenn ich aber allein war, konnte ich mir keine Hoffnung auf Gelingen machen. So tat ich mir denn Gewalt an und sagte ihnen in freundlichem Ton, ich sei des Erfolges meiner Unternehmung sicher, obgleich ich ihnen die Einzelheiten nicht mitteilen könne. »Ihre weisen Bedenken«, sagte ich zum Grafen Asquin, »werden mich zu vorsichtigem Handeln veranlassen. Ich habe Vertrauen zu Gott und meinen eigenen Kräften, und dadurch werde ich alle Schwierigkeiten überwinden.«

Von Zeit zu Zeit streckte ich die Hand aus, um mich zu versichern, ob Soradaci noch da wäre, denn er sprach während der ganzen Zeit kein Wort. Ich lachte bei dem Gedanken, was wohl in seinem Kopf vorgehen mochte, nachdem er jetzt ganz sicher war, daß ich ihn getäuscht hatte. Etwa um halb elf Uhr sagte ich ihm, er möchte nachsehen, in welcher Himmelsgegend der Mond jetzt stände. Er gehorchte, kam sofort zurück und sagte mir, in einer halben Stunde würde man den Mond nicht mehr sehen und ein sehr dichter Nebel müßte die Bleidächer höchst gefährlich machen.

»Es genügt mir«, antwortete ich ihm, »daß der Nebel kein Öl ist. Packe deinen Mantel mit einem Teil unserer Stricke zusammen. Wir müssen diese in gleiche Pakete verteilen.«

Zu meiner größten Überraschung fühlte ich plötzlich, wie er meine Knie umfaßte, dann meine Hände ergriff und sie küßte. Weinend sagte er zu mir: »Ich flehe Sie an, verlangen Sie nicht meinen Tod! Ich weiß gewiß, daß ich in den Kanal fallen werde. Ich kann Ihnen nicht den geringsten Nutzen bringen. Ach! lassen Sie mich hier, und ich werde die ganze Nacht zum heiligen Franziskus für Sie beten. Es steht in Ihrer Macht, mich zu töten; aber niemals werde ich mich entschließen, Ihnen zu folgen.«

Wie sehr er meinen eigenen Wünschen entgegenkam, das wußte der Dummkopf natürlich nicht!

»Du hast recht, bleibe hier; aber ich erlaube es dir nur unter der Bedingung, daß du zum heiligen Franziskus betest. Vorher aber schaffe alle meine Bücher hierher, ich will sie dem Grafen hinterlassen.«

Er gehorchte ohne Widerrede und ohne Zweifel mit großer Freude. Meine Bücher waren mindestens hundert Scudi wert.

Der Graf sagte mir, er würde sie mir bei meiner Rückkehr wiedergeben.

»Sie werden mich hier nicht wiedersehen, darauf können Sie sich verlassen. Die Bücher werden Sie für Ihre zwei Zechinen entschädigen. Daß der Halunke Soradaci nicht den Mut hat, mir zu folgen, ist mir höchst angenehm; er würde mich in Verlegenheit setzen. Außerdem ist der elende Mensch nicht würdig, mit Pater Balbi und mir die Ehre einer so schönen Flucht zu teilen.«

»Das ist wahr«, sagte der Graf; »nur wäre es möglich, daß er morgen Anlaß hätte, sich dazu Glück zu wünschen.«

Ich bat den Grafen um Feder, Tinte und Papier, die er trotz des Verbotes besaß; denn die Verbote bedeuteten nichts für Lorenzo, der für einen Scudo den heiligen Markus selber verkauft haben würde. Ich schrieb hierauf nachstehenden Brief, den ich Soradaci übergab und den ich nicht wieder durchlesen konnte, weil wir uns im Dunkeln befanden. Ich begann mit dem Ausspruch eines schwärmerischen Kopfes, den ich in lateinischer Sprache niederschrieb:

Non moriar sed vivam, et narrabo opera domini [Ich werde nicht sterben, sondern leben und des Herrn Werk verkündigen][7].

Die hochlöblichen Staatsinquisitoren müssen alles tun, um einen Schuldigen mit Gewalt unter den Bleidächern festzuhalten. Der Schuldige, der so glücklich ist, nicht Gefangener auf Ehrenwort zu sein, muß ebenfalls sein möglichstes tun, um sich die Freiheit zu verschaffen. Ihr Recht hat zur Grundlage die Justiz; das Recht des Schuldigen stützt sich auf die Natur. Und sowenig, wie Sie seiner Einwilligung bedürfen, um ihn einzusperren, kann er der Ihrigen bedürfen, um seine Freiheit wiederzuerlangen.

Giacomo Casanova, der dies mit Bitterkeit im Herzen schreibt, weiß, daß er das Unglück haben kann, wieder eingefangen zu werden, bevor er den Staat verlassen und sich in ein gastliches Land in Sicherheit bringen kann. Dann wäre er wieder unter dem Richtschwert derer, denen er jetzt zu entfliehen sich anschickt. Aber falls ihm dieses Unglück zustoßen sollte, so wendet er sich an die Menschlichkeit seiner Richter und bittet sie, ihm das grausame Los, dem er zu entfliehen sucht, nicht dadurch härter zu machen, daß sie ihn dafür bestrafen, der Stimme der Natur gefolgt zu sein. Wenn er wieder eingefangen wird, so bittet er, ihm alles zurückzugeben, was ihm gehört und was er in dem Kerker läßt. Wenn er aber das Glück hat, sein Ziel zu erreichen, so schenkt er alles dem Francesco Soradaci der hier als Gefangener bleibt, weil er nicht den Mut hat, sich der Gefahr auszusetzen. Er zieht nicht wie ich die Freiheit dem Leben vor. Casanova bittet Ihre Exzellenzen, dem Unglücklichen dies Geschenk, das er ihm macht, nicht vorenthalten zu wollen. Geschrieben eine Stunde vor Mitternacht, ohne Licht, im Kerker des Grafen Asquin, am 31. Oktober 1756.‹

Castigans castigavit me Deus, et mortio non tradidit me [Der Herr züchtigt mich schwer, aber er gibt mich dem Tode nicht preis][8]. Ich sagte Soradaci, er solle diesen Brief nicht Lorenzo geben, sondern nur dem Sekretär persönlich; denn er würde ihn ohne Zweifel rufen lassen, wenn er nicht gar selber heraufkäme, wie es noch wahrscheinlicher wäre. Der Graf sagte ihm, die Wirkung meines Briefes wäre zweifellos so; aber er müßte mir alles wiedergeben, wenn ich zurückkäme. Der Dummkopf antwortete ihm, er wünsche mich wiederzusehen, um mir zu beweisen, daß er mir alles von Herzen gern zurückgeben werde.

Aber es war Zeit, uns auf den Weg zu machen. Der Mond war nicht mehr zu sehen. Ich hängte Pater Balbi den auf ihn entfallenden Teil unseres Gepäcks um den Hals, so daß er auf der einen Seite die Hälfte unserer Stricke, auf der anderen seine eigenen Sachen trug. Ich machte es ebenso bei mir. Dann traten wir beide in Hemdärmeln, den Hut auf dem Kopf, an die Öffnung im Dache: *E quindi uscimmo a rimirar le stelle* [Dann traten wir hinaus und sahen die Sterne][9].

Ich kroch zuerst hindurch, Balbi folgte mir. Soradaci, der uns bis an das Loch im Dach begleitet hatte, erhielt Befehl, die Bleiplatte wieder zurechtzulegen und hierauf zu seinem heiligen Franziskus zu beten. Ungeachtet des Nebels waren alle Gegenstände so ziemlich zu erkennen. Auf allen vieren kriechend, packte ich mit fester Hand meinen Spieß, stieß ihn schräg in die Fuge zweier Bleiplatten und packte dann mit vier Fingern den Rand der von mir hochgebogenen Platten. So kam ich allmählich bis an den First des Daches. Der Mönch, der mir folgte, hielt sich mit vier Fingern seiner rechten Hand an meinem Hosenbund fest. So befand ich mich in der unangenehmen Lage eines Lasttiers, das gleichzeitig ziehen und tragen muß, und noch dazu auf einem abschüssigen Dach, das von einem dichten Nebel schlüpfrig geworden war.

Als wir diesen gefahrvollen Aufstieg erst zur Hälfte hinter uns hatten, rief der Mönch mir zu, ich solle halten; eins von seinen Paketen habe sich losgelöst, er hoffe aber, daß es nicht über die Dachrinne hinausgerutscht sei. Mein erster Gedanke war, ihm einen Fußtritt zu versetzen und ihn hinter seinem Paket herzuschicken. Gott sei Dank beherrschte ich mich und tat es nicht; die Strafe wäre für beide Teile zu hart gewesen; denn allein hätte meine Flucht unmöglich gelingen können. Ich fragte ihn, ob es das Paket mit den Stricken sei; er antwortete mir jedoch, es sei sein eigenes Päckchen mit Kleidung, worin sich auch ein von ihm auf dem Dachboden gefundenes Manuskript befinde, das ihm großen Gewinn bringen werde. Ich sagte ihm, diesen Verlust müsse er ertragen; ein Schritt zurück könne uns ins Verderben stürzen. Der arme Mönch seufzte, und wir kletterten weiter.

Nachdem wir mit außerordentlicher Anstrengung über fünfzehn oder sechzehn Platten hinaufgeklettert waren, kamen wir auf dem First an. Hier setzte ich mich bequem rittlings hin, und

Pater Balbi machte es so wie ich. Wir saßen mit dem Rücken zur kleinen Insel San Giorgio Maggiore und hatten auf zweihundert Schritte vor uns die zahlreichen Kuppeln der Markuskirche, die zum Dogenpalast gehört; denn San Marco ist eigentlich nur die Kapelle des Dogen, und kein Monarch kann sich rühmen, eine schönere zu besitzen. Vor allen Dingen legte ich mein Bündel ab und forderte meinen Kameraden auf, das gleiche zu tun. Er legte seinen Pack Stricke, so gut er konnte, unter seine Schenkel; als er aber seinen Hut abnehmen wollte, der ihm lästig war, benahm er sich dabei ungeschickt; der Hut rollte von Platte zu Platte bis an die Dachrinne und folgte dem Kleiderpaket in den Kanal. Hierüber war mein armer Kamerad ganz verzweifelt, und er rief: »Böses Vorzeichen! Jetzt habe ich schon gleich am Anfang kein Hemd und keinen Hut mehr und habe noch dazu eine kostbare Handschrift verloren, die die interessante und gänzlich unbekannte Geschichte aller im Dogenpalast abgehaltenen Festlichkeiten enthielt.« Meine Wut hatte sich inzwischen gelegt, und ich sagte ihm ruhig: die beiden Unfälle hätten weiter nichts Außerordentliches an sich und könnten darum auch von einem abergläubischen Geist nicht als böse Vorzeichen angesehen werden. Ich hielte sie nicht dafür und ließe mich durchaus nicht von ihnen entmutigen. »Sie müssen Ihnen, mein Lieber, zur Lehre dienen, daß Sie vorsichtig und vernünftig sind. Sie müssen daraus entnehmen, daß Gott uns ohne Zweifel beschützt; denn wäre Ihr Hut, statt nach der rechten Seite, nach der linken gefallen, so wären wir verloren gewesen, denn er wäre in den Palasthof gefallen. Dort hätten die Wachen ihn gefunden und dadurch notwendigerweise erkennen müssen, daß sich irgend jemand auf dem Dach befindet. Und dann wären wir sofort wieder eingefangen gewesen.«

Nachdem ich einige Minuten lang nach rechts und links mich umgesehen hatte, sagte ich dem Mönch, er solle warten, bis ich zurückkäme, und sich nicht von der Stelle rühren. Nur meinen Spieß in der Hand haltend, rutschte ich ohne Schwierigkeit rittlings auf dem Dachfirst entlang. Fast eine Stunde lang untersuchte ich alle Dächer des Palastes, aber vergeblich; denn ich sah nirgends etwas, woran ich einen Strick hätte befestigen können. Ich war vollkommen ratlos. An den Kanal oder an den Palasthof war nicht zu denken, und die Kirche bot mir zwischen ihren Kuppeln nur tiefe Abgründe dar, die nach allen Seiten umschlossen waren. Um über die Kirche zur Calle Canonica zu gelangen, hätte ich über so abschüssige Dächer steigen müssen, daß ich keine Möglichkeit sah, diesen Weg zu wählen; denn natürlich verwarf ich sofort alles als unmöglich, was ich nicht für ausführbar hielt. Meine Lage erforderte kühnes Wagen, verbot aber jede Unvorsichtigkeit. Hier das Richtige zu treffen, war ungeheuer schwierig.

Mein Blick fiel auf eine Dachluke nach der Kanalseite. Sie war von der Stelle, von der ich ausgegangen war, weit genug entfernt, um mir die Annahme zu gestatten, daß der von ihr erhellte Dachboden nicht zum Bereich der Gefängnisse gehörte. Sie mußte auf einen Dachboden über irgendeiner der Wohnungen des Palastes führen, deren Türen ich natürlich offen gefunden haben würde. Ich war fest überzeugt, daß die Diener des Palastes, sogar die der Dogenfamilie, wenn sie uns bemerkt hätten, uns bereitwillig unsere Flucht erleichtert haben würden. Ganz gewiß hätten sie uns nicht der Gewalt der Inquisitoren ausgeliefert, selbst wenn sie in uns die größten Staatsverbrecher erkannt haben würden. So verhaßt war die Inquisition in den Augen aller Venezianer.

Ich mußte nun diese Dachluke näher untersuchen. Indem ich mich vom First in grader Linie sachte herabgleiten ließ, befand ich mich bald rittlings auf dem kleinen Dach des Ausbaues, das etwa drei Fuß lang und einundeinhalb Fuß breit[1] war. Mich mit beiden Händen am Rande festhaltend, streckte ich den Kopf vor und sah und fühlte ein kleines Gitter; hinter diesem befand sich ein Fenster mit Glasscheiben, die in Blei eingelassen waren. Das Fenster brachte mich nicht in Verlegenheit, aber das Gitter schien mir, so dünn es auch war, eine unüberwindliche Schwierigkeit darzubieten; denn ich glaubte es ohne Feile nicht beseitigen zu können, und ich hatte nur meinen Spieß.

Ich wußte nicht, was ich machen sollte, und begann den Mut zu verlieren, als plötzlich das einfachste und natürlichste Ereignis meine Seele wieder aufrichtete.

Philosophischer Leser, versetze dich bitte einen Augenblick in meine Lage! Dann wird das Geständnis, das ich aufrichtig und wahrheitsgetreu dir machen will, mich in deiner Meinung nicht herabsetzen, besonders wenn du nicht vergissest, daß der Mensch in Unruhe und Not natürlich nicht halb so stark ist wie im Zustande unbekümmerter Ruhe.

Die Glocke von San Marco, die in diesem Augenblick Mitternacht schlug, befreite mich mit einem heftigen Stoß aus dem Zustande der Ratlosigkeit, der mich lähmte. Diese Glockenschläge erinnerten mich daran, daß in demselben Augenblick der Allerheiligentag begann und daß dieser Tag der Festtag meines Schutzheiligen sein mußte, wenigstens wenn ich einen hatte; und die Weissagung des Jesuiten, der mir die Beichte abgenommen hatte, kam mir in den Sinn. Besonders aber, ich will es gestehen, erhöhte meinen Mut und vermehrte tatsächlich meine körperlichen Kräfte das weltliche Orakel, das ich von meinem lieben Ariost empfangen hatte: *Tra il fin d'ottobre è il capo di novembre.*

Wenn ein großes Unglück zuweilen einen kleinen Geist fromm macht, so ist es fast unmöglich, daß der Aberglaube nicht dazu beiträgt. Der Klang der Glocke erschien mir als ein sprechender Talisman, der mich zum Handeln aufrief und mir den Sieg verhieß. Meiner ganzen Länge nach ausgestreckt, den Kopf gegen das Gitter geneigt, stieß ich meinen Spieß in den Rahmen, in den es eingelassen war, und beschloß, diesen ganz loszubrechen. In einer Viertelstunde gelang mir dies. Das Gitter befand sich unversehrt in meinen Händen, und ich legte es neben die Dachluke. Ohne Schwierigkeit zertrümmerte ich nun das Dachfenster, obgleich ich mir an der linken Hand eine stark blutende Verletzung zugezogen hatte. Mit Hilfe meines Spießes gelangte ich auf die vorhin beschriebene Art wieder auf den First und kehrte auf diesem an die Stelle zurück, wo ich meinen Kameraden zurückgelassen hatte. Ich fand ihn in wütender Verzweiflung. Er sagte mir die gröbsten Beleidigungen, weil ich ihn so lange allein gelassen hätte, und erklärte, er hätte nur bis Schlag ein Uhr gewartet, um in sein Gefängnis zurückzukehren.

»Was dachten Sie denn von mir?«

»Ich glaubte, Sie seien in irgendeinen Abgrund gestürzt.«

»Und Ihre Freude, die Sie doch darüber empfinden müssen, mich wiederzusehen, spricht sich nur in Beleidigungen aus?«

»Was haben Sie denn so lange gemacht?«

»Kommen Sie mit, Sie werden sehen!«

Ich lud mir meine Pakete wieder auf und machte mich auf den Weg zu der Dachluke. Als wir uns dieser gegenüber befanden, berichtete ich Balbi genau über alles, was ich getan hatte, und beriet mich mit ihm, wie wir auf den Dachboden gelangen könnten. Dies war leicht für einen von uns, denn der andere konnte ihn an dem Strick hinunterlassen; aber ich sah keine Möglichkeit, wie nachher der zweite ihm folgen könnte, da der Strick sich nicht am Eingang der Dachluke befestigen ließ. Wenn ich einstieg und hinuntersprang, konnte ich Arme und Beine brechen, denn die Entfernung von der Dachluke bis zum Fußboden war mir unbekannt. Als ich ihm dies vernünftige Bedenken im freundlichsten Ton vorgestellt hatte, antwortete der Mensch mir: »Lassen Sie mich nur einstweilen hinunter, wenn ich unten bin, haben Sie Zeit genug, darüber nachzudenken, wie Sie mir folgen können.«

Ich gestehe, daß ich in der ersten Entrüstung in Versuchung war, ihm meinen Spieß in die Brust zu stoßen. Ein guter Geist hielt mich zurück, und ich warf ihm mit keinem einzigen Wort seine niedrige Selbstsucht vor, sondern öffnete sofort mein Paket mit den Stricken. Nachdem ich ihm den Strick unter den Achseln fest um die Brust geschnürt hatte, ließ ich ihn mit den Füßen nach unten sich platt auf den Bauch legen und hinunterrutschen, bis er auf der Dachluke ankam. Als er soweit war, sagte ich ihm, er solle bis ans Gesäß sich in die Öffnung hinunterlassen und sich mit den Händen am Rand festhalten. Als er dies getan hatte, rutschte ich wie früher über das Dach hinunter, legte mich ganz lang auf die Dachluke hin, zog den Strick straff an und sagte dem Mönch, er solle sich nun ohne Furcht loslassen. Unten angekommen, band er den Strick los; ich zog diesen herauf und fand, daß die Entfernung von der Dachluke bis zum Boden zehnmal die Länge meines Armes betrug. Dies war zuviel, um den gefährlichen Sprung zu wagen. Des Mönches war ich nunmehr sicher. Er hatte fast zwei Stunden angstvoll auf dem Dachfirst verbracht, in einer, wie ich zugeben will, nicht eben Vertrauen erweckenden Lage. Er rief mir zu, ich solle ihm nur die Stricke herunterwerfen; er wolle dann schon für das Weitere sorgen. Natürlich hütete ich mich, diesen dummen Rat zu befolgen. Ich wußte nicht, was ich anfangen sollte. Auf eine Eingebung wartend, kletterte ich einstweilen zu dem Dachfirst zurück. Mein Blick fiel auf eine Stelle neben einer Kuppel, die ich noch nicht besucht hatte, und ich machte mich dorthin auf den Weg. Ich sah eine mit Bleiplatten bedeckte ebene Terrasse neben einer großen Dachluke mit zwei verschlossenen Läden. Auf dieser Terrasse stand ein Trog mit fertigem Mörtel, Maurergerät und eine Leiter, die mir lang genug zu sein schien, um auf ihr auf den Dachboden hinuntersteigen zu können, wo mein Kamerad mich erwartete. Dies genügte mir, um meinen Entschluß zu fassen. Ich befestigte meinen Strick an der ersten Sprosse und schleppte die unbequeme Last bis an die Dachluke. Nun galt es aber, die schwere Leiter, welche zwölfmal so lang war wie mein Arm[2], in die Luke hineinzubringen. Die Schwierigkeiten, die mir dies machte, ließen mich bedauern, daß ich mich der Hilfe des Mönches beraubt sah.

Ich hatte die Leiter so weit geschleppt, daß das eine Ende die Luke berührte, während sie um ein Drittel ihrer Länge über die Dachrinne hinausragte. Nun ließ ich mich bis auf die Luke hinabgleiten, zog seitwärts die Leiter an mich heran und befestigte das Ende meines Strickes an ihrer achten Sprosse. Hierauf ließ ich sie wieder so weit hinunter, bis ihre Spitze sich unmittelbar neben der Luke befand. Ich bemühte mich nun, sie in diese hineinzubringen, aber es war mir unmöglich, sie weiter als bis zur fünften Sprosse eindringen zu lassen; denn ihre Spitze stieß innen gegen das Dach der Luke an, und keine Kraft auf der ganzen Welt hätte sie tiefer hineingebracht, ohne entweder die Dachluke oder die Leiter zu zerbrechen. Hiergegen gab es nur ein einziges Mittel: ich mußte sie am anderen Ende anheben; durch die Neigung konnte die Spitze an dem Hindernis vorbeigelangen, und dann mußte die Leiter durch ihr eigenes Gewicht nach unten gleiten. Ich hätte allerdings die Leiter quer legen und meinen Strick an ihr befestigen können, um ohne Gefahr an ihr hinabzugleiten. Aber dann wäre die Leiter dort liegengeblieben und hätte am anderen Morgen den Sbirren und Lorenzo den Ort verraten, wo wir uns vielleicht noch befinden würden.

Ich wollte es nicht riskieren, durch eine Unvorsichtigkeit die Frucht so vieler Mühen und Gefahren zu verlieren; um alle Spuren zu beseitigen, mußte die Leiter ganz und gar verschwinden. Da niemand da war, um mir zu helfen, entschloß ich mich, selber bis zur Dachrinne hinunterzusteigen, um die Leiter hochzuheben und so meinen Zweck zu erreichen. Dies tat ich denn auch, aber unter so großer Gefahr, daß ich es nur einer Art Wunder verdankte, wenn ich für meine Waghalsigkeit nicht mit dem Leben büßte. Ich ließ den Strick los, ohne mich weiter um die Leiter zu kümmern; denn ich brauchte nicht zu befürchten, daß sie in den Kanal fallen würde; sie hing nämlich mit der dritten

Sprosse an der Dachrinne fest. Meinen Spieß in der Hand, ließ ich mich nun bis zur marmornen Dachrinne hinuntergleiten. Ich berührte diese mit meinen Fußspitzen, während ich platt auf dem Bauch lag. In dieser Stellung konnte ich mit Aufgebot aller Kraft die Leiter unten um einen halben Fuß anheben und sie zugleich vorwärtsstoßen. Zu meiner großen Freude sah ich, daß sie um einen Fuß tiefer in die Dachluke eingedrungen war. Der Leser wird begreifen, daß hierdurch ihr Gewicht sich beträchtlich verminderte. Es galt nun, sie noch um zwei Fuß weiter hineinzubringen, indem ich sie um ebensoviel emporhob; denn sobald dies geschehen war, brauchte ich mich nur wieder auf das Dach der Luke zu legen, um mit Hilfe des Stricks die ganze Leiter hineinzubringen. Um sie nun so weit emporzuheben, wie es nötig war, richtete ich mich auf meinen Knien auf. Aber infolge der Kraftanstrengung glitt ich mit den Fußspitzen aus, mein Körper rutschte bis zur Brust über den Rand hinaus, und ich hing nur noch mit den beiden Ellbogen auf dem Dach.

Entsetzlicher Augenblick! Im Selbsterhaltungstriebe bot ich fast unbewußt alle meine Kräfte auf, um mich festzuhalten, und es glückte mir, ich möchte fast sagen: durch ein Wunder. Ich verlor keinen Augenblick die Kaltblütigkeit, und es gelang mir endlich, indem ich die ganze Kraft meiner Arme aufbot, mich hochzustemmen, so daß nunmehr mein Körpergewicht auf den Handgelenken ruhte, während ich mich zugleich mit dem Unterleib auf die Dachrinne stützte. Um die Leiter brauchte ich mir glücklicherweise keine Sorgen mehr zu machen, denn bei der ungeheuren Kraftanstrengung, die mich beinahe so teuer zu stehen gekommen wäre, hatte ich das Glück gehabt, sie um drei Fuß tiefer in die Dachluke hineinzustoßen, so daß sie nun unbeweglich fest stand.

Indem ich mich also, auf meine Handgelenke und auf die Leistengegend zwischen Unterleib und Schenkeln aufgestützt, am Rande der Dachrinne festhielt, sah ich, daß ich außer aller Gefahr sein würde, wenn ich mein rechtes Bein hochheben und erst das eine, dann das andere Knie auf die Dachrinne bringen könnte. Aber meine Leiden waren noch nicht zu Ende. Infolge der Anstrengung zogen sich meine Sehnen so stark zusammen, daß ein überaus schmerzhafter Krampf mich an allen Gliedern lähmte. Ich verlor jedoch nicht den Kopf, sondern hielt mich unbeweglich, bis der Anfall vorüber war: ich wußte, daß dies das beste Mittel gegen den Krampf ist, denn ich habe es oft an mir selber erprobt. Wie entsetzlich war dieser Augenblick! Nach zwei Minuten erneuerte ich ein wenig meine Anstrengungen und erreichte glücklich nacheinander mit beiden Knien die Dachrinne. Nachdem ich Atem geschöpft hatte, hob ich vorsichtig die Leiter empor, bis sie sich endlich parallel mit dem kleinen Dach der Luke befand. Dies genügte mir, da mir die Gesetze des Gleichgewichts und des Hebels genügend bekannt waren. Ich nahm meinen Spieß wieder zur Hand und kletterte in schon bekannter Weise zur Dachluke empor. Mit Leichtigkeit brachte ich nun die ganze Leiter hinein, deren Ende mein Kamerad mit seinen Armen auffing. Ich warf meine Kleider, die Stricke und die Trümmer des ausgebrochenen Gitterrahmens auf den Boden und stieg auf der Leiter hinunter. Der Mönch empfing mich voller Freuden und brachte die Leiter auf die Seite. Mit den Armen umhertastend, untersuchten wir nun den dunklen Ort, an dem wir uns befanden; er war etwa dreißig Fuß lang und zehn Fuß breit[3].

An dem einen Ende fanden wir eine Doppeltür, die aus eisernen Stäben bestand; dies war ein übles Vorzeichen. Als ich aber meine Hand auf die in der Mitte befindliche Klinke legte, gab diese dem Druck nach, und die Tür öffnete sich. Wir gingen zunächst an den Wänden entlang um den neuen Raum herum; als wir ihn aber durchqueren wollten, stießen wir auf einen großen Tisch, der von Stühlen und Lehnsesseln umgeben war. Wir gingen nach der Stelle zurück, wo wir Fenster gefunden hatten, und öffneten eines. Aber wir bemerkten beim Schimmer der Sterne nur Abgründe zwischen Kuppeln. Ich dachte nicht einen Augenblick daran, hier hinabzusteigen. Denn der Ort, wo ich mich befand, war mir unbekannt, und ich wollte wissen, wohin ich geriete. Ich machte das Fenster wieder zu; wir verließen den Saal und gingen zu dem Ort zurück, wo wir unser Gepäck hatten liegenlassen. Über alle Maßen körperlich und geistig erschöpft, ließ ich mich auf den Fußboden sinken; ich schob mir ein Paket Stricke unter den Kopf, und ein sanfter Schlummer bemächtigte sich meiner Sinne. Ich überließ mich ihm, völlig willenlos; es wäre mir unmöglich gewesen, dem Schlaf zu widerstehen, selbst wenn ich gewußt hätte, daß er mich das Leben kosten würde. Ich erinnere mich noch jetzt sehr gut, welch ein wonniges Gefühl es für mich war, als ich einschlief.

Ich schlief drei und eine halbe Stunde lang. Das Geschrei und das heftige Rütteln des Mönches vermochten mich kaum zu wecken. Er sagte mir, es habe soeben sechs Uhr geschlagen und es sei ihm unverständlich, wie ich in der Lage, in der wir uns befänden, schlafen könnte. Ihm war das unbegreiflich, mir aber nicht: mein Schlaf war nicht freiwillig gewesen; ich hatte nur meiner erschöpften Natur nachgegeben und lag sozusagen in den letzten Zügen. Meine Erschöpfung konnte nicht überraschen: seit zwei Tagen hatte ich vor Aufregung nichts essen und kein Auge schließen können, und die Anstrengungen, die ich hatte machen müssen, gingen über das hinaus, was ein Mensch unter gewöhnlichen Umständen leisten kann. Sie würden genügt haben, um auch die Kräfte eines jeden anderen Menschen vollkommen zu erschöpfen. Übrigens hatte dieser wohltätige Schlaf mir meine alte Kraft zurückgegeben, und in der Zwischenzeit war, wie ich mit großer Freude sah, die Dunkelheit so weit gewichen, daß wir zuversichtlicher und schneller handeln konnten.

Sobald ich mich umgesehen hatte, rief ich aus: »Dieser Ort ist kein Gefängnis; es muß hier einen leicht zu findenden Ausgang geben.« Wir gingen nun zu der Wand, die der eisernen Tür gegenüberlag, und ich glaubte, in einem sehr engen Winkel eine Tür zu erkennen. Ich betastete sie mit den Fingern und fand endlich ein Schlüsselloch. In dieses stieß ich meinen Spieß hinein und sprengte mit drei oder vier Stößen das Schloß. Wir betraten eine kleine Kammer, wo ich auf einem Tisch einen Schlüssel fand. Ich versuchte diesen an einer gegenüberliegenden Tür, drehte ihn herum und fand, daß das Schloß offen war. Ich legte den Schlüssel wieder auf den Tisch, wo ich ihn gefunden hatte, und bat den Mönch, unsere Pakete zu holen. Dann verließen wir das Zimmer und befanden uns in einem Gange, worin Nischen ganz mit Papieren angefüllt waren. Es waren Archive. Ich entdeckte eine kleine steinerne Treppe und ging diese hinunter; ich fand eine andere, stieg sie ebenfalls hinab und stieß auf eine Glastür. Diese öffnete ich und befand mich plötzlich in einem Saale, den ich kannte; wir befanden uns in der Cancelleria ducale[4]. Ich öffnete ein Fenster. Es wäre mir leicht gewesen, hinauszuklettern; aber dann hätte ich mich in dem Labyrinth der kleinen Höfe befunden, die die Markuskirche umgeben. Um Gottes willen, nur nicht eine solche Torheit!

Auf einem Schreibtisch sah ich ein eisernes Werkzeug mit abgerundeter Spitze und hölzernem Griff. Es diente dem Sekretär der Cancelleria dazu, die Pergamente zu durchbohren, um mittels eines Fadens das Bleisiegel[5] anzuhängen. Ich nahm das Instrument an mich. Ich öffnete den Schreibtisch und fand die Abschrift eines Briefes, worin dem Provveditore Generale von Korfu die Absendung von dreitausend Zechinen zur Ausbesserung der Festung gemeldet wurde. Ich suchte die Zechinen; sie waren nicht da. Gott weiß, mit welchem Vergnügen ich mich ihrer bemächtigt hätte und wie ich den Mönch ausgelacht hätte, wäre ich von ihm beschuldigt worden, dadurch einen Diebstahl zu begehen. Ich hätte diese Summe als ein Geschenk vom Himmel angesehen und mich ganz aufrichtig nach dem Rechte des Eroberers als ihren Eigentümer betrachtet.

Ich ging an die Tür der Cancelleria und steckte meinen Spieß in das Schlüsselloch. Aber in weniger als einer Minute erlangte ich die Gewißheit, daß es mir unmöglich sein würde, das Schloß zu sprengen, und nun entschloß ich mich, schnell ein Loch durch den einen Türflügel zu brechen. Ich suchte mir die Stelle aus, wo das Holz am wenigsten Äste hatte. Schnell ging ich ans Werk und bohrte und spaltete mit schnellen Stößen meines Spießes das Holz, so gut ich konnte. Der Mönch half mir nach Kräften mit der dicken Ahle, die ich auf dem Schreibtische gefunden hatte. Aber er zitterte bei dem hallenden Lärm, den mein Spieß hervorbrachte, sooft ich ihn in das Holz stieß, und den man auf weite Entfernung hören mußte. Ich fühlte recht wohl die große Gefahr, aber es blieb mir nichts anderes übrig, als es darauf ankommen zu lassen.

Nach einer halben Stunde war das Loch groß genug, und dies war gut für uns; denn es wäre schwierig gewesen, es ohne eine Säge noch größer zu machen. Die Ränder dieses Loches sahen grausig aus; denn sie starrten von Spitzen, an denen man sich die Kleider und die Glieder zerreißen konnte. Das Loch befand sich fünf Fuß[6] über dem Boden. Wir stellten unter das Loch zwei Schemel nebeneinander und stiegen hinauf.

Der Mönch kroch, mit gekreuzten Armen und dem Kopf voraus, in das Loch hinein; ich hielt ihn zuerst an den Schenkeln, dann an den Füßen fest, und es gelang mir, ihn durchzustoßen. Daß das Zimmer, in welches die Tür führte, dunkel war, machte mir keine Sorgen; denn ich kannte die Örtlichkeit. Als mein Kamerad draußen war, warf ich ihm unsere Sachen zu; nur die Stricke ließ ich liegen. Dann setzte ich einen dritten Schemel auf die beiden ersten und stieg hinauf, so daß nunmehr das Loch sich in der Höhe meiner Schenkel befand. Ich kroch bis zum Unterleib hinein, obgleich mir dies große Schwierigkeiten machte, weil das Loch sehr eng war, weil ich keinen Stützpunkt für meine Hände hatte und weil mich niemand von hinten schieben konnte, wie ich den Mönch hindurchgeschoben hatte; ich sagte Balbi, er solle mich um den Leib packen und ohne Rücksicht an sich ziehen, wenn ich auch dabei in Fetzen ginge. Er gehorchte, und ich besaß die Standhaftigkeit, den furchtbaren Schmerz zu ertragen, den mir die spitzigen Zacken des Holzes bereiteten, indem sie mir die Flanken und Schenkel zerrissen, so daß das Blut herunterströmte.

Als ich endlich glücklich draußen war, nahm ich schnell mein Paket an mich, stieg zwei Treppen hinunter und öffnete ohne Schwierigkeit die Tür des Ganges, der zu der großen Tür der Prachttreppe führt und neben dem sich das Kabinett des Savio alla scrittura[7] befindet. Diese große Tür war verschlossen, wie es auch die Tür zur Sala delle Quattro Porte gewesen war, und ich sah auf den ersten Blick, daß ich ohne eine Ramme oder eine Sprengpatrone gegen diese Tür nichts ausrichten konnte. Mein Spieß, den ich in der Hand hatte, schien mir zu sagen: *hic fines posuit* [Hier ist es zu Ende], ich kann dir nichts mehr nützen, du kannst mich fortwerfen. Der Spieß war das Werkzeug meiner Freiheit; ich liebte ihn; er war würdig, als ex-voto über dem Altar der Freiheit und Erlösung zu hängen. Darum behielt ich ihn.

Vollkommen ruhig und gefaßt setzte ich mich auf einen Stuhl und sagte zu dem Mönch:

»Setzen Sie sich ebenfalls! Mein Werk ist getan; Gott oder das Glück müssen das übrige tun: *Abbia, chi regge il ciel cura del resto. O la fortuna, se non tocca a lui* [Laß für den Rest des Himmels Lenker sorgen / Oder das Glück, wenn's ihn nicht betrifft][8].«

Ich weiß nicht, ob die Leute des Palazzo heute, am Allerheiligentage, und morgen, am Allerseelentage, zum Ausfegen kommen werden. Wenn einer kommt, so laufe ich hinaus, sobald die Tür sich öffnet, und Sie müssen mir auf dem Fuße folgen. Wenn aber niemand kommt, so rühre ich mich nicht von hier; und wenn ich vor Hunger sterben sollte, so ist eben nichts dabei zu machen.«

Über dies Wort geriet der arme Mönch in fürchterliche Wut. Er nannte mich einen hirnverbrannten Narren, einen Verführer, Betrüger, Lügner; dies rührte mich nicht, ich ließ ihn schimpfen. Plötzlich schlug es sieben Uhr. Seit meinem Erwachen auf dem Dachboden war nur eine Stunde vergangen.

Am wichtigsten war es nun für mich, mich völlig umzukleiden. Pater Balbi sah wie ein Bauer aus, aber er war unversehrt; seine Kleider waren nicht wie die meinigen zerfetzt und mit Blut bedeckt; seine Weste von rotem Flanell und seine Hose von violettem Leder waren heil. Ich dagegen sah erbarmungswürdig aus – blutüberströmt und in ganz zerlumpten Kleidern. Über meinen Knien bluteten zwei tiefe Schrammen, die ich mir an der Dachrinne gerissen hatte; das Loch in der Tür der Cancelleria hatte mir Weste, Hemd, Hosen, Hüften und Schenkel zerfetzt. Überall hatte ich fürchterliche Schrammen. Ich zerriß einige Taschentücher und verband mich damit, so gut es ging. Dann zog ich meinen schönen Anzug an, in welchem ich an dem kalten Herbsttage ziemlich komisch aussehen mußte. Ich ordnete meine Haare, so gut es eben gehen wollte, und legte sie in meinen Haarbeutel, zog weiße Strümpfe an, legte in Ermangelung eines anderen ein Spitzenhemd an und zog noch zwei andere darüber. Taschentücher und Strümpfe steckte ich in meine Taschen, und alles übrige warf ich in eine Ecke. Meinen schönen Mantel hängte ich dem Mönch um die Schultern, und der gute Mann sah aus, wie wenn er ihn gestohlen hätte. Ich mußte aussehen wie ein Kavalier, der einen Ball mitgemacht, hierauf die Nacht an einem schlechten Ort verbracht hatte und dort etwas zerzaust worden war. Nur die Verbände an meinen Knien, die man sah, stimmten nicht zu meiner etwas unangebrachten Eleganz.

In diesem eleganten Aufzug, meinen schönen Hut mit spanischer Goldspitze und weißer Feder auf dem Kopf, trat ich an ein offenes Fenster. Einige Faulenzer, die (wie ich fünf oder sechs Monate später in Paris erfuhr) sich zufällig im Hof des Dogenpalastes befanden und sich wunderten, daß ein so vornehm gekleideter Herr wie ich zu solcher Stunde dort oben sein könne, gingen zu dem Mann, der den Schlüssel zu diesem Saal hatte, und sagten ihm Bescheid. Er glaubte, er hätte vielleicht am Tage vorher jemand eingeschlossen, holte seinen Schlüssel und kam herauf.

Ich ärgerte mich, daß ich mich am Fenster gezeigt hatte. Ich wußte nicht, daß gerade dies das größte Glück für mich war. Ich setzte mich wieder neben den Mönch und ließ mich von ihm ausschelten, als plötzlich ein Klirren von Schlüsseln an mein Ohr drang. Ganz aufgeregt sprang ich auf und spähte durch eine schmale Ritze, die sich glücklicherweise zwischen den beiden Türflügeln befand. Ich sah einen einzelnen Mann, ohne Hut, nur mit einer schwarzen Perücke auf dem Kopf; er stieg langsam, einen großen Schlüsselbund in der Hand haltend, die Treppe herauf. Ich sagte dem Mönch in sehr ernstem Ton, er solle nicht den Mund auftun, sondern hinter mich treten und mir sofort folgen. Meinen Spieß hielt ich in der rechten Hand unter meinem Rock verborgen. Ich trat nun so vor die Tür, daß ich hinauskonnte, sobald sie geöffnet wurde. Ich betete zu Gott, daß der Mann mir keinen Widerstand leisten möchte; denn in diesem Fall hätte ich mich genötigt gesehen, ihn niederzustoßen, und dazu war ich entschlossen.

Die Tür ging auf. Bei meinem Anblick stand der arme Mann wie versteinert da. Ohne mich aufzuhalten und ohne ein Wort zu sagen, machte ich mir seine Verblüffung zunutze und lief schnell die Treppe hinunter, der Mönch hinter mir her. Mit schnellen Schritten, aber nicht wie ein Fliehender, wandte ich mich nach der prachtvollen sogenannten Gigantentreppe, ohne auf Balbi zu hören, der mir unaufhörlich zurief: »In die Kirche!«

Die Kirchentür war nur zwanzig Schritt von der Treppe entfernt; aber die Kirchen boten in Venedig verfolgten Verbrechern schon längst keine Sicherheit mehr, und deshalb suchte kein Mensch darin seine Zuflucht. Der Mönch wußte das, aber in der Angst vergaß er es. Später sagte er mir, er habe mich nur deshalb aufgefordert, in die Kirche einzutreten, weil ihn ein religiöses Gefühl zum Altar hingezogen habe.

»Warum sind Sie nicht allein hineingegangen?«

»Ich wollte Sie nicht verlassen.«

Er hätte lieber sagen sollen: ich wollte Sie nicht verlieren.

Die Sicherheit, die ich suchte, lag jenseits der Grenzen der Durchlauchtigsten Republik, und dorthin hatte ich den Weg nunmehr angetreten. Im Geiste war ich schon da. Aber es galt, auch noch körperlich dahin zu gelangen. Ich ging geraden

Weges zur Porta della Carta, dem Prachttor des Dogenpalastes. Ohne einen Menschen anzusehen – dies ist das beste Mittel, um nicht beachtet zu werden –, ging ich über die Piazzetta bis an das Ufer, bestieg die erste beste Gondel und sagte dem Gondoliere, der im Heck stand, ganz laut: »Ich will nach Fusina; rufe schnell noch einen zweiten Ruderer.« Es war einer ganz in der Nähe, und während die Gondel losgemacht wurde, warf ich mich auf das Mittelpolster, der Mönch dagegen setzte sich auf die Seitenbank. Die sonderbare Gestalt Balbis, ohne Hut und mit einem schönen Mantel auf den Schultern, dazu mein unzeitgemäßer Anzug, das alles mußte die Leute auf den Gedanken bringen, ich sei ein Scharlatan oder ein Astrologe.

Sobald wir um die Dogana[9] herumgefahren waren, begannen die Gondolieri kräftig den großen Canale della Giudecca entlangzufahren, durch den man hindurch muß, um nach Fusina oder nach Mestre zu gelangen, wohin ich in Wirklichkeit wollte. Als wir über die Hälfte des Kanals hinaus waren, streckte ich den Kopf zum Fenster hinaus und fragte den hinteren Gondoliere: »Glaubst du, daß wir vor sieben Uhr in Mestre sind?«

»Aber, Signore, Sie haben gesagt, Sie wollten nach Fusina.«

»Du bist verrückt; ich habe gesagt: nach Mestre.«

Der zweite Gondoliere sagte mir, ich irrte mich, und mein dummer Mönch, als eifriger Christ und großer Freund der Wahrheit, bestätigte natürlich, ich hätte unrecht. Ich hatte Lust, ihm einen Fußtritt zu versetzen zur Strafe für seine fürchterliche Dummheit; dann aber fiel mir ein, daß ja nicht jeder gescheit ist, der es gerne sein möchte. Ich lachte hellauf und gab zu, ich könnte mich vielleicht geirrt haben, in Wirklichkeit hätte ich aber die Absicht, nach Mestre zu fahren. Ich bekam keine Antwort; aber einen Augenblick später sagte der Gondelführer zu mir, er sei bereit, nach England zu fahren, wenn ich wollte.

»Bravo! Also nach Mestre.«

»Wir werden in drei Viertelstunden dort sein, denn Wind und Flut sind uns günstig.«

Sehr zufrieden sah ich auf den Kanal zurück, der mir nie zuvor so schön erschienen war, besonders, weil nicht ein einziges Boot hinter uns herfuhr. Der Morgen war herrlich, die Luft rein, die Sonne sandte uns ihre ersten wunderschönen Strahlen, und meine beiden jungen Gondolieri ruderten kräftig und gewandt. Und als ich nun an die entsetzliche Nacht dachte, die ich durchgemacht, an die Gefahren, denen ich entronnen war, an den Ort, wo ich noch den Tag vorher ein Gefangener gewesen war, ferner an alle Fügungen des Zufalls, die mir günstig gewesen waren, und an die Freiheit, die ich eben zu genießen begann und die in ihrem vollen Glanze vor mir war – da überwältigte mich Dankbarkeit gegen Gott; der Überschwang der Gefühle erstickte mich fast, und ich brach in Tränen aus.

Mein wunderbarer Kamerad, der bis dahin kein Wort gesagt hatte, außer daß er den Schiffern recht gegeben, glaubte mich trösten zu müssen. Er täuschte sich über die Ursache meiner Tränen, und die ungeschickte Art, wie er sich bei seinen Tröstungsversuchen benahm, hatte zur Folge, daß meine Tränen in ein eigentümliches Lachen übergingen, das ihn auf eine andere, ebenso falsche Vermutung brachte: er glaubte, ich wäre wahnsinnig geworden. Der arme Mönch war dumm, wie ich bereits gesagt habe, und boshaft war er nur, weil er dumm war. Ich hatte mich in der harten Notwendigkeit befunden, mir seine Dummheit zunutze zu machen, aber er hätte mich durch sie beinahe ins Verderben gestürzt, wenngleich ohne böse Absicht. Es war mir unmöglich, ihn zu überzeugen, daß ich den Gondolieri, in der Absicht, Mestre zu erreichen, befohlen hätte, nach Fusina zu fahren; er sagte mir, dieser Gedanke könnte mir erst auf dem Kanal gekommen sein.

Wir kamen in Mestre an. Auf der Post fand ich keine Pferde; aber in der Osteria della Campana war eine Menge Fuhrleute, mit denen man ebensogut fährt. Mit einem von ihnen machte ich ab, daß er mich in fünf Viertelstunden nach Treviso fahren sollte. In drei Minuten waren die Pferde eingespannt; in der Annahme, daß Balbi hinter mir stände, drehte ich mich um und sagte: »Steigen Sie ein.« Aber er war nicht da. Ich befahl einem Stallknecht, ihn herbeizuholen, und nahm mir vor, ihn tüchtig auszuschelten, selbst wenn er genötigt gewesen sein sollte, ein Bedürfnis zu befriedigen. Denn wir befanden uns in einer Lage, daß wir alle Bedürfnisse unterdrücken mußten, selbst solche der natürlichsten Art. Der Stallbursche kam zurück und sagte, er könnte den Mönch nicht finden. Ich war wütend. Ich dachte daran, ihn einfach im Stich zu lassen. Ich hätte es tun müssen; nur ein Gefühl der Menschlichkeit hielt mich davon ab.

Ich steige wieder aus und erkundige mich; jedermann hat ihn gesehen, aber kein Mensch kann mir sagen, wo er ist oder wo er sein mag. Ich eile die Arkaden der Hauptstraße entlang, stecke instinktmäßig den Kopf zum Fenster eines Kaffeehauses hinein und sehe den unglückseligen Mönch am Schenktisch stehen, Schokolade trinken und mit der Kellnerin schäkern. Er sieht mich, zeigt mir das Mädchen, sagt mir, sie sei hübsch, und fordert mich auf, ebenfalls eine Tasse Schokolade zu trinken. Zugleich bittet er mich, für ihn zu bezahlen, denn er habe keinen Soldo bei sich. Ich unterdrücke meine Entrüstung und sage zu ihm: »Ich will keine, beeilen Sie sich!« Zugleich kneife ich ihn in den Arm, daß er vor Schmerz ganz blaß wird. Ich bezahle, und wir gehen.

Ich bebte vor Wut.

Wir kamen nach dem Gasthof zurück und stiegen ein. Kaum aber waren wir zehn Schritte weit gefahren, so begegneten wir einem Einwohner von Mestre, einem gewissen Bilbo Tomasi, einem gutmütigen Mann, der aber im Rufe stand, Beziehungen zu dem heiligen Tribunal der Inquisition zu unterhalten. Er kannte mich, blieb stehen und rief mir zu: »Wie, Signor Casanova, Sie hier? Ich bin entzückt, Sie zu sehen. Sie sind also entflohen? Wie haben Sie das angefangen?«

»Ich bin nicht entflohen; man hat mich entlassen.«

»Das ist nicht möglich; denn ich war erst gestern abend im Hause des Signor Grimani in San Polo und würde es erfahren haben.«

Lieber Leser, du wirst dir leichter vorstellen können, in welchem Zustande ich mich in diesem Augenblick befand, als ich es dir schildern kann. Ich sah mich von einem Mann entdeckt, der, wie ich glaubte, bezahlt war, um mich zu verhaften, und der zu diesem Zweck nur einem von den Sbirren zuzuwinken brauchte, von denen es in Mestre wimmelte. Ich sagte ihm, er möchte leise sprechen, stieg vom Wagen herunter und bat ihn, mit mir ein bißchen zur Seite zu treten. Ich führte ihn hinter das Haus bis zu einem Graben, auf dessen anderer Seite freies Feld war. Als ich sah, daß niemand uns bemerkte, faßte ich nach meinem Spieß und packte ihn am Kragen. Er sah meine Absicht, riß sich los, sprang über den Graben und lief aus Leibeskräften davon, ohne sich umzusehen. Sobald er einen gewissen Vorsprung gewonnen hatte, mäßigte er seinen Lauf, sah sich um und warf mir Kußhändchen zu, um mir anzudeuten, daß er mir gute Reise wünschte. Als ich ihn nicht mehr sah, dankte ich Gott, daß der Mann durch seine Gelenkigkeit mich davor bewahrt hatte, ein

Verbrechen zu begehen; denn ich wollte ihn töten, und er hatte, wie es scheint, keine bösen Absichten.

Ich war in einer fürchterlichen Lage. Ich war allein und befand mich in offenem Kriege mit den gesamten Streitkräften der Republik. Vor der Vorsicht mußte alles andere zurücktreten, und meine eigene Sicherheit gebot mir, kein Mittel außer acht zu lassen, um mein Ziel zu erreichen.

Finster wie ein Mensch, der soeben einer großen Gefahr entgangen ist, warf ich dem jämmerlichen Mönch, der nun einsah, welcher Gefahr er uns ausgesetzt hatte, nur einen Blick der Verachtung zu und stieg wieder auf den Wagen. Ich dachte darüber nach, wie ich mir den Tölpel vom Halse schaffen könnte, und er saß da und wagte nicht den Mund aufzutun. Ohne weiteren Zwischenfall kamen wir in Treviso an, wo ich dem Postmeister sagte, er solle uns um elf Uhr einen Zweispänner bereithalten. In Wirklichkeit hatte ich jedoch nicht die Absicht, mit der Post weiterzureisen, erstens, weil ich nicht soviel Geld hatte, zweitens, weil ich verfolgt zu werden fürchtete. Der Gastwirt fragte mich, ob ich frühstücken wollte. Ich hatte es nötig, um mich bei Kräften zu erhalten; denn ich war halbtot vor Hunger. Aber ich hatte nicht den Mut, die Einladung anzunehmen: der Verlust einer Viertelstunde konnte verhängnisvoll für mich werden. Ich fürchtete, erwischt zu werden, und dessen hätte ich mich mein Leben lang geschämt; denn ein kluger Mann muß es auf freiem Felde mit viermalhunderttausend Mann aufnehmen können; wenn er sich nicht zu verstecken versteht, ist er ein Dummkopf.

Ich ging zum St.-Thomas-Tor hinaus, wie wenn ich einen Spaziergang machen wollte. Eine Meile blieb ich auf der Landstraße, dann aber schlug ich mich querfeldein. Ich war entschlossen, keine Straße mehr zu betreten, solange ich mich noch im Gebiet der Republik befände. Der kürzeste Weg führte über Bassano, aber ich wählte den längsten; denn es war nicht unmöglich, daß man am Ausgang des nächsten Weges auf mich wartete, während man wahrscheinlich nicht daran denken würde, daß ich über Feltre gehen würde; denn dies war der längste Weg, um in das Gebiet des Bischofs von Trient zu gelangen. Nachdem wir drei Stunden marschiert waren, ließ ich mich auf die Erde niedersinken. Ich konnte nicht mehr. Ich mußte etwas essen oder auf dem Platze sterben. Ich sagte dem Mönch, er möchte den Mantel neben mich legen und in ein nahes Bauernhaus gehen, sich gegen Bezahlung etwas Essen geben lassen und es mir bringen. Ich gab ihm das nötige Geld dazu. Er ging, aber er sagte mir, er hätte mich für mutiger gehalten. Der Elende wußte nicht, was Mut heißt, aber er war kräftiger als ich und hatte ohne Zweifel vor unserem Ausbruch tüchtig seinen Magen versorgt. Außerdem hatte er Schokolade getrunken; er war mager, außerdem war er Mönch, und Vorsicht und Ehrgefühl beunruhigten nicht seinen Geist auf Kosten seines Körpers. Obgleich das Haus kein Wirtshaus war, schickte die gute Bäuerin mir durch ein Mädchen ein reichliches Essen, das mich nur dreißig Soldi kostete. Als ich meinen Hunger gestillt hatte, fühlte ich, daß der Schlaf mich übermannen wollte, und machte mich sofort wieder auf den Weg, nachdem ich mich ziemlich genau nach der Richtung erkundigt hatte. Nach einem vierstündigen Marsch machte ich in der Nähe des Dörfchens halt und erfuhr, daß ich vierundzwanzig Meilen von Treviso entfernt war. Ich war völlig erschöpft; meine Schuhe waren zerrissen und meine Knöchel geschwollen. Ich hatte nur noch eine Stunde bis zum Dunkelwerden vor mir. Ich streckte mich in einem Wäldchen auf den Boden aus, bat Balbi, sich neben mich zu setzen, und hielt ihm folgende Ansprache: »Wir müssen nach Borgo di Valsugana, dies ist der erste Ort jenseits der Grenzen der Republik. Wir werden dort ebenso sicher sein wie in London und können uns dort ausruhen. Aber um diesen Ort zu erreichen, der dem Fürsterzbischof von Trient gehört, müssen wir außerordentlich vorsichtig sein, und die erste Vorsichtsmaßregel ist die, daß wir uns trennen. Sie gehen durch die Wälder von Mantello, ich gehe über die Berge; Sie auf dem leichtesten und kürzesten Wege, ich auf dem längsten und schwierigsten; endlich bekommen Sie alles Geld, und ich behalte keinen Soldo. Ich schenke Ihnen meinen Mantel; Sie tauschen diesen gegen einen Bauernrock und einen Hut ein, und dann wird ein jeder Sie für einen Bauern halten, denn zum Glück sehen Sie so aus. Hier ist alles Geld, das mir von den beiden Zechinen des Grafen Asquin übriggeblieben ist, es sind siebzehn Lire; nehmen Sie sie. Sie werden übermorgen abend in Borgo sein; vierundzwanzig Stunden später komme ich an. Sie erwarten mich im ersten Gasthof linker Hand, und Sie können sich darauf verlassen, daß ich kommen werde. Ich muß diese Nacht in einem guten Bett schlafen, und die Vorsehung wird mir helfen, ein solches irgendwo zu finden. Aber ich muß ganz ruhig sein können, und dies ist unmöglich, solange Sie bei mir sind.

Ich weiß gewiß, daß wir jetzt überall gesucht werden, und unsere Personen werden so genau beschrieben sein, daß man uns in jeder Herberge, die wir zusammen zu betreten wagten, sofort verhaften würde. Sie sehen, in welchem traurigen Zustande ich mich befinde und daß ich mich unbedingt zehn Stunden ausruhen muß. Leben Sie also wohl! Gehen Sie, und lassen Sie mich allein meiner Wege gehen; ich werde hier in der Nähe ein Nachtlager finden.«

»Alles, was Sie mir da sagen, habe ich längst erwartet. Ich habe Ihnen nichts darauf zu antworten, als daß ich Sie an das erinnere, was Sie mir versprachen, als ich mich von Ihnen überreden ließ, Ihr Gefängnis aufzubrechen. Sie versprachen mir, wir würden uns nie trennen. Geben Sie also die Hoffnung auf, daß ich Sie verlasse: Ihr Schicksal wird das meine sein, mein Schicksal das Ihre. Wir werden ein gutes Nachtlager für unser Geld finden und brauchen nicht in einen Gasthof zu gehen; man wird uns nicht festnehmen.«

»Sie sind also entschlossen, den guten Rat nicht zu befolgen, den ich Ihnen gegeben habe, weil die Klugheit es verlangt?«

»Vollkommen entschlossen.«

»Wir werden sehen!«

Nicht ohne Mühe stand ich auf, maß seine Gestalt und verzeichnete seine Größe auf dem Boden; dann zog ich meinen Spieß aus der Tasche, hockte mich hin, so daß ich fast auf der linken Seite lag, und begann mit der größten Ruhe ein kleines Loch zu graben, ohne auf seine Fragen ein Wort zu erwidern. Nachdem ich eine Viertelstunde gearbeitet hatte, sah ich ihn traurig an und sagte zu ihm: »Als guter Christ halte ich mich für verpflichtet, Ihnen zu sagen, daß Sie Ihre Seele Gott empfehlen müssen; denn ich werde Sie tot oder lebendig hier begraben, und wenn Sie stärker sind als ich, so werden Sie mich begraben. Zu diesem verzweifelten Entschluß zwingt mich Ihr rücksichtsloser Eigensinn. Indessen können Sie sich noch entfernen, denn ich werde Sie nicht verfolgen.«

Als ich sah, daß er mir nicht antwortete, machte ich mich wieder an die Arbeit. Ich muß doch gestehen, ich begann zu fürchten, daß der Dummkopf mich zum Äußersten treiben würde; ich war aber fest entschlossen, mich seiner zu entledigen.

Sei es, daß er Furcht hatte, sei es, daß er sich die Sache überlegt hatte – genug, er warf sich endlich neben mich. Da ich nicht wußte, was er beabsichtigte, bedrohte ich ihn mit meinem Spieß. Aber ich hatte nichts zu befürchten; denn er sagte zu mir: »Ich will alles tun, was Sie wünschen.«

Sogleich umarmte ich ihn, gab ihm all mein Geld und versprach ihm noch einmal, in Borgo mit ihm zusammenzutreffen. Obwohl ich nun keinen Soldo mehr hatte und zwei Ströme überqueren mußte, wünschte ich mir doch Glück, von der Gesellschaft eines Menschen mit solchem Charakter befreit zu sein. Denn nun, da ich allein war, fühlte ich mich sicher, und ich traute mir zu, die Grenzen meines Staates zu überschreiten.

Ich sah in kurzer Entfernung auf einem Hügel einen Schäfer seine Herde weiden; zu ihm ging ich, um mir einige notwendige Auskünfte zu verschaffen, und fragte ihn: »Lieber Freund, wie heißt dieses Dorf?«

»Valdobbiádene, Signor.«

Ich war überrascht, denn ich hatte einen viel größeren Weg zurückgelegt, als ich geglaubt hatte. Ich fragte hierauf nach dem Namen der Besitzer von fünf oder sechs Häusern, die ich von Ferne in der Runde liegen sah, und zufällig waren es lauter mir bekannte Personen, die ich jedoch nicht durch mein Erscheinen in Ungelegenheiten bringen durfte. Ich fragte ihn auch nach dem Namen eines Palazzos, den ich sah, und er sagte mir, er gehöre der Familie Grimani, deren Oberhaupt, der Staatsinquisitor, sich gerade in jenem Augenblick dort aufhalten mußte; ich hatte mich also sehr in acht zu nehmen und durfte mich dort nicht blicken lassen. Auf meine letzte Frage endlich, wem ein rotes Haus gehöre, das ich in der Ferne sah, antwortete der Schäfer mir, es gehöre dem sogenannten Landamtmann, dem Anführer der Sbirren. Ich war aufs höchste überrascht, aber ich sagte kein Wort weiter, grüßte den guten Schäfer und ging mechanisch hügelabwärts. Noch jetzt kann ich nicht begreifen, welcher Instinkt mich gerade auf dieses Haus zulenkte, von dem mich die Vernunft sowohl wie die Furcht hätte fernhalten sollen. Ich ging stracks auf das Haus los, und ich kann der Wahrheit gemäß versichern, daß dies nicht aus eigenem Entschluß geschah. Wenn es wahr ist, daß jeden Menschen eine unsichtbare Kraft lenkt, ein wohltätiger Geist, der uns zum Glück führt, wie es dem Sokrates zuweilen geschah – so muß ich meinem Schutzgeist den unwiderstehlichen Antrieb zuschreiben, dorthin zu gehen. Wie dem auch sei, es war der kühnste Schritt, den ich je in meinem Leben tat.

Ohne Zögern und mit völlig unbefangener Miene trat ich ein. Auf dem Hofe sah ich einen kleinen Jungen, der mit einem Kreisel spielte; ich ging zu ihm heran und fragte ihn, wo sein Vater sei. Statt mir zu antworten, rannte das Kind fort und rief seine Mutter, und einen Augenblick darauf sah ich eine sehr hübsche, schwangere junge Frau erscheinen, die mich sehr höflich fragte, was ich von ihrem Manne wünsche, der leider nicht zu Hause sei.

»Es tut mir recht leid, daß mein Gevatter nicht zu Hause ist; doch bin ich sehr erfreut, in diesem Augenblick die Bekanntschaft seiner schönen Gattin zu machen.«

»Ihr Gevatter? Ich spreche also mit Seiner Exzellenz Signor Vitturi? Er hat mir gesagt, daß Sie die große Güte gehabt und ihm versprochen haben, bei dem Kinde, das ich erwarte, Gevatter stehen zu wollen. Ich bin entzückt, Sie kennenzulernen, und mein Mann wird untröstlich sein, daß er nicht zu Hause war.«

»Ich hoffe, er wird bald zurückkommen, denn ich will ihn bitten, mir für heute nacht Unterkunft zu geben. Ich wage in dem Zustand, in welchem Sie mich sehen, sonst nirgendwo hinzugehen.«

»Sie sollen das beste Bett im Hause haben, und ich werde Ihnen ein recht gutes Nachtessen bereiten lassen; mein Mann wird sich bei Eurer Exzellenz für die uns erwiesene Ehre bedanken, sobald er wieder daheim ist. Vor kaum einer Stunde ist er mit allen seinen Leuten fortgeritten, und ich erwarte ihn erst in drei oder vier Tagen zurück.«

»Warum wird er denn so lange ausbleiben, Signora?«

»Wissen Sie denn nicht, daß zwei Gefangene aus den Bleikammern entsprungen sind? Der eine ist ein Patrizier, der andere ein Bürgerlicher namens Casanova. Mein Mann hat vom Messergrande einen Brief erhalten, worin ihm befohlen wurde, sie zu suchen. Wenn er sie findet, wird er sie nach Venedig bringen; wenn nicht, so wird er wieder nach Hause kommen. Aber er wird sie mindestens drei Tage lang suchen.«

»Das tut mir außerordentlich leid, meine liebe Gevatterin; aber ich möchte Ihnen nicht zur Last fallen, zumal ich das Bedürfnis habe, sofort zu Bett zu gehen.«

»Dies kann augenblicklich geschehen; meine Mutter wird Sie bedienen. Aber was haben Sie denn an Ihren Knien?«

»Ich habe in den Bergen auf der Jagd einen Sturz getan und mir dabei einige böse Schrammen zugezogen. Ich habe Blut verloren und bin dadurch etwas geschwächt.«

»Oh, oh, mein armer Herr; aber meine Mutter wird Sie wieder gesund machen.«

Sie rief ihre Mutter und sagte ihr alles, was ich brauchte; dann entfernte sie sich. Die hübsche Polizistenfrau hatte nicht den Geist ihres Gewerbes; denn die Geschichte, die ich ihr erzählt hatte, sah doch sehr nach einem Märchen aus. Zu Pferde in weißen Seidenstrümpfen! Auf der Jagd in einem Taftrock! Ohne Mantel, ohne Bedienten! Ihr Mann wird sie ausgelacht haben, als er heimkam! Ihre Mutter sorgte für mich mit einer Höflichkeit, wie ich sie nur bei Personen von vornehmstem Range hätte erwarten können. Die ehrwürdige, mitleidige Frau sprach wie eine Mutter zu mir und nannte mich nur mehr ihren Sohn, während sie meine Wunden verband. Wenn mir meine Lage nicht so große Sorge gemacht hätte, würde ich ihr ihre Pflege auf das unzweideutigste durch Höflichkeit und Dankbarkeit vergolten haben; aber der Ort, wo ich mich befand, und die Rolle, die ich spielte, beschäftigten meine Gedanken so ernstlich, daß ich für nichts anderes Sinn hatte.

Die gute Mutter untersuchte meine Knie und meine Hüfte und sagte mir dann in liebevollem Tone, ich müßte mich entschließen, ein wenig zu leiden, aber ich könnte mich darauf verlassen, daß ich am nächsten Tage geheilt sein würde; ich müßte mir nur angefeuchtete Tücher auf meine Wunden legen lassen und dann ganz ruhig in meinem Bett liegen und mich bis zum andern Morgen nicht rühren.

Man trug mir ein gutes Abendessen auf; ich aß und trank mit gutem Appetit. Hierauf ließ ich mich von ihr verbinden und schlief unter ihren Händen ein. Wahrscheinlich hat sie mich wie ein Kind ausgezogen; als ich erwachte, wußte ich von nichts mehr. Jedenfalls hatte ich kein Wort mehr zu ihr gesprochen, ja nicht einmal mehr einen Gedanken gehabt. Ich hatte gut gegessen; aber ich tat es nur, weil mein Magen es verlangte und weil ich neue Kräfte sammeln mußte. Als ich einschlief, wich ich nur einer unwiderstehlichen Gewalt: Ich war körperlich so geschwächt, daß ich bei allem, was ich tat, mir nicht das geringste denken konnte. Es war sieben Uhr abends, als ich zu Nacht speiste, und als ich am anderen Morgen erwachte, hörte ich es acht schlagen. Mir war zumute, als wäre ich von einem Zauber umfangen. Es dauerte mehr als fünf Minuten, bis ich richtig wach und bei Besinnung war; dann nahm ich schnell meine Verbände ab und sah zu meinem Erstaunen, daß meine Wunden trocken waren und mir nicht mehr den geringsten Schmerz bereiteten. Ich ordnete meine Haare und zog mich in weniger als vier Minuten an. Meine Zimmertür war nicht verschlossen; ich stieg die Treppen hinab und ging quer über den Hof zum Tor hinaus, ohne auf zwei Männer zu achten, die im Hof standen und nur Sbirren sein konnten. Mit schnellen Schritten entfernte ich mich von diesem Ort. Ich hatte dort die wohlwollendste Gastfreundschaft, die aufrichtigste Höflichkeit, die liebevollste Pflege gefunden; mehr als dies: Ich hatte dort meine Gesundheit und meine Kräfte wiedererlangt; aber mit einem unwillkürlichen Gefühl des Entsetzens dachte ich an die Gefahr, der ich mit knapper Not entronnen war. Unwillkürlich schauderte ich bei dem Gedanken an die Gefahr, in die ich mich so unvorsichtig begeben hatte. Ich war erstaunt, daß ich das Haus hatte betreten können, und noch mehr, daß ich es hatte wieder verlassen können. Es schien mir unmöglich zu sein, daß man mich nicht verfolgte. Fünf Stunden lang lief ich durch die Wälder und über die Berge; ich begegnete nur ein paar Bauern und sah mich nicht ein einziges Mal um.

Es war noch nicht Mittag, als plötzlich der Klang einer Glocke mich veranlaßte stehenzubleiben. Ich befand mich auf einer Anhöhe; indem ich mich nach der Gegend umblickte, aus der die Glockenklänge kamen, sah ich unten im Grunde ein Kirchlein, in das viele Leute hineingingen, um die Messe zu hören. Mir kam der Gedanke, sie ebenfalls anzuhören; mein Herz empfand das Bedürfnis, seine Dankbarkeit für den sichtlichen Schutz auszudrücken, den ich von der Vorsehung empfing.

Es war Allerseelentag. Ich stieg ins Tal hinab, trat in die Kirche ein und sah dort zu meiner großen Überraschung Signor Marcantonio Grimani, den Neffen des Staatsinquisitors, mit seiner Gattin, Signora Maria Pisani. Sie waren nicht weniger erstaunt als ich. Ich machte ihnen eine Verbeugung, die sie erwiderten. Nachdem ich die Messe angehört hatte, ging ich hinaus. Signor Grimani folgte mir allein, holte mich kurz darauf ein und sagte: »Was machen Sie hier, Casanova? Wo ist Ihr Kamerad?«

»Ich habe ihm siebzehn Lire, die ich noch hatte, gegeben, um sich auf einem anderen, leichteren Wege in Sicherheit zu bringen, während ich ohne einen Soldo in der Tasche auf diesem gefährlicheren Wege durchzukommen suche. Wenn Eure Exzellenz mir eine Unterstützung geben wollten, würde ich leichter mein Ziel erreichen.«

»Ich kann Ihnen nichts geben; aber Sie werden unterwegs Einsiedler finden, die Sie nicht werden Hungers sterben lassen. Aber erzählen Sie mir doch, wie es Ihnen gelingen konnte, aus den Bleikammern auszubrechen.«

»Die Erzählung würde interessant sein, aber auch lang, und unterdessen könnten die Einsiedler die Nahrungsmittel essen, die mich vor dem Hungertode bewahren sollen.«

Nach dieser ironischen Antwort machte ich ihm eine tiefe Verbeugung und setzte meinen Weg fort. Trotz meiner dringenden Geldbedürftigkeit machte es mir Vergnügen, daß er mir das Almosen abgeschlagen hatte. Ich dünkte mich viel mehr Edelmann als die Exzellenz, die mich an die Wohltätigkeit der Einsiedler verwies. Später, in Paris, hörte ich, daß seine Frau, als sie die Sache erfuhr, ihn ausschalt und ihm seine Hartherzigkeit vorwarf. Es ist nicht zweifelhaft, daß Gefühle des Wohlwollens und der Großmut öfter in den Frauenherzen wohnen als in den unsrigen.

Bis Sonnenuntergang wanderte ich immer weiter. Müde, mit wunden Füßen und zum Sterben hungrig, machte ich bei einem einsam liegenden Hause von gutem Aussehen halt. Ich fragte nach dem Herrn des Hauses. Die Wirtschafterin antwortete mir, er sei nicht anwesend, er sei zu einer Hochzeit jenseits des Flusses gegangen und werde erst in zwei Tagen zurückkommen; aber er habe ihr beim Fortgehen aufgetragen, sie solle seine Freunde gut aufnehmen.

Ich trat ein; man gab mir ein ausgezeichnetes Abendessen und ein gutes Bett. Aus der Adresse mehrerer Briefe ersah ich, daß ich mich im Hause des Signors Rombenchi, Konsul von ich weiß nicht mehr welcher Nation, befand. Ich schrieb einen Brief, den ich ihm versiegelt zurückließ. Nachdem ich sehr gut gegessen und geschlafen hatte, stand ich auf und zog mich sorgfältig an, dann ging ich; leider konnte ich der guten Haushälterin kein Zeichen meiner Erkenntlichkeit zurücklassen. Ich ging über den Fluß, indem ich so tat, wie wenn ich nur einen Spaziergang machte, und versprach, bei meiner Rückkehr zu bezahlen. Nach einem fünfstündigen Marsch aß ich zu Mittag in einem

Kapuzinerkloster. Nachdem ich mich gestärkt hatte, machte ich mich wieder frisch und kräftig auf den Weg und marschierte rüstig bis vier Uhr nachmittags. Dann machte ich halt bei einem Hause, das, wie ich von einem Bauern erfuhr, einem Herrn gehörte, der mein Freund war. Ich trat ein und fragte, ob der Herr zu Hause sei; man zeigte mir das Zimmer, worin er sich, mit Schreiben beschäftigt, allein befand. Ich eilte auf ihn zu, um ihn zu umarmen. Er aber machte bei meinem Anblick eine Gebärde des Entsetzens und sagte mir, unter Angabe von nichtigen und beleidigenden Gründen, ich solle mich sofort entfernen. Ich setzte ihm meine Lage und meine Geldnot auseinander und bat ihn um sechzig Zechinen gegen einen Wechsel, den Signor Bragadin bestimmt einlösen würde. Er antwortete mir, er könne mir nicht helfen, ja mir nicht einmal ein Glas Wasser anbieten, denn er fürchte, beim Tribunal in Ungnade zu fallen, wenn man mich in seinem Hause sehe. Er war ein Mann von etwa sechzig Jahren, ein Börsenmakler, der mir sehr zu Dank verpflichtet war. Seine hartherzige Weigerung machte auf mich einen ganz anderen Eindruck als die des Signors Grimani. Ob nun Zorn, Unwille, Wut mich übermannten oder ob ich der Stimme der Vernunft und Natur folgte, genug, ich packte ihn am Kragen, setzte ihm meinen Springstock auf die Brust und bedrohte ihn mit dem Tode, wenn er Krach schlagen würde. Am ganzen Leibe zitternd, zog er einen Schlüssel aus der Tasche, zeigte auf einen Sekretär und sagte, da drinnen liege Geld; ich brauche nur zu nehmen, soviel ich haben wolle. Ich befahl ihm, selber zu öffnen. Er gehorchte und zog eine Schublade auf, worin Goldstücke lagen. Ich befahl ihm, mir sechs Zechinen aufzuzählen.

»Sie haben sechzig von mir verlangt.«

»Ja, als ich als freundschaftliches Darlehen sie zu bekommen erwartete. Jetzt aber, da ich gezwungen bin, sie mir mit Gewalt zu verschaffen, will ich nur sechs haben, und du bekommst keinen Wechsel. Man wird sie dir in Venedig wiedergeben, wohin ich morgen berichten werde, wozu du mich gezwungen hast, du elender, erbärmlicher Feigling, der zu leben unwürdig ist!«

»Ich bitte Sie um Verzeihung und flehe Sie an: Nehmen Sie alles!«

»Nein, nichts mehr. Ich gehe jetzt und rate dir, mich ruhig ziehen zu lassen; wenn du mich zur Verzweiflung treibst, kehre ich um und zünde dir das Haus an!«

Ich verließ das Haus und marschierte zwei Stunden, bis der Einbruch der Nacht und die Müdigkeit mich zwangen, in einem Bauernhause Unterkunft zu suchen. Ich bekam ein schlechtes Abendbrot und schlief auf Stroh. Am Morgen kaufte ich einen alten Überrock und mietete einen Esel, um meinen Weg fortzusetzen; in der Nähe von Feltre kaufte ich ein Paar Stiefel. In diesem Aufzug passierte ich die zerfallene Festung, die man La Scala nennt. Es stand dort eine Schildwache, die mir nicht einmal die Ehre erwies, mich nach meinem Namen zu fragen. Ich nahm nun ein Wägelchen mit zwei Pferden und kam noch bei guter Tageszeit in Borgo di Valsugana an, wo ich Pater Balbi in dem von mir bezeichneten Gasthof fand. Wenn er mich nicht angeredet hätte, würde ich ihn nicht erkannt haben. Ein grüner Überrock und ein Schlapphut, den er über einer dicken baumwollenen Mütze trug, machten ihn völlig unkenntlich. Er sagte mir, er habe die Sachen von einem Bauern gegen meinen Mantel und noch eine Zechine zusätzlich eingetauscht, sei unangefochten über die Grenze gekommen und habe in Borgo gut gelebt. Er war so freundlich, mir zu versichern, daß er mich nicht erwartet habe; denn er habe nicht geglaubt, daß es mir mit meinem Versprechen, ihn aufzusuchen, Ernst gewesen sei. Ich verbrachte den nächsten Tag im Gasthof und schrieb, ohne das Bett zu verlassen, mehr als zwanzig Briefe nach Venedig, darunter zehn oder zwölf Rundschreiben, in denen ich erzählte, was ich hatte tun müssen, um mir die sechs Zechinen zu verschaffen.

Der Mönch schrieb unverschämte Briefe an seinen Oberen, Pater Barbarigo, und an seine Brüder, die Patrizier; an die Zofen aber, die ihn ins Unglück gestürzt hatten, schrieb er Liebesbriefe. Ich ließ die Tressen von meinem Rock abnehmen und verkaufte meinen Hut, um mich zugleich eines Luxus zu entledigen, der nicht zu meiner augenblicklichen Lage paßte; denn er war zu auffällig.

ANMERKUNGEN

Erstes Kapitel

1 *Caterina Capretta* – (1738 bis nach 1780) aus Venedig.

2 *Ghetto* – Seit 1516 waren die Juden in Venedig gezwungen, im »ghetto veccio« und im »ghetto nuovo« zu leben, zu dem im 17. Jh. noch das »ghetto nuovissimo« hinzukam; alle diese Wohnbezirke der Juden lagen im Stadtviertel Cannaregio nördlich vom Canale Grande.

3 *Äskulaps Orakel ... Orakel Apolls* – Äskulap, griechischer Gott der Heilkunst; Apoll, Gott der Weissagung.

4 *Traghettoboot* – Gondel, die in Venedig am Canale Grande ausschließlich für Überfahrten benutzt wurde.

5 *Kasino* – Solche »Casini« (Landhäuser, Lusthäuser, Gartenhäuser) gehörten in Venedig zum standesgemäßen Besitz jedes Vornehmen, der dort allein als unabhängiger Mann in geheimnisumwitterter Abgeschlossenheit lebte.

6 *beim Kloster der XXX* – gemeint ist wahrscheinlich das Kloster S. Maria degli Angeli auf der Insel Murano.

7 *M.M.* – Die Identifizierung dieser Nonne aus Murano hat der Casanova-Forschung die meisten Schwierigkeiten bereitet. Erst 1975 gelang es dem französischen Casanova-Forscher Pierre Gruet, den offensichtlich stichhaltigsten Beweis für die Identität der M.M. als Marina Maria Morosini anzutreten: Sie wurde am 11. September 1731 geboren, war also 1753 wirklich zweiundzwanzig bis dreiundzwanzig Jahre alt, als sie Casanova kennenlernte, und entstammte einer der angesehensten Patrizierfamilien Venedigs, worauf auch der Text der »Memoiren« hinweist.

Zweites Kapitel

1 *affixa humo* – nach Horaz, »Satiren«, II, 2, V. 79.

2 *Sincerum est nisi vas ...* – nach Horaz, »Episteln«, I, 2, V. 54.

3 *Vestalin* – Vestalinnen waren sechs römische Priesterinnen, die das ewige Feuer im Vestatempel am Forum Romanum hüten mußten. Sie mußten dreißig Jahre Dienst tun und genossen hohe Ehren und Vorrechte. Übertrat jedoch eine Vestalin das Keuschheitsgelübde, wurde sie lebendig begraben.

4 *quae nisi parent imperant* – nach Horaz, »Episteln« I, 2, V. 62–63.

Drittes Kapitel

1 *Nec metuam quid ...* – nach Horaz, »Episteln«, II, 2, V. 191–192.

2 *Monsieur A. de B.* – Hier wird andeutungsweise der Abbé de Bernis als Geliebter der M.M. zum erstenmal genannt. François-Joachim de Pierre de Bernis (1715–1794); 1752–1755 französischer Gesandter in Venedig; 1757/58 Außenminister Frankreichs; 1758 Kardinal, wird jedoch auf Betreiben der Mme. de Pompadour für fünf Jahre aus Paris verbannt; ab 1769 französischer Botschafter in Rom.

3 *Graf von Lyon* – Titel aller Mitglieder des Kapitels der Kathedrale von Lyon, dem Bernis seit 1747 angehörte; sie mußten sechzehn adlige Vorfahren nachweisen.

4 *Belle-Babet* – Bernis galt in jungen Jahren als ausgesprochen »hübsch«.

5 *Am Tag der heiligen Katharina* – 25. November.

6 *Flandrischen Post* – Auf dem Campicello Valmarana wohnte seit Beginn des 18. Jh. die Familie Taxis, die seit dem 16. Jh. das Privileg der Kaiserlichen Post innehatte, die man in Italien »Posta di Fiandra« nannte.

7 *englischen Örtchen* – Wasserklosett (nach englischem Vorbild).

8 *sächsischen Porzellan* – aus der Meißner Manufaktur (gegründet 1710).

9 *L'Etorière* – Der Marquis de L'Etorière, ein französischer Gardeoffizier, galt als einer der schönsten Männer von Paris.

10 *Antinoos* – Der Lieblingsknabe Antinoos des Kaisers Hadrian galt als Schönheitsideal seiner Zeit.

11 *dritten Himmel* – Casanova bezieht sich hier auf das ptolemäische Weltsystem, das durch Kopernikus längst überwunden war. Dort war der dritte Himmel der der Venus. Mit dem poetischen Bild Mutter und Sohn ist die Liebesgöttin und ihr Sohn Amor gemeint.

Viertes Kapitel

1 *hört die Maskenfreiheit auf* – In der Zeit vom 16. bis 24. Dezember war wegen der Novene (vgl. Anm. 4) in Venedig das Tragen von Masken verboten.

2 *Lord Bolingbroke* – Henry Saint-John of Lydiard Tregoze, Viscount Bolingbroke (1678–1751), ein glänzender englischer Deist und einer der Bahnbrecher der Aufklärung.

3 *»Über die Weisheit«* – In dem Buch »Traité de la Sagesse« (Bordeaux 1601) vertrat der französische Theologe Pierre Charron (1541–1603) in der Nachfolge des skeptischen Moralisten Montaigne die Auffassung, daß der Mensch nicht von sich aus zur wahren Erkenntnis Gottes kommen könne.

4 *Novene* – die »neuntägige Andacht«; seit dem 17. Jh. in der katholischen Kirche bestehender Brauch, an neun aufeinanderfolgenden Tagen für die Erfüllung eines Wunsches zu beten, vielfach mit Ablässen verbunden. Hier ist die Novene vor Weihnachten gemeint.

5 *»Portier des Chartreux«* – gemeint ist das erotische Buch »Histoire de Dom Bougre, portier des Chartreux, écrite par luimême« (ersch. 1742) von Jean-Charles Gervaise de la Touche (1715–1782).

6 *Aloisia Sigea Toletana* – Das erotische Werk, »Elegantiae latini Sermonis Aloisiae Sigeae Toletanae Satyra sotadica de arcanis Amoris et Veneris. Aloisia hispanice scripsit. Latinitate donavit Jahnnes Meursius«, wurde zuerst um 1680 in Holland gedruckt. Ursprünglich vermutete man in dem niederländischen Altertumswissenschaftler Johannes Meursius (1613 bis 1654) den Autor einer lateinischen Fassung eines spanischen Textes von Luisa Sigea (1530–1560), Hofdame der spanischen Königin Maria von Portugal; der Verfasser ist jedoch der französische Rechtsanwalt und Schriftsteller Nicolas Chorier (1612–1692).

7 *Stephanstage* – 25. Dezember. An diesem Tag spielten – nach der Novene – in Venedig wieder die Theater.

8 *Ridotto* – Der Ridotto, im Stadtviertel San Moisè gelegen, bestand seit 1676 und war der Name des venezianischen Spielkasinos, wo nur Patrizier als Bankhalter in ihrer Amtstracht (schwarzer oder, wenn sie Senatoren waren, in roter Toga) und unmaskiert sitzen durften, während die anderen Spieler Masken tragen mußten. Am 27. November 1774 wurde der Ridotto als Spielkasino geschlossen und diente fortan für Maskenbälle.

9 *Stimmkugeln* – Bis ins 18. Jh. wählte man mit (schwarzen und weißen) Stimmkugeln, nicht mit Stimmzetteln.

10 *Primo dei Correttori* – Die »Correttori delle leggi e del palazzo« war ein seit 1553 aus fünf Patriziern bestehendes richterliches Gremium, dessen Aufgabe es war, Vorschläge zur Änderung oder Verbesserung von Gesetzen zu unterbreiten; der »Primo« (ital. »der Erste«) war der Vorsitzende.

11 *Luccaöl* – Olivenöl aus der Gegend von Lucca (Toskana), das in Italien als besonders gut galt.

12 *à gogo …* – À gogo stammt aus der Gaunersprache, bedeutet »in Hülle und Fülle«, »frustratoire« heißt in der Rechtssprache »auf Täuschung hinzielend« oder »Zeit gewinnen«, »rater« bedeutet »versagen« oder »fehlschlagen«, »dorloter« soviel wie »verhätscheln«.

13 *con rondo* – im Französischen (»con rond«, d. h. »runder weiblicher Geschlechtsteil«) obszönes Wortspiel, das im Italienischen nicht mehr erkennbar ist.

14 *Kondomen* – Präservative, damals aus feinster Seide.

15 *Andreaskreuz* – Schrägkreuz in der Form eines X.

16 *Kerze* – eine der Liebesstellungen, die der italienische Renaissancedichter Pietro Aretino (1492–1556) in seinen »Sonetti lussuriosi« zu den Stichen von Marc Antonio Raimondi nach Zeichnungen von Guilio Romano (1499[?]–1546) beschreibt.

Fünftes Kapitel

1 *Austern vom Arsenal* – Der große Fischerhafen in Venedig wurde nach dem dort gelegenen Zeughaus auch »Arsenale« genannt.

2 *O-Morphi* – Marie Louise O'Morphy (1737–1815) war 1752/55 die Mätresse des französischen Königs Ludwig XV.

3 *Parc aux Cerfs* – ursprünglich Hirschgehege in Versailles, später Park mit Gartenhäuschen.

4 *»Akademie der Damen«* – »Académie des Dames ou le Meursius français«
war eine französische Bearbeitung des erotischen Werkes von Nicolas
Chorier (vgl. Kap. 4, Anm. 6).

5 *Du hast's gewollt, Georges Dandin* – in Frankreich sprichwörtlich gewor-
dene Redensart aus der Komödie »Georges Dandin« von Molière (Akt I,
Szene 9).

Sechstes Kapitel

1 *Messergrande* – Titel des venezianischen Polizeichefs.

2 *Jacobustag* – 25. Juli.

3 *Erberia* – Der Gemüse- und Obstmarkt Venedigs.

4 *acht Monate* – Der Staatsinquisitor, und zwar der sogenannte »rote Inqui-
sitor«, saß im Rat der Zehn, der aus siebzehn Mitgliedern bestand, nämlich
den eigentlichen zehn Räten, sechs Räten des Dogen (Consiglieri) und
dem Dogen selbst. Während die beiden anderen Staatsinquisitoren, die aus
dem Rat der Zehn gewählt wurden, ihr Amt ein Jahr lang versahen, war die
Amtszeit des »roten Inquisitors«, der aus dem Gremium der Consiglieri
ausgewählt wurde, auf acht Monate begrenzt.

5 *fata viam inveniunt* – nach Vergil, »Aeneis« III, V. 395, ebenso X, V. 113.

6 *»Schlüssel Salomons«* – Die »Clavicula Salomonis« war ein bekanntes Zau-
berbuch. Der König von Israel, Salomo (um 950 v.Chr.), galt schon im
alten Orient als großer Magier.

7 *»Zecor-ben«* – Schlüsselwerk der Kabbala.

8 *Picatrix* – mittelalterliches Manuskript, das Vorschriften zur Beschwörung
des Teufels enthält.

9 *Soldat als Philosoph* – Das Manuskript »Le Militaire philosophe ou diffi-
cultés sur la Religion proposées aus R. P. Malabranche prête de l'Oratoire
par un ancien officier« wurde erst 1768 von Jacques-André Naigeon (1738
bis 1810) in London (Amsterdam) in 2 Bänden veröffentlicht (2. Auflage
1769). Casanova hat am 22. Dezember 1781 dieses eindeutig antireligiöse
Werk der venezianischen Staatsinquisition als gefährliches Buch denunziert.

10 *Mathilde* – Hier taucht erstmalig der Name »Mathilde« für die Nonne
M. M. auf. Wahrscheinlich handelt es sich um einen Versuch Casanovas,
den tatsächlichen Namen zu verschleiern.

11 *»Pförtner der Karthäuser«* – zeitgenössisches erotisches Werk (vgl. Kap. 4,
Anm. 5).

12 *ne Hercules …* – zitiert nach Platons »Phaidon«, Kap. 38.

13 *Campana di Terza* – Die Glocken des Campanile von San Marco, die ver-
schiedene Namen führten, hatten nach einer bestimmten Monatseintei-
lung die Stunden zu schlagen, die man an ihrem Klang erkannte. Im Monat
Juli läutete die Glocke Terza um zwölf Uhr.

14 *Bleidächer* – Das Gefängnis war seit 1561 unter dem mit Bleiplatten bedeckten Dach des Dogenpalastes untergebracht.

15 *Rio delle Prigioni* – gemeint ist offensichtlich das Gefängnis beim Dogenpalast, offiziell auch »Rio del Palazzo« genannt.

16 *geschlossene Brücke* – Die berühmte »Seufzerbrücke«, 1589 erbaut.

17 *Klafter* – Ein Klafter entsprach etwa 1,95 m. Der Raum war also etwa 11,70 m lang und 3,90 m breit.

18 *acht Zoll* – Die Tür war etwa 1,10 m hoch; das Loch hatte einen Durchmesser von etwa 22 cm.

19 *fünf Fuß neun Zoll* – 1,87 m groß war also Casanova.

20 *von zwei mal zwei Klaftern* – Die Größe der Zelle war demnach etwa 3,90 x 3,90 m. Davon entfiel ein Viertel auf den Alkoven. Der Kerker war etwa 1,80 m hoch. Licht erhielt er nur durch ein zum Dachboden führendes Gitter, das 65 cm im Quadrat groß war. Der Dachbalken, der den Lichteinfall behinderte, war fast 50 cm breit.

21 *»Die mystische Gottesstadt«* – Das Buch »La mística ciudad de Dios« erschien zum erstenmal 1670 in Madrid. Autorin war die Nonne, seit 1627 Äbtissin, Maria de Agreda (Maria de Jesús), mit weltlichem Namen Maria Coronel (1602–1665); das Werk wurde anfangs verfolgt und besonders im 18. Jh. stark angegriffen.

22 *Klarissinnen* – Klarissinnen waren das weibliche Gegenstück zu den Franziskanern.

23 *Gesellschaft* – die »Gesellschaft Jesu«, der Jesuitenorden.

24 *den Boëthius* – Anicius Manlius Severinus Boëthius (um 480–524), römischer Philosoph und Ratgeber des Ostgotenkönigs Theodorich in Ravenna; wurde 523 wegen Fürsprache für einen des Hochverrats bezichtigten Freund selbst angeklagt, in Pavia eingekerkert und hingerichtet. Im Kerker schrieb er seine berühmte Schrift »De consolatione philosophiae« (»Trost der Philosophie«).

25 *mein Urteil* – Es gab jedoch keine Gerichtsverhandlung, an der Casanova teilnahm, und man ließ ihn über die Gründe und Dauer seiner Haft im unklaren.

26 *Deliberata morte ferocior* – nach Horaz, »Oden«, I, 37, V. 29.

27 *Lissabon zerstört wurde* – Das große Erdbeben von Lissabon ereignete sich am 1. November 1755.

Siebentes Kapitel

1 *Bleiplatten* – Die Platten waren demnach 96 cm lang und breit sowie 2,3 mm dick.

2 *il trave* – Im französischen Originalmanuskript erklärt Casanova am Rand: »Das Wort bedeutet Balken. Es handelt sich um den riesigen Balken, dessen Schatten die Zelle des Lichtes beraubte.«

3 *anderthalb Fuß langer eiserner Riegel* – etwa 49 cm lang.

4 *schwarzen Marmors* – Das Marmorstück war etwa 2,7 cm dick, 16 cm lang und 8 cm breit.

5 *vier Zoll* – etwa 11 cm lang.

6 *»Über die Weisheit«* – Vgl. Kap. 4, Anm. 3.

7 *Montaigne* – Michel Eyquem de Montaigne (1533–1592), französischer Philosoph und Schriftsteller.

8 *Stragiudiziale* – von einem Notar verfaßtes Schriftstück, um Klagen außergerichtlich beizulegen.

9 *quam siculi* ... – nach Horaz, »Episteln«, I, 2, V. 58.

10 *fünf Savii* – bildeten seit 1506 das Handelsgericht der Republik.

11 *sechzehn Zoll breit* – 43 cm breit.

12 *Durchmesser zirka zehn Zoll* – Casanova hatte also den zwölften Teil eines Kreises ausgehöhlt; der Durchmesser dieses Ausschnitts betrug 27 cm.

13 *mich hierherzubringen* – Graf Fenaroli hatte das strenge venezianische Gesetz verletzt, das Patriziern verbot, mit ausländischen Diplomaten außerdienstlich zu sprechen.

14 *Augustinustage* – 28. August.

15 *Zenon* – Zenon von Kition [Zypern] (um 335–um 262 v. Chr.), griechischer Philosoph; begründete um 300 v. Chr. die stoische Schule.

16 *Pyrrhon* – Pyrrhon aus Elis (um 360–um 270 v. Chr.), griechischer Philosoph, Begründer des antiken Skeptizismus als selbständiger philosophischer Richtung. »Ataraxia« (Unverwirrtheit) und »Apatheia« (Unerschütterlichkeit) werden in seiner Lehre als erstrebenswerte Ziele gefordert.

17 *abstine et sustine* – Aulus Gellius, »Noctes atticae«, XVII, 19.

Achtes Kapitel

1 *Dum vita superest bene est* – Seneca, »Episteln«, CI.

2 *Spielberg* – Die Zitadelle Spielberg in Brünn (Brno) war das berühmt-berüchtigte Staatsgefängnis der k. u. k. Monarchie Österreich-Ungarn (wurde 1809 durch französische Truppen zerstört).

3 *Siculi non invenere tyranni* – nach Horaz, »Episteln«, I, 2, V. 58.

4 *Marchese Maffei* – Scipione Francesco Marchese Maffei (1675–1755), italienischer Dramatiker und prominentes Mitglied der Dichterakademie »Arcadia«.

5 *»Rationarum« von Pétau* – Gemeint ist das Werk »Rationarum temporum« [»Verzeichnis der Zeitrechnungen«] (Paris 1633) des französischen Jesuiten und Kirchenschriftstellers Denis Pétau (1583–1652).

6 *ersten Band von Wolff* – Vermutlich handelt es sich um das Werk »Philosophie moralis sive ethica« [»Moralphilosophie oder Ethik«] (Halle 1750/53, 5 Bde.) des Popularphilosophen der deutschen Aufklärung, Christian Reichsfreiherr von Wolff (1679–1754).

7 *calamitosus est* ... – nach Seneca, »Episteln«, XCVIII, 6.

8 *Marin Balbi* – Marino Balbi (geb. 1719), ein Patrizier und Mönch des Somaskerordens (der nur in Italien verbreitet war; 1532 gegründet und 1540 von Papst Paul IV. bestätigt).

9 *Andrea Asquin* – Andrea Graf Asquin aus Udine war 1753 zu lebenslänglichem Kerker verurteilt worden. 1762 gelang dem Grafen Asquin mit 16 Gefährten am hellichten Tag die Flucht aus ihren Kerkern unter den Bleidächern.

10 *Tages des heiligen Michael* – am 29. September.

11 *Makkaroni* – Damals waren Makkaroni in Italien nicht die bekannten langen Nudeln, sondern ein Gericht von kleinen Klößchen aus Grieß, die heute »gnocchi« heißen.

Neuntes Kapitel

1 *Terra ferma* – Bezeichnung für die von der Republik Venedig beherrschten Gebiete auf dem Festland. Die ersten Tage im November waren offizielle Urlaubszeit.

2 *sortes virgilianae* – eine Art Prophezeiung oder Weissagung, bei der man das Werk des römischen Dichters Vergil (70–19 v. Chr.) willkürlich an irgendeiner Stelle aufschlug und diese Textstelle, auf die zuerst der Blick fiel, ausdeutete.

3 *Tra il fin d'ottobre . . .* – nach Ariost, »Orlando Furioso«, IX, 7, V.I.

4 *Non merta fé . . .* – Pietro Metastasio (1698–1782) »La Didone abbadonata« (1723), I. Akt, 7. Szene.

5 *hundert Armlängen* – Die Länge der Stricke betrug etwa 65 Meter.

6 *Maske des Tartüff* – Typ des Heuchlers in Molières (1622–1673) berühmter Komödie »Le Tartuffe ou l'imposteur« (1669).

7 *Non moriar sed vivam . . .* – nach Vulgata, 118. Psalm, V. 17.

8 *Castigans castigavit me Deus . . .* – nach Vulgata, 118. Psalm, V. 18.

9 *E quindi . . .* – Schlußverse des Inferno Gesang XXXIV, V. 139 aus Dantes »Divina commedia«, 1472.

Zehntes Kapitel

1 *eineinhalb Fuß breit* – Länge etwa 97 cm, Breite etwa 49 cm.

2 *zwölfmal so lang war wie mein Arm* – Wenn man das Maß des Unterarms (Elle) zugrunde legt, war die Leiter etwa 6 Meter lang.

3 *zehn Fuß breit* – etwa 9,70 m Länge und etwa 3,23 m Breite.

4 *Cancelleria ducale* – Kanzlei des Dogen.

5 *das Bleisiegel* – Das Privileg, mit Blei zu siegeln, war der Republik Venedig von Papst Alexander VIII. (1610–1691) verliehen worden; dieses Vorrecht hatten in Europa nur noch der Papst und die römische Kurie sowie der Großmeister des Deutschen Ordens, sonst wurde im allgemeinen mit Wachs gesiegelt.

6 *fünf Fuß* – etwa 1,60 m hoch.

7 *Savio alla scrittura* – Kriegsminister der venezianischen Republik.

8 *. . . se non tocca a lui* – Ariost, »Orlando Furioso«, XXII, 57, V. 3–4.

9 *Dogana* – Spitze des südlichen Stadtteils von Venedig, wo sich die venezianische Zollbehörde befand.

Hong Ying
Die chinesische Geliebte
Roman
Aus dem Chinesischen von Martin Winter
Mit einem Nachwort von Hong Ying
270 Seiten. Gebunden
ISBN 3-351-03008-8

In China auf dem Index, ein Bestseller weltweit

»Die chinesische Geliebte« ist ein Roman um Liebe, Tod und Sinnlichkeit. Voller Anmut erzählt Hong Ying von der flammenden Leidenschaft zwischen der Autorin Lin und Julian Bell, dem Neffen Virginia Woolfs.
Das Buch, das weltweit ein Bestseller ist, wurde in China nach einem aufsehenerregenden Prozeß verboten.

»Es geht um einen Mann und eine Frau. Um europäische Arroganz und asiatische Mysterien. Um Liebe und Tod und eine solche Leidenschaft, daß viele sie für eines der schönsten Erlebnisse halten würden, das zwei Lebenden widerfahren kann.« SÜDDEUTSCHE ZEITUNG

Weitere Informationen über Hong Ying erhalten Sie unter www.aufbau-verlag.de oder in Ihrer Buchhandlung

Selim Özdogan:
»Ein ernstzunehmender Chronist
seiner Generation« SÜDDEUTSCHE ZEITUNG

Es ist so einsam im Sattel, seit das Pferd tot ist

Mitten im Sommer hat Alex eine jener apathischen Phasen, gegen die nur eines hilft: wegfahren! Schneller, als er glaubt, verliebt er sich – und plötzlich ist es da, das Gefühl, unbesiegbar und unsterblich zu sein.

»Eine vergnügliche bis sentimentale Reise in jene frühen Tage, da nichts lief und alles möglich war.«
HAMBURGER MORGENPOST
Roman. 159 Seiten. AtV 1157

Nirgendwo&Hormone

Phillip wollte noch einmal mit Maria schlafen, um der alten Zeiten und der guten Gefühle willen, und nun ist ihr Mann hinter ihm her. Gemeinsam mit einem Freund flieht Phillip durch die Wüste. Dabei geraten sie in Gegenden, die sie nicht kennenlernen, und machen Erfahrungen, die sie vermeiden wollten.

»Diese Geschichte ist die atemloseste, die ich seit Philippe Djians ›Blau wie die Hölle‹ gelesen habe.«
JENS-UWE SOMMERSCHUH
Roman. 229 Seiten. AtV 1969

Mehr

Aus einem entspannten Sommer kommt ein junger Mann zurück nach Deutschland und stellt fest, daß er fast pleite ist. Ein Freund will ihn als Dialogschreiber für Serien unterbringen, doch er lehnt ab. Er ist stolz auf sein kompromißloses Leben, aber er ertappt sich dabei, Zugeständnisse zu machen. Was ist mit ihm passiert, daß er seine Ansprüche an sich selbst aufgegeben hat?
Roman. 244 Seiten. AtV 1721.
Auch als Hörbuch: Traumland. Gelesen vom Autor. 1 CD. DAV 122

Ein gutes Leben ist die beste Rache

In 33+1 Stories – manche von Zigarettenlänge, manche so kurz wie das Aufflammen eines Feuerzeugs – erzählt Selim Özdogan vom guten und weniger guten Leben, von Rache, kosmischem Gelächter, Liebe und den paar Mal, auf die es ankommt.

»Ein wilder Mix der Emotionen, der auf volles Risiko geht.«
FRÄNKISCHE LANDESZEITUNG
Stories. 160 Seiten. AtV 1479

Trinkgeld vom Schicksal

»Es ist ein besonderes Talent, zu merken, wann man glücklich ist. Zu merken, wann man glücklich war, kann jeder.« Selim Özdogans Geschichten rufen die träumerische, gelassene Atmosphäre einer Nacht am Lagerfeuer hervor: Man hört zu, ist melancholisch, albern, nachdenklich, entspannt. »Zufällige Begegnungen und alltägliche Gegenstände macht Selim Özdogan zu etwas Außergewöhnlichem. Und damit sensibilisiert er für die kleinen, denkwürdigen Augenblicke, für die es sich zu leben lohnt.« BRIGITTE
Geschichten. 222 Seiten. AtV 1917

Stephen Fry: »Britischer Humor in seiner feinsten Form.« Nürnberger Nachrichten

Der Sterne Tennisbälle

Ein rundum vom Schicksal Begünstigter wie Ned Maddstone ruft über kurz oder lang die Neider auf den Plan. Ein Trio falscher Freunde will ihm einen üblen Streich spielen, der Ned eine Lehre sein soll. Als Ned spurlos von der Bildfläche veschwindet, müssen alle Beteiligten am eigenen Leib erfahren, daß sie lediglich »der Sterne Tennisbälle« sind.
»Ein Feuerwerk aus Slapstick und urkomischen Dialogen.«
Hamburger Abendblatt
Roman. Aus dem Englischen von Ulrich Blumenbach. 391 Seiten. AtV 1922

Das Nilpferd

Stephen Frys Erfolgsroman um einen alternden Journalisten und einen angeblichen Wunderknaben ist britischer Humor in Reinform: Ted Wallace – Trinker, Frauenheld, Lästermaul – soll die Umstände einer wundersamen Heilung ergründen. Im Landhaus seiner Verwandtschaft stößt er auf eine hochexplosive Mischung aus Aberglaube, Perversionen und Spleens, wie sie nur im Land der Queen gedeihen können.
Roman. Aus dem Englischen von Ulrich Blumenbach. 400 Seiten. AtV 2021

Der Lügner

Durch seine Vorliebe für sexuelle Abenteuer und geistreiche Lügen wird der fünfzehnjährige Adrian Healey in eine undurchsichtige Mordaffäre verstrickt, in der ein pornographischer Roman von Charles Dickens, ein internationaler Spionagering und eine mysteriöse Wahrheitsmaschine zu hochkomischen und atemberaubenden Verwicklungen führen.
Roman. Aus dem Englischen von Ulrich Blumenbach. 399 Seiten. AtV 1950

Paperweight
Literarische Snacks

Stephen Frys Radio- und Zeitungsbeiträge sind berühmt-berüchtigt. Er und sein Alter ego Donald Trefusis – allen Lesern des Lügners wohlbekannt – plaudern darin über Margaret Thatcher, Blasphemie, Erziehung, Wimbledon, Fernsehen, Langeweile, das Altern, Gott und den Rest der Welt. Sie servieren uns literarische Snacks, die raffiniert, extravagant und immer köstlich sind.
Roman. Aus dem Englischen von Ulrich Blumenbach. Mit 2 Abb. 551 Seiten. AtV 2066

Mehr Informationen über Stephen Fry erhalten Sie unter www.aufbau-verlag.de oder bei Ihrem Buchhändler

Geschichten von starken Frauen: Heldinnen bei AtV

LISA APPIGNANESI
In der Stille des Winters

»›In der Stille des Winters‹ ist ein Thriller für alle, die sich an Henning Mankells Büchern erfreuen, weil sie Muße haben für viel Atmosphäre und nachdenkliche Momente.« NORDDEUTSCHER RUNDFUNK
Roman. Aus dem Englischen von Wolf-Dietrich Müller. 412 Seiten. AtV 1812

LISA HUANG
Jade

Das exotische China zu Beginn des 20. Jahrhunderts: Jade führt als Tochter eines hohen kaiserlichen Beamten ein behütetes Leben. Der Tod ihres Vaters jedoch markiert das jähe Ende ihrer Kindheit. Während das Kaiserreich durch heftige Unruhen erschüttert wird, verliert ihre Familie beinahe all ihren Besitz. Jade muß heiraten, um sich in den Schutz einer neuen Familie zu begeben, doch stellt sich ihr angeblich wohlhabender Mann als opiumsüchtig und bettelarm heraus.
»Besser kann man Geschichte nicht erzählen.« NÜRNBERGER NACHRICHTEN
Roman. Aus dem Amerikanischen von Wolfgang Neuhaus unter Mitwirkung von Michael Kubiak. 576 Seiten. AtV 1759

PHILIPPA GREGORY
Die Schwiegertochter

Elizabeth ist die perfekte Schwiegermutter. Nur leider hat ihr Sohn Patrick mit Ruth nicht die perfekte Schwiegertochter geheiratet. Was bleibt Elizabeth da weiter, als sich selbst um Patricks Wohlergehen zu kümmern, vor allem aber um das ihres kleinen Enkels Thomas. Für Ruth wird ihre mehr als gutgemeinte Fürsorge bald zum Alptraum.
»Ein Gänsehaut machendes Psychodrama.« JOURNAL FÜR DIE FRAU
Roman. Aus dem Englischen von Ulrike Seeberger. 400 Seiten. AtV 1649

GILL PAUL
Französische Verführung

Nach einem wunderschönen Wochenende in der Bretagne verschwindet Jennys Geliebter Marc spurlos. Ein New Yorker Privatdetektiv arrangiert für sie ein »zufälliges« Zusammentreffen mit ihm. Doch vor Jenny steht ein Fremder. Wer aber ist der Mann, den sie liebt? Die Geschichte einer Obsession verbindet gekonnt Kriminalistisches, Erotisches und politisch Brisantes zu einem hochspannenden Roman.
Roman. Aus dem Englischen von Elfi Schneidenbach. 412 Seiten. AtV 1796

Mehr Informationen erhalten Sie unter www.aufbau-verlag.de oder bei Ihrem Buchhändler

Geschichten, die unter die Haut gehen. Frauen bei AtV

NINA DE GRAMONT
Von Katzen und Männern
Rätselhafte Katzen schleichen durch Nina de Gramonts vielgelobte Erzählungen. Sie enthüllen je ein Geheimnis, das zwischen einem Mann und einer Frau steht. »Sowohl Männer als auch Katzen machen immer den besten Stuhl ausfindig. Sie lassen sich hineinplumpsen und erheben sich daraus nur widerwillig. Nach der Lektüre von Nina de Gramonts Buch könnten Ihnen noch mehr Gemeinsamkeiten zwischen den beiden Spezies ins Auge fallen.« RITA MAE BROWN
Erzählungen. Aus dem Amerikanischen von Oliver Wolfskehl. 272 Seiten. AtV 2022

BARBARA KROHN
Rosas Rückkehr
Rosa Liebmann kehrt nach fast zwanzig Jahren zurück nach Deutschland. Während sie auf den Zug in ihren Heimatort, das Ostseebad Scharbeutz, wartet, entdeckt sie ihre Mutter in den Armen eines fremden Mannes. Doch damit nicht genug: Auf ihrem ersten Spaziergang an der Ostsee findet sie ihren Vater, den stadtbekannten Herzensbrecher, erschossen in seinem Strandkorb.
»Ich habe dieses Buch nur zum Essen und Schlafen aus der Hand gelegt.« INGRID NOLL
Roman. 278 Seiten. AtV 1941

VONNE VAN DER MEER
Inselgäste
Ein Häuschen auf einer Insel im Wattenmeer. Die Saisongäste geben einander die Klinke in die Hand. Und was sie nicht alles treiben! So manches Mal wünschte sich die Putzfrau, daß die Wände reden könnten. Doch ihr Wunsch bleibt unerfüllt. Zeuge jener Träume und Geheimnisse, die die Gäste im Haus »Dünenrose« mit sich herumtragen, wird allein der Leser. »Unbedingt im Strandkorb lesen – oder im Ferienhaus.« MARIE CLAIRE
Roman. Aus dem Niederländischen von Arne Braun. 208 Seiten. AtV 1840

BARBARA VOORS
Klaras Tagebuch
Saskia van Ammer führt ein glückliches Leben, bis ein Unfall ihre mühsam verdrängte Vergangenheit wieder wach werden läßt: Erinnerungen an einen Todesfall und an ihre Zwillingsschwester Klara, die seit zehn Jahren verschwunden ist. In den schwedischen Schären warten nicht nur Klaras Tagebücher auf sie, sondern auch Kriminalinspektor Adolfsson. »Ein spannendes Buch von einer jungen Autorin, die wirklich eine Geschichte erzählen kann.« MARIANNE FREDRIKSSON
Roman. Aus dem Schwedischen von Gisela Kosubek. 302 Seiten. AtV 1835

A^tV

Schneller geht's nicht.
Klassiker für Eilige

EDGAR RAI
Homer für Eilige
Die »Odyssee« und die »Ilias« sind
die wichtigsten Dichtungen der
Antike. Ihre Helden werden heute
noch bei jeder Gelegenheit zitiert.
Doch wer weiß noch, wie alles
anfing und wie alles endete? Wer
überblickt die Verstrickungen
der eitlen und leicht beleidigten
Götter? Wer kennt die deftigen
und überraschend zeitgemäßen
Urszenen der europäischen Literatur? – Mit Sinn für Komik und
den Kampf der Geschlechter
erzählt Edgar Rai Homers Werke
auf erfrischende Weise nach und
bringt sie uns als das nahe, was sie
sind: großartige Storys voller
Spannung und Psychologie.
214 Seiten. Mit 16 Abbildungen.
AtV 1899

TORSTEN KÖRNER
Schiller für Eilige
Friedrich Schiller gehört noch
immer zu den populärsten und
meistgespielten deutschen Drama-
tikern. Und doch: Wer weiß schon
so ganz genau, warum Wilhelm Tell
den Apfel vom Kopf seines Kindes
schießen mußte? Torsten Körners
Nacherzählungen der acht wichtigsten Dramen Schillers sind poin-
tiert, originell und eine gänzlich
unverstaubt lustvolle und unter-
haltsame Einführung in das Werk
eines großen Klassikers.
152 Seiten. AtV 1959

KLAUS SEEHAFER
Goethe für Eilige
Mit »Faust« beginnend, liefert uns
Klaus Seehafer pointierte Nacherzählungen der Dramen und
Romane, er wendet sich den span-
nenden Erzählungen ebenso zu
wie den großen autobiographi-
schen Büchern. Zum Schluß weiß
der Leser: Goethe ist immer wieder neu zu entdecken.
»Intensivkurse zu großartigen
Storys. Sehr empfehlenswert für
Einsteiger, aber auch für diejenigen, die andere Sichten erkunden
wollen.« STADTMAGAZIN COTTBUS
220 Seiten. AtV 1889

**MARY UND CHARLES
LAMB**
Shakespeare für Eilige
*Die zwanzig besten Stücke als
Geschichten*
Die berühmte Sammlung besteht
aus einfühlsamen Nacherzählungen
der 20 bekanntesten Shakespeare-
Stücke. Ein vorzügliches Geschenk
für Schüler, Studenten, das junge
Kinopublikum der letzten
Shakespeare-Verfilmungen und
alle, die den raschen Überblick suchen.
»Die Geschichten sind mit Respekt
erzählt und gehen weit über eine
bloße Inhaltsangabe hinaus.« EKZ
*Aus dem Englischen von Karl
Heinrich Keck. Hrsg. von Günther
Klotz. 396 Seiten. AtV 1744*

A**t**V

Machen Sie's kurz!
Klassiker für Eilige

KARLA REIMERT
Kafka für Eilige
Wie oft findet sich der Leser als
»umgedrehter Käfer« vor Franz
Kafkas heller und doch uner-
gründlicher Prosa wieder, nur hilf-
los ausgestattet mit dem Begriff
des »Kafkaesken«? Karla Reimert
nähert sich dem Prager Autor und
seinen Artisten, Asketen und Ange-
stellten auf beherzte Art und
erzählt seine Romane, Erzählungen und biographischen Schriften
ganz anschaulich, humorvoll und
geistreich nach.
224 Seiten. AtV 2019

MAREI GERKEN
Proust für Eilige
Keine Zeit für Proust? Zwar ahnen
wir, daß uns etwas Wunderbares
entgeht, doch läßt der Umfang
von »Auf der Suche nach der ver-
lorenen Zeit« die meisten Leser
vor dem berühmten Werk zurück-
schrecken. Dieses Buch schafft
Abhilfe – aber Vorsicht!, nur für
kurze Zeit, denn eines weiß man
danach mit Gewißheit: Es entgeht
einem etwas Wunderbares, wenn
man sich keine Zeit für Proust
nimmt.
»Appetithappen!« MAIN-ECHO
224 Seiten. AtV 1966

TORSTEN STEINBERG
Heine für Eilige
»Mein Herz, mein Herz ist traurig/
Doch lustig leuchtet der Mai« –
diese Verszeilen hat wohl jeder auf
den Lippen, denkt er an Heinrich
Heine. Doch wer kennt heute
noch die »Romantische Schule«,
die »Memoiren des Herrn
Schnabelewopski« oder die
»Reisebilder«, für die der Dichter
schon zu Lebzeiten hochgeachtet
und berüchtigt war? Torsten
Steinberg zeigt neue Wege, sich
diesem »vielleicht größten deutschen Dichter nach Goethe«
anzunähern.
201 Seiten. AtV 1948

KERSTIN DECKER
Oscar Wilde für Eilige
»Das Gespenst von Canterville« ist
Wildes meistgelesene Erzählung.
Berühmtheit erlangte er mit seinem einzigen Roman »Das Bildnis
des Dorian Gray«. Seine Kunst-
märchen gehören zu den schönsten der Weltliteratur, und
»Bunbury oder Ernst sein ist alles«
ist eine der genialsten Gesell-
schaftskomödien überhaupt. Die
Nacherzählerin Kerstin Decker
hält sich streng an den Grundsatz,
daß ein Autor alles darf, nur nicht
langweilen.
168 Seiten. AtV 2054

*Mehr Informationen erhalten Sie unter
www.aufbau-verlag.de oder bei Ihrem
Buchhändler*

Leben lesen: Klassische Biographien bei AtV

KLAUS SEEHAFER
Mein Leben ein einzig Abenteuer
Johann Wolfgang Goethe
Seehafers Gespür für Orte und Landschaften, seine erzählerischen Fähigkeiten, sein Sinn für die konkreten Lebensumstände bringen uns den »Dichterfürsten« wieder nahe.
»Die stets anregende Lektüre macht Lust, sich mit dem Leben und Wirken dieses ganz außerordentlichen Menschen zu beschäftigen.« DIE WELT
Biografie. 497 Seiten.
Mit 22 Abbildungen. AtV 1632

WILHELM BODE
Goethes Sohn
Einfühlsam schildert Wilhelm Bode (1862–1922) die Stellung August von Goethes zum Vater, das enge Mutter-Sohn-Verhältnis, die erfolgreichen Studien- und Ausbildungsjahre, die unglückliche Ehe mit Ottilie von Pogwisch und die Ereignisse auf Augusts letzter Fahrt, die ihm in Rom den Tod bringt.
Biographie. Herausgegeben von Gabriele Radecke. 488 Seiten.
Mit 23 Abbildungen. AtV 1829

GABRIELE BÜCH
Alles Leben ist Traum
Adele Schopenhauer
Dem diffusen Bild Adele Schopenhauers im Schatten der populären Schriftsteller-Mutter und des berühmten Philosophen-Bruders setzt Gabriele Büch das einfühlsame Porträt einer Frau

mit speziellen Fähigkeiten und eigenen Bestrebungen entgegen.
»Das Buch von Gabriele Büch darf als biographische Pionierleistung gelten.« DIE ZEIT
Eine Biographie. 418 Seiten.
Mit 22 Abbildungen. AtV 1797

Goethes Malerin
Die Erinnerungen der Louise Seidler
Neben den »Jugenderinnerungen eines alten Mannes« von Wilhelm von Kügelgen sind die Seidlerschen Memoiren die populärste Künstlerautobiographie des 19. Jahrhunderts. Höhepunkt ihrer unterhaltsamen Schilderungen sind die Erinnerungen an Italien. Fern aller Stilisierung vermittelt sie ein individuelles Bild der Großen ihrer Zeit wie Goethe, Thorvaldsen, Caspar David Friedrich, Schelling und Schlegel.
Herausgegeben von Sylke Kaufmann. 491 Seiten. Mit 20 Abbildungen.
AtV 1426

Mehr Informationen erhalten Sie unter www.aufbau-verlag.de oder bei Ihrem Buchhändler